Horst Hille
Postkarte genügt

Inhalt

Die einzelnen Kartenarten sind in alphabetischer Reihenfolge
im Register verzeichnet.

... sind die sehr viel jüngeren und dabei – hm – schmächtigeren Schwestern der Briefe. Auch postalisch-gliederungsmäßig wird ihre nahe Verwandtschaft deutlich, zählen doch beide zu den Briefsendungen, im zwischenstaatlichen Verkehr fachmännisch (französisch) LC-Sendungen genannt (L: lettres, Briefe; C: cartes, Karten). Bemerkt sei hier der Vollständigkeit halber, daß die Postverwaltungen außerdem noch AO-Sendungen zu den Briefsendungen rechnen (AO: autres objets, andere Gegenstände) – zu

Bildpostkarte, aufgelegt von der Deutschen Reichspost
zum 100. Geburtstag Heinrich von Stephans (7.1.1831, Stolp [Słupsk] – 8.4.1897, Berlin).
Der Absender (so geht es aus dem handschriftlichen Text auf der Rückseite hervor)
bestimmte diese Karte »für Ihre Sammlung« – eine nette Geste gegenüber dem Empfänger.
Nur hätte er sie dann auch am 7. und nicht erst am 24.1.1931
abstempeln lassen sollen.

ihnen gehören Drucksachen (Imprimés), Blindensendungen (Cécogrammes) und auch Päckchen (Petit paquets).

Hinsichtlich ihres Zweckes bestehen zwischen Brief und Postkarte allenfalls graduelle Unterschiede – sie dienen ansonsten beide der Nachrichtenübermittlung. Nur die zusätzliche Möglichkeit, leichte Gegenstände, wie Fotos oder Textilproben, mit zu befördern, ist bei Postkarten naturgemäß nicht gegeben. Auch die Geheimhaltung des Nachrichteninhalts, ein – wie wir später lesen werden – keineswegs unwichtiges Kriterium, entfällt bei Postkarten. Und schließlich ist auch der mögliche Nachrichtenumfang bei Postkarten viel geringer. Kann es wohl als »Ausgleich« für diese Mängel gelten, daß man sich seit langem an einem deftigen Streit darüber ergötzen kann, wer wohl die Postkarte erfunden hat? Briefe stellen ein so uraltes Mittel des Nachrichtenaustausches dar, daß man beim besten Willen nicht in der Lage ist, hier einen Erfinder namhaft zu machen. Sie kamen in grauen Zeiten in den mannigfaltigsten Varianten auf und haben sich im Laufe der Jahrhunderte zu den heutigen Formen gemausert.

Doch über den Erfinder der Postkarte entbrannten vor Jahrzehnten besonders zwischen Deutschen und Österreichern recht erbitterte Meinungskämpfe. Unterschwellig besteht dieser Sturm im Wasserglas mitunter noch heute; denn während erstere ihren vielfach geehrten Begründer des Weltpostvereins (1874) und tatkräftigen Förderer vieler postalischer bzw. nachrichtentechnischer Neuerungen, den einstmaligen General-Postdirektor des Norddeutschen Bundes (1870) und späteren Staatssekretär im Reichspostamt (Ministerium), Heinrich von Stephan, als Erfinder der Postkarte bezeichnen, schwören die Österreicher Stein und Bein, ihr Ministerialrat Prof. Dr. Emanuel Herrmann besitze eindeutig die Priorität an dieser Errungenschaft.

Dem Buchthema gemäß wollen wir daher einige historische Fakten in Erinnerung rufen, und wir meinen, der Leser kann dann selbst entscheiden, wie er es mit der Vaterschaft des Postkarten-Gedankens halten möchte.

Stephan fand 1865 als Geheimer Postrat und Vortragender Rat beim preußischen Generalpostamt (GPA) im eigenen Hause kein Gehör, als er dort die Idee eines »Postblattes« – wie er die spätere Postkarte nannte – vortrug. Doch stellte man ihm anheim, auf der vom 13. November 1865 bis zum 2. März 1866 in Karlsruhe tagenden V. Konferenz des Deutschen Postvereins an sämtliche Konferenzteilnehmer auf eigene Initiative und »nichtamtlich« eine Denkschrift zu verteilen. So erhielten am 30. November 1865 alle anwesenden Vertreter der Postverwaltungen des Deutschen Postvereins (Baden, Bayern, Braunschweig, Bremen, Hamburg, Hannover, Mecklenburg, Oldenburg, Sachsen, Württemberg, die Thurn-und-Taxissche Postverwaltung und Österreich) Kenntnis von der Postblatt-Idee, Stephan selbst als preußischer Delegierter vertrat Luxemburg mit. Österreich war durch den Sektionsrat Kolbensteiner vertreten. Und worin bestand nun der Vorschlag des Post-Preußen? Wir zitieren aus seiner »Denkschrift« von 1865:

»Die jetzige Briefform gewährt für eine erhebliche Anzahl von Mittheilungen nicht die genügende Einfachheit und Kürze . . . In unseren Tagen hat das Telegramm bereits eine Gattung von Kurzbriefen geschaffen . . . Diese Betrachtungen lassen bei dem Postwesen eine Einrichtung etwa in nachstehender Art vielleicht als zeitgemäß erscheinen.

Bei allen Poststellen, sowie bei den Briefträgern und Landbriefträgern kann das Publikum Formulare zu offenen Mittheilungen erhalten. Ein solches Formular: ›Postblatt‹ hat die Dimensionen eines gewöhnlichen Briefcouverts größerer Art und besteht aus steifem Papier [xxx]. Die Vorderseite würde oben als Ueberschrift die Benennung des Postbezirks und eine entsprechende Vignette (Landeswappen u.s.w.) tragen, links einen markirten Raum zum Abdruck des Postaufgabestempels, rechts die Postfreimarke gleich in das Formular hineingestempelt. Dann ein Raum zur Adresse [xxx] mit dem Vordruck ›An‹, ›Bestimmungsort‹ und ›Wohnung des Empfängers‹; sowie die vorgedruckte Notiz: ›Die Rückseite kann zu schriftlichen Mittheilungen jeder Art benutzt werden; diesel-

So etwa sollte Stephans Postblatt aussehen
(nach einer Rekonstruktion von Dr. Franz Kalckhoff).

ben können gleichwie die Adresse mit Tinte, Bleifeder, farbigem Stift u.s.w. geschrieben sein; indeß darf bei Verwendung von Bleistift u.s.w. der Deutlichkeit und Dauerhaftigkeit der Schriftzüge, namentlich auf der Adresse, nicht Eintrag geschehen.‹ Ein solches Postblatt wird nun gratis durch die Post befördert, da ja der Portobetrag beim Kauf des Formulars entrichtet worden ist. Dieser Portobetrag würde möglichst niedrig festzustellen sein, etwa auf 1 Sgr. [Silbergroschen], ohne Unterschied der Entfernung; für das Formular wird nichts entrichtet . . .«

Anhand dieser Beschreibung hat später der bedeutende deutsche Philatelist Dr. Franz Kalckhoff in der Broschüre »Die Erfindung der Postkarte und die Kor-

respondenzkarten der Norddeutschen Bundespost« (Verlag Hugo Krötzsch, Leipzig, 1911) einen Postblatt-Entwurf gefertigt. Daraus wird besonders die im Text der Stephanschen Denkschrift erwähnte Tatsache deutlich, daß es sich beim »Postblatt« bereits um eine Ganzsache handeln sollte.

Apropos, »Ganzsache«: Jener Begriff wurde um 1880 von dem Berliner Briefmarkenhändler Julius Schlesinger (1858–1920) geprägt. Dieser auch als Markenprüfer weltbekannte Mann soll ein fideles Haus gewesen sein, und er hätte sicher noch heute diebische Freude daran, daß seine Wortschöpfung – obwohl so prägnant und unverwechselbar – selbst von Philatelisten, die sich »versiert« nennen, immer wieder falsch gebraucht wird. Dabei ist die Angelegenheit denkbar einfach: Ganz*sachen* sind Briefumschläge, Postkarten, Streifbänder oder Postformulare, die einen Wertstempel *eingedruckt* tragen.

Um die Erforschung und Katalogisierung der Ganzsachen aller Art haben sich in deutschen Landen besonders Carl Lindenberg, der wohl bedeutendste deutsche Philatelist, und Dr. Siegfried Ascher verdient gemacht, ebenfalls auch Dr. Kalckhoff und noch viele andere.

Worauf beruht nun die österreichische Meinung, daß ihrem Landsmann Prof. Dr. Herrmann der Lorbeer des Erfinders gebühre? Er hatte in der Wiener »Neuen Freien Presse« vom 26. Januar 1869 die österreichische Postverwaltung aufgefordert, Postkarten herauszugeben. In seinem Artikel »Über eine neue Art der Correspondenz mittels der Post«, den er mit Dr. E. H. zeichnete, heißt es:

»Eine beträchtliche Ersparnis läßt sich dadurch einführen, daß die Regierung jenen Passus des Post-

Kundenganzsache, die innerhalb einer ganzen Serie ähnlicher Karten zum 33. Deutschen Philatelistentag 1927 herausgegeben wurde.
Sie zeigt das Porträt Dr. Franz Kalckhoffs
(30. 11. 1860, Berlin – 13. 2. 1955, Einbeck),
Chemiker und Sprachkundiger, der über 100 philatelistische Arbeiten verfaßte: über Einschreibzettel, Ganzsachen, Telegraphenmarken, Stempelmarken und Postwertzeichen des Deutschen Reiches sowie Preußens.
Er wurde mit hohen philatelistischen Auszeichnungen bedacht.

Kundenganzsache mit dem Porträt von Carl Lindenberg
(1. 5. 1850, Wittenberge – 13. 7. 1928, Berlin),
Oberlandesgerichtspräsident, weltbekannter Philatelist und Kurator des deutschen Reichspostmuseums.
Er verfaßte zahlreiche philatelistische Schriften
(»Die Briefmarken von Baden«, »Die Briefumschläge der deutschen Staaten« u. a.). Durch das letztgenannte Buch wurde er zum Begründer der Ganzsachenkunde in Deutschland.

Kundenganzsache mit dem Porträt von Dr. Siegfried Ascher
(22. 6. 1877, Berlin – 1962, Haifa/Israel), Architekt.
Er schuf, zusammen mit anderen, vor allem mit Theodor Junker, Ganzsachenkataloge von grundlegender Bedeutung.

Ansichtskarte, aufgelegt zum 25. Postkartenjubiläum in Österreich,
mit Porträt und Autogramm von Prof. Dr. Emanuel Herrmann
(24. 6. 1839, Klagenfurt – 13. 7. 1902, Wien). Herrmann erhielt ein Ehrengrab auf dem
Meidlinger Friedhof; in der Stadt Wien wurde ein Park nach ihm benannt;
Gedenktafeln in Wien – hinter der Urania – und im Hauptpostamt Klagenfurt
sind gleichfalls seinem Andenken gewidmet.

gesetzes, wonach offene Karten, Preis-Courants, Familien-Anzeigen und dergl. mittels Kreuzbands versandt werden können, wenn sie gedruckt oder auf mechanischem Wege hergestellt sind und keine anderen Zusätze enthalten als den Ort, das Datum und die Firmenbezeichnung, dahin erweitern würde, daß alle geschriebenen oder durch Kopiermaschinen oder mittels Durchdrucken erzeugten Karten in der Größe eines gewöhnlichen Briefumschlags, dann offen, mit einer Zweikreuzermarke durch die Post versandt werden dürfen, wenn sie mit Einschluß der Adresse und der Unterschrift des Absenders nicht mehr als 20 Worte enthalten. Wir hätten durch diese Postkarte eine Art Posttelegramme geschaffen, die, ausgenommen die Schnelligkeit der Versendung, fast alle Vorzüge der Telegramme teilen.«

Der Herrmannsche Vorschlag enthält nicht so viele detaillierte Angaben wie der von Stephan. Immerhin aber prägte der österreichische Ministerialrat den noch heute üblichen Begriff »Postkarte«. Das Wertzeichen wollte er aufgeklebt wissen.

Zwei Tage nach Erscheinen seines Artikels griff er erneut zur Feder und schrieb an den damaligen General-Post- und Telegraphen-Direktor in der Postdirektion Wien, den Sektionschef Dr. Vincenz Freiherr Maly von Vevanovič: »Eure Excellenz! Vielleicht

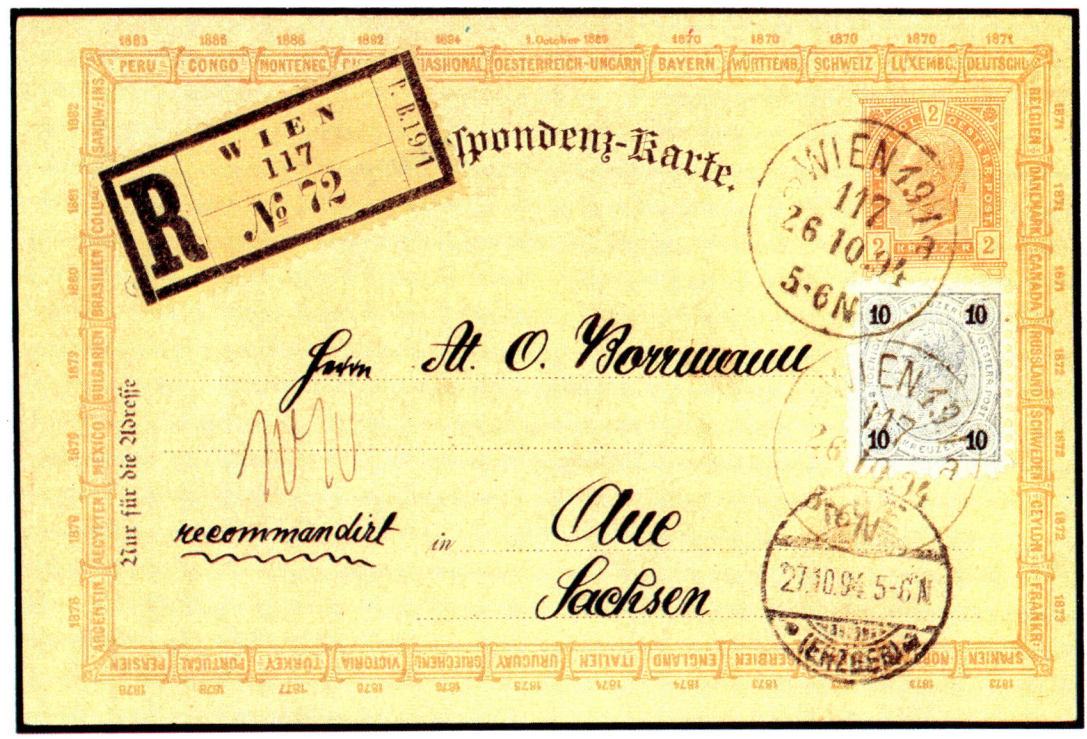

Anschriftseite der österreichischen Jubiläumskarte,
umrandet mit einer Schmuckleiste, die einzelne Länder und die Jahreszahlen
ihrer jeweiligen Postkarten-Einführung nennt

wollte es das Glück, daß der Artikel im Abendblatt der ›Neuen Freien Presse‹ . . . in Er. Excellenz Hände kam . . . Für diesen Fall würde ich bitten, mir . . . die nähere Darlegung und Begründung meines Projektes zu gestatten . . . Als früherer Professor der Handelsakademie glaube ich ein Anrecht zu haben, meine Anregung bei der Generaldirektion . . . vorzubringen.« Herrmann wurde in das postalische Allerheiligste gebeten und dort mit dem Sektionsrat Freiherrn von Kolbensteiner bekannt gemacht, jenem uns schon bekannten Herrn also, der sich als Delegierter Österreichs auf der V. Konferenz des Deutschen Postvereins bereits mit der Stephanschen Denkschrift auseinandergesetzt hatte und – wie die meisten der damals anwesenden Herren – durchaus von ihr eingenommen war. So fand Herrmann bei dem hohen Beamten aufnahmebereite Ohren. Allerdings wünschte Kolbensteiner, daß die neu zu schaffenden Karten 3 Kreuzer Porto kosten sollten. Erregt soll Herrmann entgegnet haben: »Dann ist die Postkarte ein totgeborenes Kind!«

Sein Einwand wurde berücksichtigt. Und der österreichische Postdirektor Maly ebnete alle Wege, damit am 1. Oktober 1869 unter der Bezeichnung »Correspondenz-Karte« dieser neue Nachrichtenträger eingeführt werden konnte – als Ganzsache mit einge-

11

drucktem gelbem Wertstempel zu 2 Kreuzer mit dem Kopf Kaiser Franz Josephs I.

Erinnern wir uns an Stephans Aktivitäten von 1865 und nehmen wir die Tatsache vorweg, daß die Norddeutsche Bundespost am 6. Juni 1870 ebenfalls die Einführung der Postkarten beschloß, gelangen wir zur Preisfrage: Wer hat die Postkarte denn nun eigentlich erfunden?

Suchen wir indessen noch weitere Fakten zu ergründen. Da sind zunächst die von uns mit [xxx] gekennzeichneten Textstellen aus der Stephanschen Denkschrift zu ergänzen. Wir haben dort nämlich ganz bewußt etwas weggelassen. In die erste Lücke wäre zu setzen: (Das Formular) »entspricht mithin etwa nach

Dimension und Beschaffenheit den in einigen deutschen Postbezirken neuerdings eingeführten Postanweisungen«. Und die zweite Auslassung gilt der Adresse: »wie bei den Postanweisungen«.

Anders ausgedrückt: Stephan (und somit übrigens auch Kolbensteiner) kannte diese Postanweisungen als Karten mit und ohne Wertstempel, die in Preußen anstelle von Briefen mit Bareinzahlungen schon am 7. Dezember 1864 angekündigt worden waren. Weitere Postverwaltungen brachten sie ebenfalls bald heraus, z. B. Braunschweig.

Doch auch noch andere Arten von »Karten« mögen als Ideenzulieferer für das »Postblatt« gedient haben; vor allem die »Avise«. Die »Bekanntmachungen des

Ein Vorläufer der Postkarte: Die Vertreterkarte (Avis) aus dem Jahre 1870

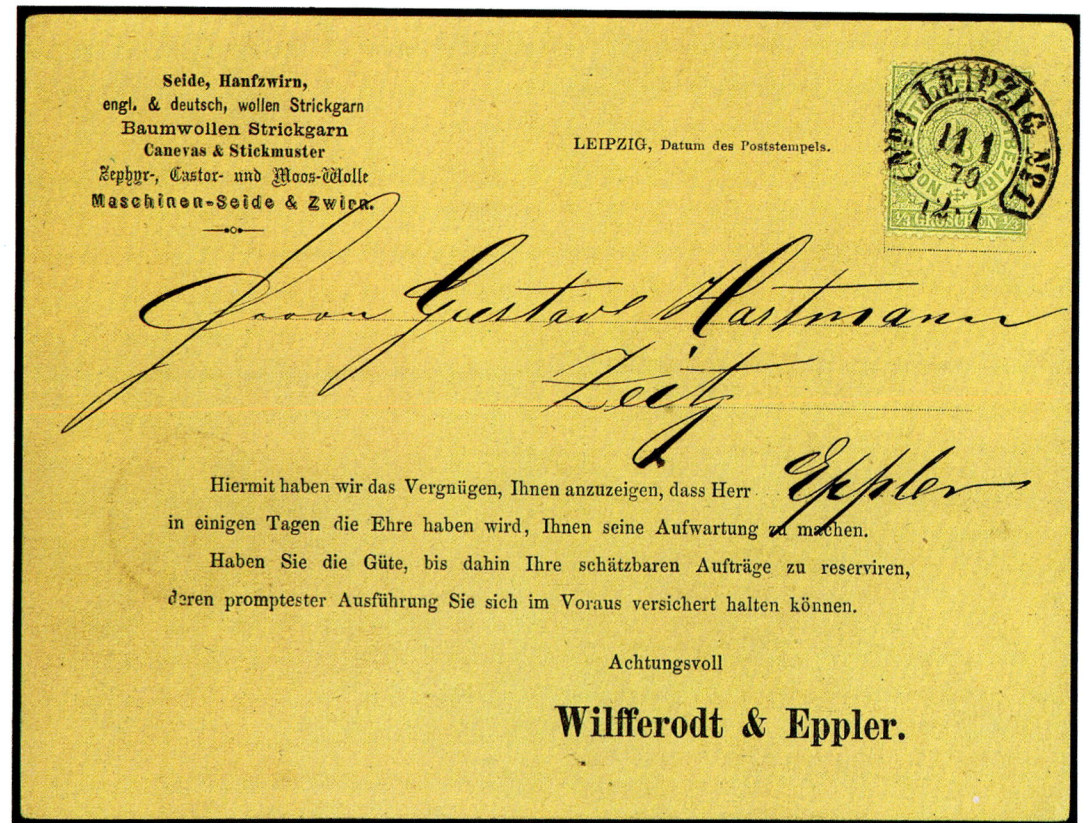

Internationaler Hülfsverein

für das

KÖNIGREICH SACHSEN.

Herr Nagel, N. Neumann, Hallsche Str. 11

wird ersucht, zu Hülfleistungen bei den Verwundeten und Maroden des Deutschen Heeres im Königszimmer des Dresdener Bahnhofs sich einzufinden.

Dinstag den *4 October*

Vormittags	7—1 Uhr.
Nachmittags	1—8 „
Nachts	8—7 „

LEIPZIG, den ᵗᵉⁿ ....
1870.

Für die Bahnhof-Deputation

Druck v. Hirschfeld, Leipzig.

Eine andere Form der Drucksachenkarte, die seit 1865 nicht mehr unter Streifband verschickt werden mußte, aber noch nicht als Postkarte galt. Die Rückseite blieb bis auf den Ausgabestempel völlig leer. Die Karte ist mit einer Briefmarke des Norddeutschen Postbezirks freigemacht.

preußischen Ministers für Handel, Gewerbe und öffentliche Arbeiten« machten am 30. Mai 1865 folgendes publik:

»Gedruckte Anzeigen aller Art, wie Geschäftsavise, Preis-Courante usw. können, außer unter Streif- oder Kreuzband, fortan im Umfange des Preußischen Postgebietes auch mittelst offener Karten expediert werden. Das Porto beträgt 4 Pfennig das Stück; es ist vom Absender durch Freimarke zu entrichten, die oben rechts auf die Vorderseite der Karte geklebt wird. Die Karte darf nicht wesentlich über die Größe einer Post-

anweisung hinausgehen, aber auch nicht viel kleiner als etwa die Hälfte einer Postanweisung sein. Das Papier muß aus einem ähnlichen festen Stoff bestehen. Außer der Adresse des Empfängers dürfen an handschriftlichen Vermerken auf der Karte nur der Name oder die Firma des Absenders sowie Ort und Datum der Absendung bezeichnet sein. Handlungshäuser können ihre Geschäfts-Anzeigen handschriftlich unterzeichnen.

Die Verwendung der offenen Karten gewährt u. a. den Vorteil:

---

1. daß die Kosten und Mühen, die mit dem Umlegen von Streif- und Kreuzbändern verbunden sind, vermieden werden,

2. daß sich die Adresse, da sie auf die Karte selbst geschrieben wird, nicht, wie bei Sendungen unter Band, lostrennen kann.«

Derartige Belege bezeichnet der Philatelist heute als Vertreterkarten, weil mit ihnen meist der Besuch eines Geschäftsvertreters, mitunter jedoch auch andere Anliegen angekündigt wurden.

Suchen wir noch weiter nach Quellen für die Postkartenidee, so stoßen wir auf die Namen zweier Leipziger: Ein Buchhändler namens Friedlein sandte im Juli 1868 dem Berliner General-Postamt eine Anzahl von ihm entworfener und gedruckter »Universal-Correspondenz-Karten« mit der Bitte, sie hinsichtlich ihrer Brauchbarkeit und Zulässigkeit zu begutachten. Das Format der Friedlein-Karten betrug 174 mm × 125 mm. Auffallend ähnlich waren jene Exemplare beschaffen (Format 174 mm × 118 mm), die wenige Tage später – am 1. August desselben Jahres – die Leipziger Buchhandelsfirma Pardubitz an das GPA sandte. Da ihr Besitzer Hermann Serbe hieß, müßte nach Recht und Ordnung wohl er genannt werden, wenn es um einen Vor-Erfinder der Postkarte geht.

Welche Ursache diese Duplizität der Formen wohl haben könnte, ist ein bis heute ungeklärtes Phänomen. Möglicherweise verschaffte sich der eine (Serbe?) die Gelegenheit, beim anderen ein wenig »Werkspionage« zu treiben, vielleicht waren beide gar im Bunde, um durch die rasche Aufeinanderfolge ihrer Vorschläge das GPA von dem offenbar dringenden Bedarf an solchen Karten nachdrücklicher zu überzeugen. Die Rückseiten der beiden Karten enthielten in schöner Übereinstimmung 24 bis 28 vorgedruckte Fragen bzw. Mitteilungen (daß der Empfang eines Schreibens vom . . . bestätigt werde, daß noch keine Nachricht vom Empfänger vorliege usw.), und man sollte anstreichen, was gerade zutreffe. Auch fehlten Glückwünsche zu familiären Feiern oder Kondolenzen bei Trauerfällen nicht, so daß der Karteninhalt unter Umständen einem regelrechten Briefinhalt gleichkam. Mit dieser Begründung lehnte das GPA dann auch die Universal-Correspondenz-Karten der beiden ab.

Die beiden Leipziger Erfinder hatten – abermals übereinstimmend – vorgeschlagen, das Porto für ihre Karten auf $^1/_3$ Groschen bzw. für den Süden Deutschlands auf 1 Kreuzer festzulegen. Grundlage für diese Gebührenhöhe bildete das Reglement vom 2. November 1867, wonach Drucksachen zu diesem Betrag befördert werden, wenn sie außer Ort, Datum und Unterschrift keine weiteren *handschriftlichen* Angaben tragen. Und ihre 24 bzw. 28 Texte waren ja *gedruckt*. Doch die Post fiel auf diesen plumpen Trick natürlich nicht herein.

Unsere Frage: »Stephan oder Herrmann?« steht noch immer im Raum. Und auch das Auftreten von Friedlein und Pardubitz bzw. Serbe brachte uns hinsichtlich einer endgültigen Klärung nicht ans Ziel. Ja, dieses rückt noch mehr in die Ferne, wenn wir nun noch mitteilen, daß schon im Jahr 1777 (!) in der französischen Zeitschrift »L'Almanach de la Petite Poste« folgende Verlautbarung zu lesen war:

»Il existe, pour moment, certaines gravures sur cartes transportées par la poste, avec des communicationes lisibles pour tous. Cette nouvelle invention est par Demaison, le graveur et l'on en parle beaucoup.« (»Es gibt gegenwärtig einige [Kupfer-] Stiche auf Karten, die von der Post befördert werden, mit für alle lesbaren Mitteilungen. Diese neue Erfindung ist von dem Kupferstecher Demaison, von dem man viel spricht.«)

Unklar blieb, ob es sich hier vielleicht sogar schon um Vorläufer der Ansichtskarten gehandelt haben könnte – doch ist die Angelegenheit bemerkenswert, obwohl keine Sachzeugen überliefert sind.

Ähnliche Gedanken kommen auf – wobei hier sogar schon die spätere Postkarte mit Antwortteil gedanklich geboren wird – wenn wir eine Verlautbarung der Wiener Klapperpost vom 1. Januar 1784 lesen, wo es unter Punkt 4 heißt: »Man muß nicht eben immer Briefe schreiben, um in Geschäften mit seinen Freunden zu korrespondieren, sondern man kann auch auf einem offenen Zettel, wenn es der Inhalt zuläßt, oder mit abgeredeten Chiffren die Kommission auf einen

Zettel niederschreiben, welcher sodann durch einen Eilboten oder mittelst des ordentlichen Postkurs an ihre Adresse bestellt und auf Verlangen auch sogleich oder einige Stunden darauf mit der vom Empfänger selbst darauf geschriebenen Antwort an die aufgegebene Person zurückgestellt werden können. Nur muß in letzterem Fall sowohl des Aufgebers als Empfängers Wohnort bemerkt sein.«

Sogar das Problem der Vertraulichkeit der Nachrichten auf solch einem Blatt hat der damalige Inhaber der Wiener »Kleinen Post« – er hieß Franz Anton Gilowsky von Urazowa – schon angedeutet.

Nicht uninteressant erscheint uns ferner eine kurze Notiz im »Illustrierten Briefmarken-Journal« der Gebr. Senf, Leipzig, Nr. 11 (779) vom 3. Juni 1911, S. 268:

»Ein ›Vorläufer‹ der heutigen Postkarte?

Einer unserer Leser legt uns ein interessantes Stück vor, welches man als ›Vorläufer‹ unserer Postkarten betrachten kann. Es ist dies das ausgeschnittene Vorderblatt eines sächsischen Briefumschlages zu $1/2$ Ngr. orange vom Jahre 1863, welches unter Hinzukleben von 2 Stück 1-Ngr.-Marken als Postkarte benutzt wurde. Diese interessante provisorische Postkarte trägt auf der Rückseite eine kurze schriftliche Mitteilung und ging ›per expreß‹ von Dresden nach Wien-Neubau. Vorderseitig zeigt sie den Abgangsort Dresden handschriftlich, während die Marken mit dem

Entwurf einer Universal-Correspondenz-Karte von der Leipziger Firma Pardubitz (1868)

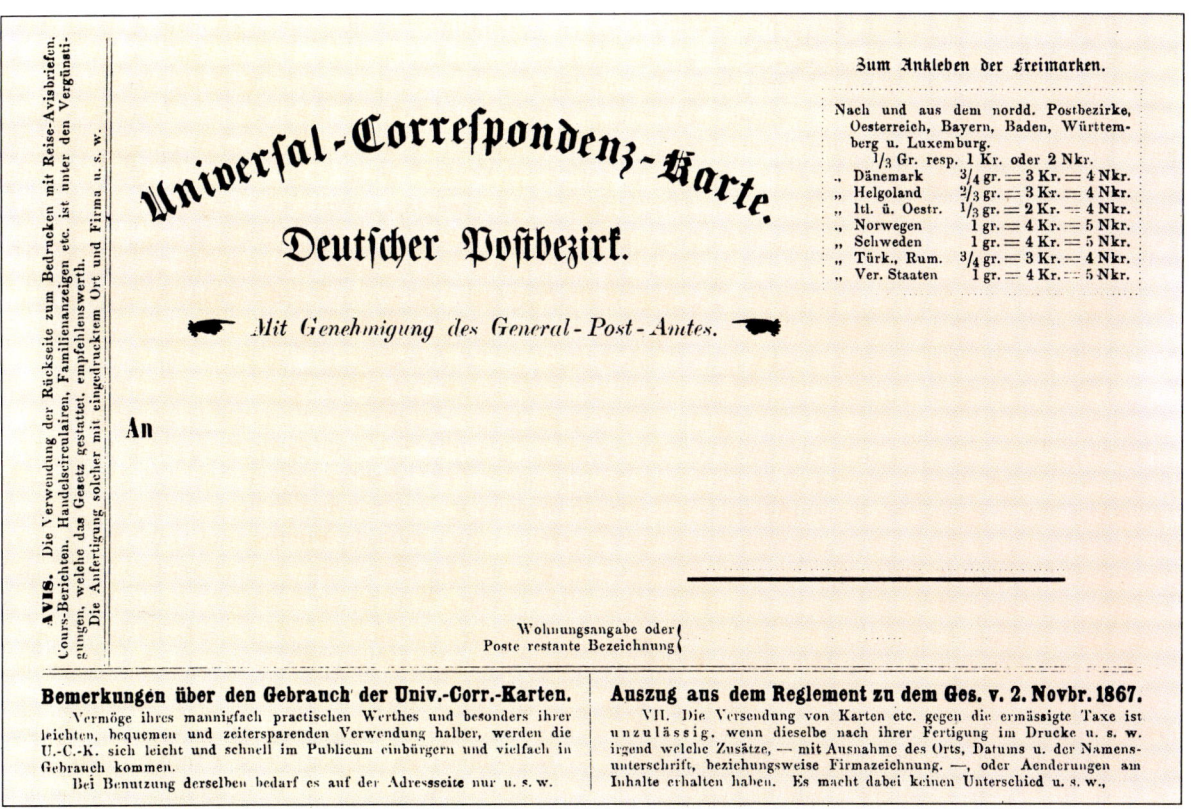

15

Ansichtskarte (sowohl als Ganzsache mit 5-Pfennig-Wertstempel
im Ziffernmuster von 1889 als auch ohne diesen gedruckt) mit einem Phantasie-Porträt von Pardubitz.
Im Hintergrund das alte Grassimuseum in Leipzig auf dem Königsplatz
(heute Wilhelm-Leuschner-Platz)

Bahnpoststempel 112 entwertet sind. Auf der Rück-seite sind die beiden Ankunftsstempel Wien und Wien-Neubau 23. VII. angebracht. Das Gebrauchs-jahr ist leider nicht festzustellen.

Ob nicht die Erfinder der Postkarte durch eine sol-che provisorisch hergestellte Postkarte (Postblatt!) auf ihre so überaus wichtige und weittragende Erfin-dung gekommen sind?«

Das könnte schon dazu beigetragen haben, aber eine Postkarte war dieses Blatt sicher nicht. Vielmehr ist anzunehmen, daß es sich um eine Paketbegleit-adresse – die heutige Paketkarte – gehandelt haben dürfte, die damals unter anderem auch in dieser Form zulässig war.

Aus dem oben zitierten französischen Text geht her-vor, daß die Tatsache, die Mitteilung sei nicht ver-traulich, seinerzeit beträchtliches Aufsehen erregte. Solche »Offenheit« begründete, daß der Vorschlag Stephans von 1865 von der preußischen Postverwal-tung unter General-Postdirektor von Philipsborn abgelehnt wurde – neben befürchteten Gebührenein-bußen. Man hatte Sorge, daß einerseits »Dienstperso-nal« vom Inhalt der Karten Kenntnis und somit Einblick in den intimeren Familien- oder Geschäfts-betrieb der Hautevolee erhalten könnte, andererseits vielleicht gar Obszönitäten und andere Mißhelligkei-ten durch solche Karten verbreitet würden. So erhiel-ten die ersten österreichischen Ausgaben auf Veranlassung des Handelsministers Dr. jur. Ignaz von Plener den Vermerk: »Postanstalt übernimmt keine Verantwortlichkeit für den Inhalt der Mittheilungen.« Man glaubte damals, daß ein Briefträger von einem empörten Kartenempfänger belangt werden könnte, wenn er ihm eine beleidigende Nachricht zustellte. Und im »Post-Verordnungsblatt für das Verwaltungsgebiet des k. k. Handels-Ministeriums« vom 27. September 1869, in dem die neuen Correspondenzkarten angekündigt wurden, hieß es im Absatz 7: »Ob Correspondenzkarten von der Beförderung bzw. Zustellung auszuschließen sind, wenn es auffallen sollte, daß hiermit Unanständigkeiten, Ehrenbeleidigungen oder strafbare Handlungen beabsichtigt werden, hat der Amtsleiter bei den Postämtern zu entscheiden.«

Derartige Bedenken sind indessen längst geschwunden. Und geklärt hat sich auch die Frage, warum Postkarten so überaus rasch ihren Siegeszug antreten konnten: Triebkraft war die für ihre Erfindung herangereifte Zeit! Die stürmische Entwicklung in den Gründerjahren erforderte ein Nachrichtenmittel, das leichter zu handhaben und unkonventioneller war als der Brief, zudem aber auch viel geringere Aufwendungen erforderte als Telegraf und Telefon, zumal beide damals technisch noch mehr oder weniger in den Kinderschuhen steckten. Die schlichte Postkarte hatte daher bald Millionen und aber Millionen, ja Milliarden Kinder – und so ist das geblieben bis in unsere Tage. Wie lange noch? Es gibt Meldungen, wonach in einigen hochentwickelten Industrieländern Postkarten – außer Ansichtskarten – eigentlich nur mehr zum Beantworten von Umfragen (nach dem besten Fußballtor, nach Fragen, die ein Quizmaster im Fernsehen stellte, u. ä.) dienen. Im Geschäftsbetrieb werde – um des Ansehens der betreffenden Firma willen – fast stets vom angeblich seriöseren Brief Gebrauch gemacht, während die portobilligere Postkarte vielleicht den Eindruck hervorrufe, die Firma nage am Hungertuch und sei deshalb nicht mehr vertrauenswürdig. Möge sich die Ansicht durchsetzen, solch eine Auffassung sei recht abwegig und widerspreche der altbewährten, ökonomisch günstigen Erfahrung für so manchen Schriftverkehr: Postkarte genügt!

Folgt ein Nachspiel:
In der österreichischen Fachzeitschrift »Die Briefmarke« erschien im Heft 143/144 vom Juli/August 1971 ein Artikel mit der ironisierend-provozierend abgefaßten Überschrift »Die erste Postkarte stammt nicht aus Österreich«. Der Verfasser (Heinrich Tomschik) zitiert darin einen Artikel aus der englischen Briefmarkenzeitung »Collection Weekly«, London, Heft 2924 vom 13. November 1969 (Verfasser Frank Staff), in dem dieser unter anderem schreibt: ». . . vor kurzem erhielt ich . . . einen Beweis, daß letzten Endes Österreich nicht das Land war, wo die erste Postkarte ausgegeben wurde. Herr Arthur A., ein bekannter Sammler von postgeschichtlichem Material in Cardiff, hat mir eine vom Herzogtum Braunschweig ausgegebene Karte zugesandt [es handelte sich um ein Exemplar der hier abgebildeten Postanweisung mit Wertstempel aus Braunschweig]. Laut Katalog Stanley Gibbons stellte Braunschweig die Ausgabe eigener Marken im Jahre 1868 ein. Es kann daher angenommen werden, daß diese postamtliche Karte mindestens schon im Jahre 1868 in Verwendung stand, vielleicht noch früher und daß, obwohl nicht für eine schriftliche Mitteilung beabsichtigt oder ausgegeben, es sich trotzdem um eine Postkarte handelt.«

Auch andere Fachzeitschriften druckten diese scheinbar scharfsinnige Ansicht nach – und irrten sich damit gründlich: Postanweisungen können zwar Postkartenformat besitzen (und – wie wir sahen – mit als Gedankenquelle für die Postkartenerfindung gedient haben), aber Correspondenzkarten bzw. Postkarten in dem Sinne, wie wir sie in diesem Buch behandeln, sind sie auf keinen Fall. Dies ist dann auch die richtige Schlußfolgerung des Autors in dem österreichischen Fachblatt.

Wenn wir diesen Vorfall (solche sensationell aufgemachten Fehlmeldungen kommen ja immer wieder einmal vor) hier dennoch schildern, dann aus folgendem Grund: Es existiert unbestritten eine Menge an postkartenähnlichen Formularen und dabei sogar Ganzsachen, z. B. Postanweisungen, Telefon-Sprechkarten, Paketkarten bzw. -begleitadressen, Postlagerkarten, Vorbindezettel oder Postscheine – alles in

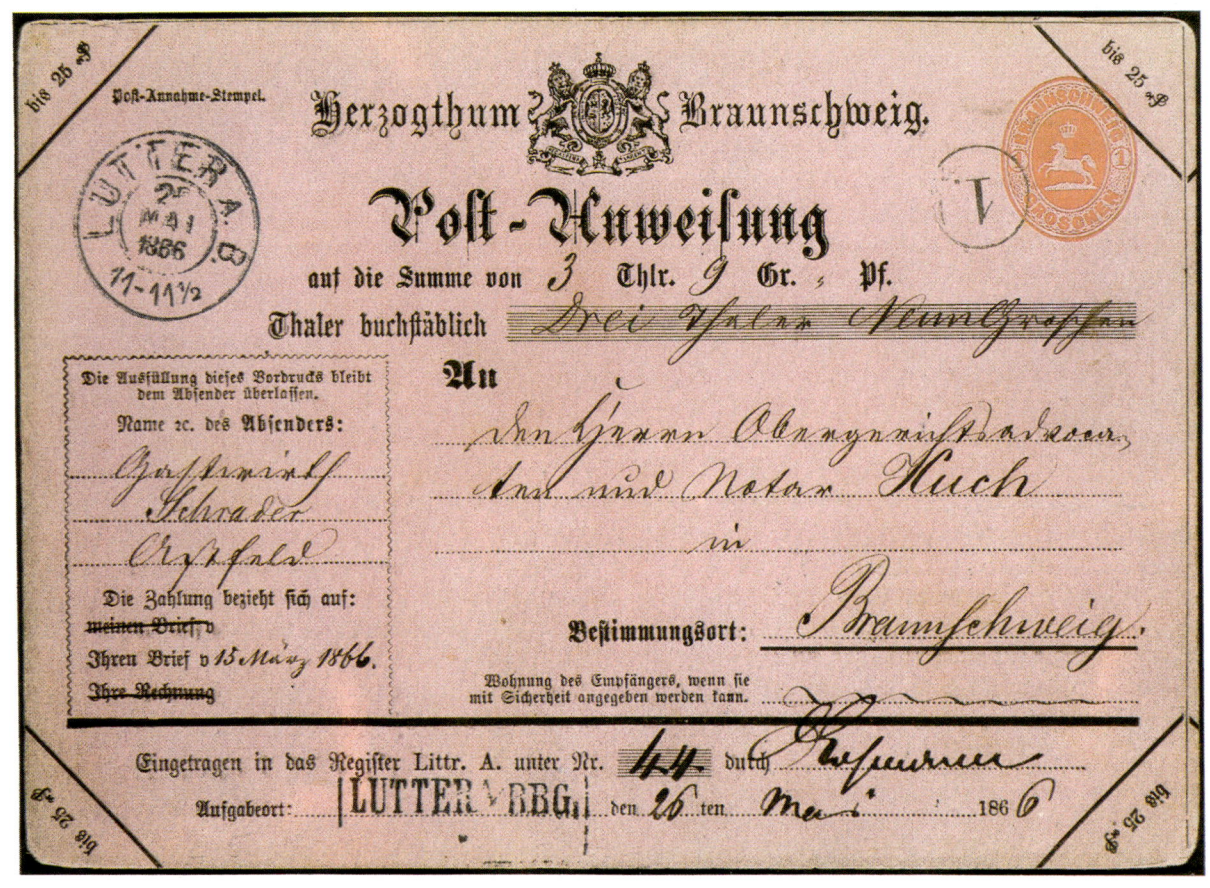

Postanweisung, wie sie 1865 eingeführt wurde.
Manche erhielten – wie unser Bildbeispiel aus Braunschweig – einen Wertstempel.

allem mehr Verschiedenheiten als bei Briefumschlägen. Diese und die vielen Ausgaben in mehr oder weniger örtlichem Interesse wollen wir in diesem Buch aber nicht behandeln, sondern uns auf die eigentlichen Postkarten konzentrieren. Nur eines noch: Der Postfachmann kennt den Begriff »Karte« außerdem in innerbetrieblich etwas anders verstandenem Sinn: Als in früheren Zeiten noch sämtliche, später dann nurmehr die nachzuweisenden Sendungen in eine Liste eingetragen wurden, nannte man jene Liste die »Charte« bzw., in Abwandlung davon, die »Brief-

karte«. In den Postämtern gab es und gibt es noch heute die Entkartungsstelle, d. h. jene Dienststelle, in der die Briefbeutel gefertigt (verschlossen) bzw. die angekommenen geöffnet werden. Man spricht auch knapp nur von der Entkartung und ebenso vom Kartenschluß, der jeweils kurz vor Abgang der Post liegt.

Vom Autor des vorliegenden Buches erschien 1985 im selben Verlag das Buch »Briefgesichter«. Es enthält aus kulturhistorisch-philatelistischer Sicht die Geschichte der Briefe (Briefumschläge) aus zwei Jahrhunderten. Da diese von der Post im Prinzip meist ebenso wie Postkarten behandelt und befördert werden, ergeben sich zahlreiche Berührungspunkte zwischen beiden Schriften. Das Werk »Postkarte genügt« will jedoch als Pendant zu den »Briefgesichtern« gerade die spezifischen Eigenheiten der Postkarten betonen. Natürlich hat es der Verfasser vermieden, gleiche Sachverhalte zu wiederholen – wenn nötig, klingen solche aber gelegentlich an. Im übrigen ist dieses Buch nicht durchgehend auf die Vorschriften *einer* bestimmten Postverwaltung zugeschnitten, sondern versucht, möglichst viele allgemeingültige Handhabungen darzustellen. Und schon gar nicht konnten sämtliche bekannten Postkartenarten erwähnt werden. Doch sollte deren Einordnung in eine der dargestellten Gruppen wohl stets möglich sein.

Preisfrage
Kann ein erwachsener (auch wohlbeleibter) Mensch durch eine Postkarte kriechen? Und ob: Man schneide in eine ganz gewöhnliche Karte Schlitze entsprechend dem Schema ein und ziehe sie vorsichtig zu einem Zickzackband auseinander . . .

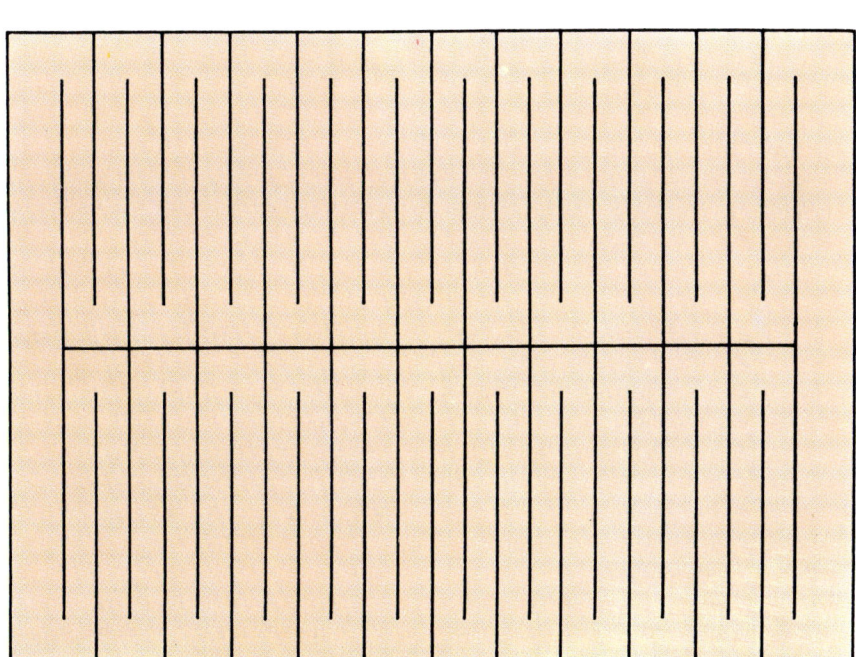

1

DIE BAHNBRECHENDEN

Die ersten österreichischen Correspondenzkarten

Ihr Geburtstag ist Freitag, der 1. Oktober 1869, ihre Form die Ganzsache mit eingedrucktem Wertstempel zu 2 Kreuzer. Diese kundenfreundliche, glückliche Lösung wurde jedoch durch das kleine Format von nur 122 mm × 85 mm gemindert, da – zumindest in der ersten Auflage – rückseitig noch Text aufgedruckt war, was den eigentlichen Schreibraum sehr stark einengte, obgleich man den Herrmannschen Vorschlag, den Inhalt auf 20 Wörter zu begrenzen, klugerweise fallengelassen hatte. Wer hätte das auch nachprüfen sollen . . . Die neue Correspondenzkarte besaß zunächst nur im Inland Gültigkeit. Dazu gehörte natürlich auch Ungarn. Die Verhandlungen zwischen beiden Reichsteilen hatte übrigens der uns schon vertraute Herr Kolbensteiner geführt, und die magyarische Seite vertraten ein Referent namens M. Gervay und der ungarische Handelsminister Stefan von Gorove. Das positive Ergebnis ihrer Gespräche ist bekannt; beginnend mit deutschen und ungarischen Varianten emittierte man nacheinander die ersten der neuen Nachrichtenträger in insgesamt 29 unterschiedlichen Fassungen (bezieht man die Ausgaben von 1876–1882 und die Antwort-Postkarten mit ein, sind's gar 42 Positionen):

Die erste Postkarte der Welt, damals Correspondenzkarte genannt,
geschmückt mit dem österreichischen Wappen.
Der eingedruckte Wertstempel kennzeichnet sie als Ganzsache.

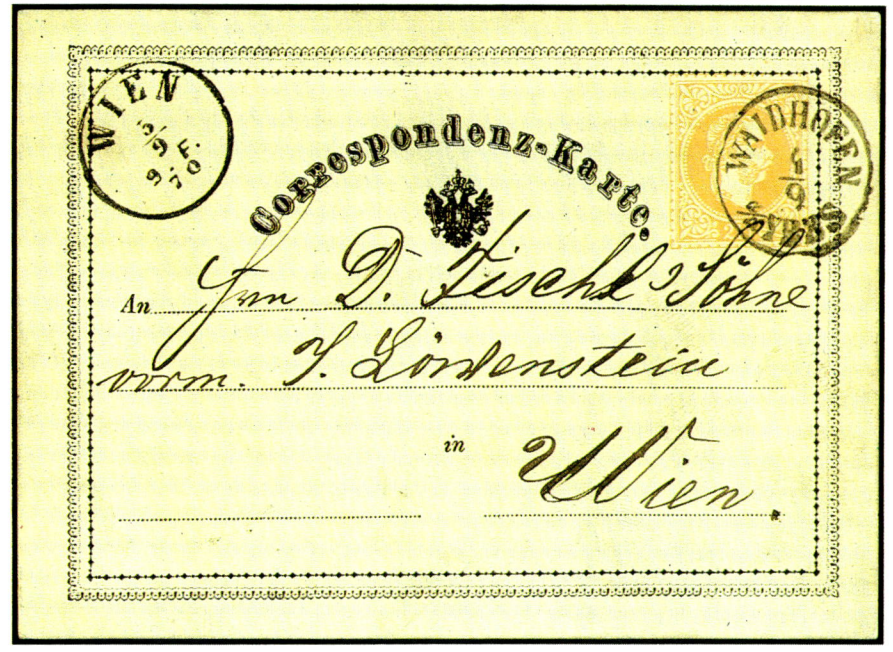

1869 (1. Oktober): An diesem Tag erscheinen Karten sowohl in deutscher Sprache als auch in ungarisch (mit dem ungarischen Wappen statt des österreichischen in der Kartenmitte) sowie von der ungarischen Ausgabe auch eine Variante in deutscher Sprache. Mithin existieren sozusagen drei Erstlinge, die alle in der Wiener Staatlichen Druckerei hergestellt wurden. Unter Philatelisten herrscht Meinungsstreit, welche denn nun wirklich die erste war und – bei den ungarischen Karten – welche von beiden wohl die erste ungarische sei. Wäre dies im Sport geschehen, so müßte man wohl alle drei bei der Siegerehrung auf die oberste Stufe stellen.

1871 (Juli): Nunmehr werden in einer neuen, veränderten Ausgabe auch die böhmische (tschechische), die italienische, die polnische, die slowenische, die ruthenische und natürlich erneut die deutsche Sprache berücksichtigt.

1871 (November) und 1872 (September): Neue Varianten, nun mit geänderter Datumsanordnung oder entsprechenden Sprachvermerken und rückseitig völlig leer, kommen an die Schalter.

1871: In diesem Jahr erscheint in etwas größerem Format eine in Budapest gedruckte Ausgabe (Levelezési Lap) mit ungarischem 2-Kreuzer-Wertstempel (in mehreren Typen; die Type I z. B. gilt als große Rarität, da von ihr maximal 20 Exemplare erhalten geblieben sind; das ist nicht viel mehr, als es von der legendären blauen Mauritius gibt).

1873/1874: Auch die Levante erhält ihre speziellen Karten, und zwar mit 4-Soldi-Wertstempeln; ferner mit italienischer Überschrift und 5-Soldi-Wertstempeln.

Schließlich sei noch eine Karte vom November 1873 erwähnt, die mit einem 5-Kreuzer-Wertstempel (statt 2 Kreuzer) für die Postdirektion Prag herauskam. Dieser Fehldruck soll erstmals einem Studenten in der Moldaumetropole aufgefallen sein, der sich wunderte, daß man für eine 5-Kreuzer-Karte nur 2 Kreuzer zu bezahlen brauchte. Als die Post davon Wind bekam, hat sie alle diese Karten amtlicherseits mit einer 2-Kreuzer-Marke überklebt und dann in dieser Form an die Kundschaft abgegeben. Manche Leute weichten diese Marke allerdings ab und verwendeten sie für andere Korrespondenzen. Die Karte wurde ja auch ohne die Marke befördert. Beide Arten – ob ohne oder mit Marke sowie echt postalisch befördert – sind heute ebenfalls gesuchte Seltenheiten.

Was das Format der österreichischen Karten anbelangt, so ist es 1876 auf 139 mm × 83 mm vergrößert worden, bis dann der Pariser Weltpostkongreß von 1878 die Größe von 140 mm × 90 mm (deutsches Format) beschloß. Dieses Maß gilt als Mindestmaß für Postkarten (und Briefe) noch heute (Kartenhöchstmaß: 148 mm × 105 mm).

Die neuen Karten – es bleibt das Verdienst Herrmanns, sie eingeführt und »Postkarte« genannt zu haben – bewährten sich glänzend. Schon im ersten Vierteljahr ihrer offiziellen Existenz wurden allein in Österreich (ohne Ungarn) nicht weniger als 2 926 102 Stück verkauft und zum größten Teil wohl auch verbraucht.

Inlandskarte – Auslandskarte
Fünf Pfennig, es ist doch famos,
Bezahlt man für die Karte bloß,
Und höchstens steigt man bis auf zehn,
Soll über Land und Meer sie gehn.
(aus »Postliederbuch« von C. A. Schmitt)

Die erste deutsche
Correspondenzkarte

Es kann als ein Treppenwitz der Postgeschichte gelten, daß der Österreicher Herrmann vorsah, seine Postkarte mit aufzuklebenden 2-Kreuzer-Briefmarken freizumachen. Tatsächlich erschienen dann – wie wir gesehen haben – die ersten Correspondenzkarten in seinem Vaterland als Ganzsachen. Stephan wiederum hatte in seiner Denkschrift vorgeschlagen, auf seinem Postblatt das Wertzeichen gleich mit einzudrucken; er wollte also eine Ganzsache eingeführt wissen. In praxi kamen indessen die ersten deutschen Correspondenzkarten (außer in Württemberg) nicht als Ganzsachen, sondern als bloße Vordrucke oder Formularkarten heraus. Sie waren mit Marken freizumachen bzw. wurden von der Post gleich mit Marken beklebt verkauft. Welche Ursachen führten zu diesem Fakt?

Die erste deutsche Correspondenzkarte war keine Ganzsache,
sondern – da die Marke auf das Formular geklebt wurde – ein Ganzstück.

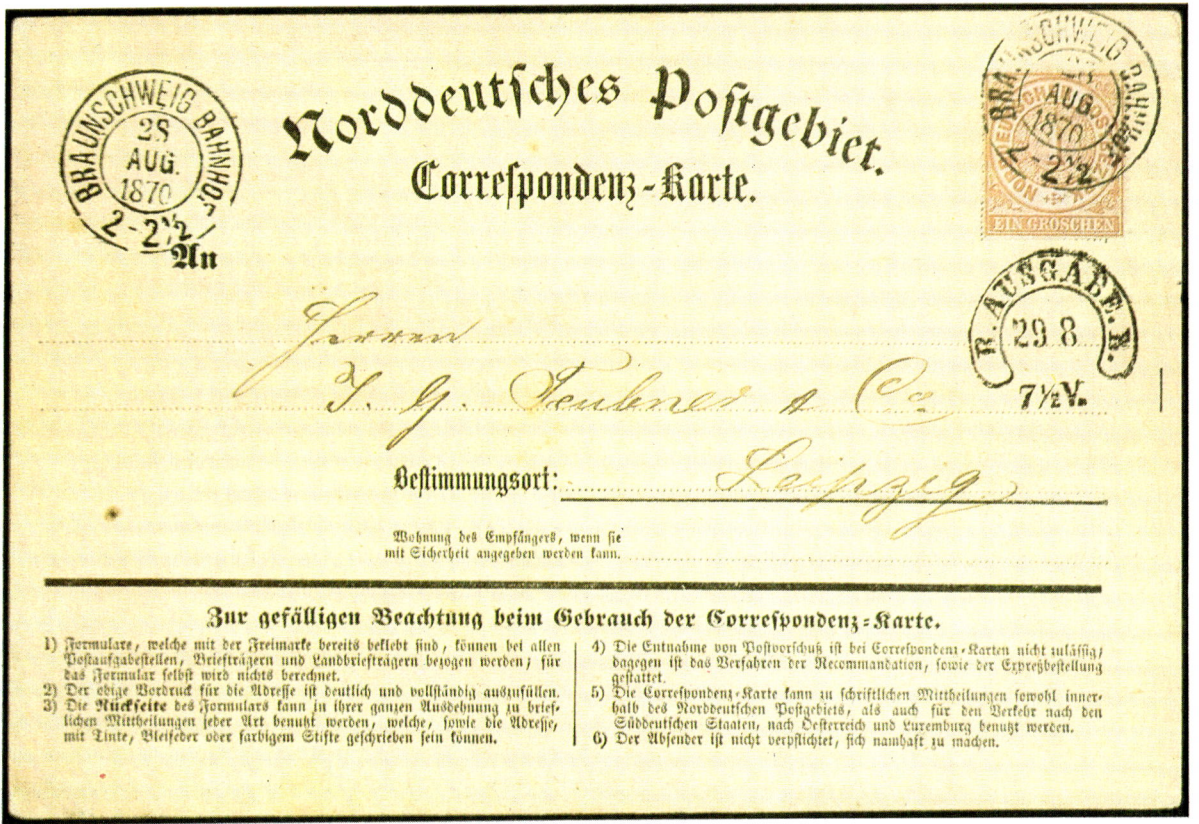

Am 1. Januar 1868 war gemäß Gesetz über das Postwesen des Norddeutschen Bundes vom 2. November 1867 das dreigestaffelte Briefporto weggefallen und hatte einem Einheitsportosatz von 1 Silbergroschen für den einfachen Brief Platz gemacht. Dies brachte der Post allerdings einen enormen Gebührenausfall von nicht weniger als 1,7 Millionen Talern im Jahr. Da die österreichischen Correspondenzkarten zu 2 Kreuzer wesentlich unter dem Briefporto (5 Kreuzer) lagen und dem Porto für Kreuzbandsendungen (2 Kreuzer) angeglichen waren, hätte der Norddeutsche Postbezirk schon seines Renommees wegen notgedrungen ebenfalls unter dem Briefportosatz bleiben müssen. In dieser Beziehung hatte Herrmann »die Preußen« durchaus in Zugzwang gebracht. Aber nur $^1/_2$ Silbergroschen für die geplanten neuen Correspondenzkarten zu fordern schien angesichts der Finanzlage nicht ratsam. So unterließ man unter General-Postdirektor von Philipsborn die Kartenherausgabe zunächst ganz. Erst als Stephan am 26. April 1870 die Leitung der Norddeutschen Bundespost erhielt, erging schon am 6. Juni – wenige Wochen nach seiner Amtsübernahme – eine Verordnung des Kanzlers des Norddeutschen Bundes, in der die Einführung und Anwendung der Correspondenzkarten angekündigt wurde. Porto: 1 Silbergroschen – wie beim Brief, was indessen den Postkunden kaum nachteilig erschien; denn als am 25. Juni (einem Sonnabend) die

ersten Correspondenzkarten verkauft wurden – einige wenige Exemplare gelangten vorschriftswidrig sogar schon ein paar Tage früher in den Verkehr –, betrug der Umsatz für diesen Tag nicht weniger als 45 000 Stück allein in Berlin. Ganz offensichtlich fand die einfache Handhabung der »neumodischen« Karten Zuspruch; auch lenkte der bald darauf ausbrechende Deutsch-Französische Krieg das Schwergewicht ihrer Nutzung ohnehin auf die gebührenfrei zu befördernden Feldpost-Correspondenzkarten. Der weitblickende und eine spätere Gebührensenkung anstrebende Stephan ließ also die Karten als Formulare drucken, wobei die Marken von der Post aufzukleben waren. Insgesamt kauften die Postkunden von den »zivilen« und von den Feldpostkarten 1870 und 1871 je 3 Millionen Stück. 1872 waren es schon 7,7 Millionen, weil am 1. Jan. dieses Jahres nun doch das Porto auf $^1/_2$ Silbergroschen sank. Dann endete allmählich die Verwendung dieser Formular-Correspondenzkarten, die ja ohnehin nur als Provisorium gedacht waren. Man konnte sie nurmehr ohne aufgeklebte Marken erhalten. 1873 brachte Stephans Behörde endlich richtige Ganzsachen-Postkarten an die Schalter, und die Formularkarten bekamen andere Formen.

Die ersten Karten besaßen ein Format von 163 mm × 108 mm, sind also bedeutend größer gewesen als ihre österreichischen Vorgänger. Nur Italien blieb mit einer Karte von 110 mm × 70 mm einmal darunter.

Die ersten deutschen Feldpost-Correspondenzkarten

Bekanntlich begann kurz nach der Einführung der Correspondenzkarten des Norddeutschen Postbezirks der Deutsch-Französische Krieg (Kriegserklärung Frankreichs an den Norddeutschen Bund am 19. Juli 1870). Daher wurden die Karten sogleich auch als Feldpost-Correspondenzkarten benutzt, und zwar gebührenfrei. Einmal dienten dazu die »zivilen« Karten, vor deren Aufdruck »Correspondenz-Karte« handschriftlich das Wort »Feldpost« zu setzen war. Zum

anderen kamen spezielle Feldpost-Correspondenzkarten heraus, wobei Belege in der Form der bisherigen zivilen Correspondenzkarten von Karten mit einem Truppenschema zu unterscheiden sind. Erstere – vor allem für die Richtung Front–Heimat bestimmt – zeigen im Anschriftfeld den Vordruck »Bestimmungsort« und »Wohnung des Empfängers, wenn sie mit Sicherheit angegeben werden kann«. Bei der Karte mit Truppenschema dagegen – vor allem gedacht für

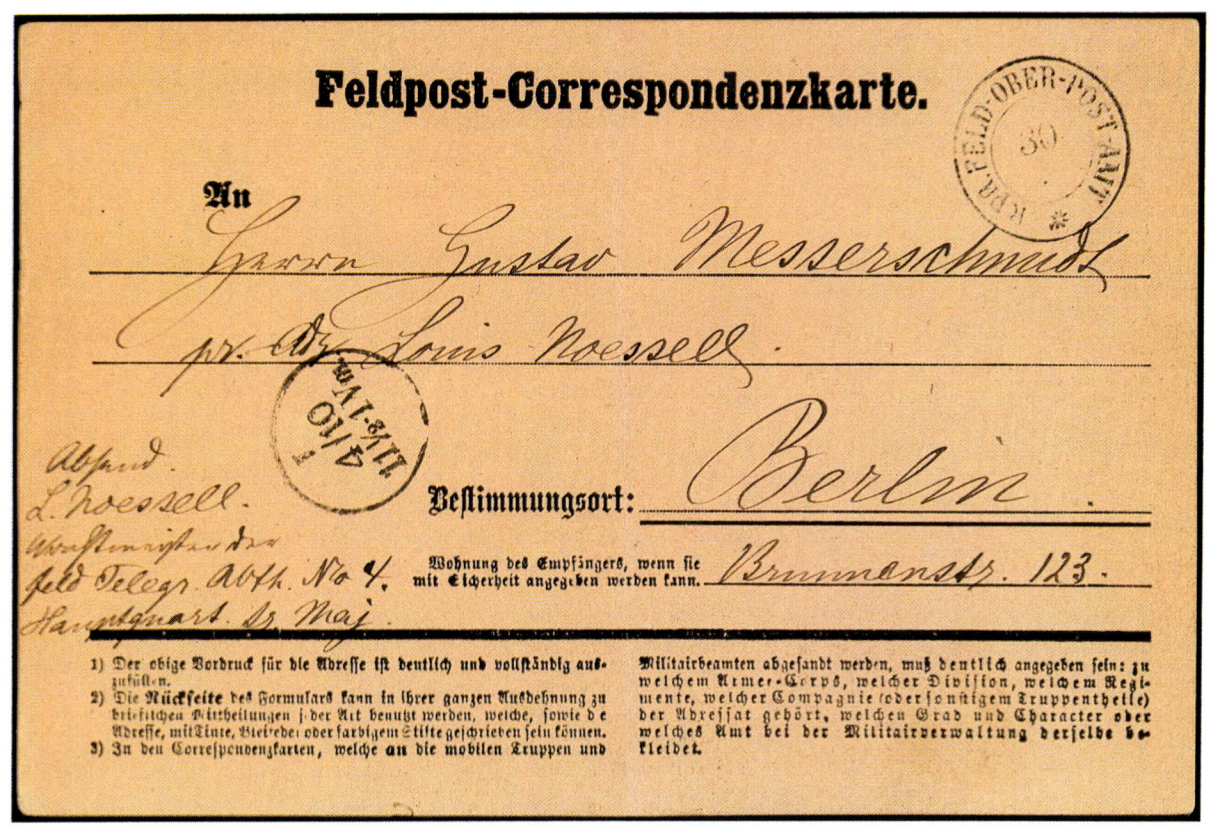

Eine Feldpost-Correspondenzkarte mit »zivilem« Anschriftfeld

die Richtung Heimat–Front – ist schon vorgedruckt, welche Adreßbestandteile anzugeben sind: ». . .tes Armee-Corps, . . .te Division, Regiment N°. . . ., . . .te Compagnie, . . .te Schwadron, . . .te Batterie.«

Neben diesen amtlich herausgegebenen Karten fertigten auch private Druckereien eine Anzahl weiterer Feldpost-Correspondenzkarten an. Eine mit dem Zudruck »4. Garde-Grenadier-Regiment Königin« wurde besonders bekannt (und von Philatelisten gesucht). Manche erhielten (nach dem Schwartzschen Vorbild, vgl. S. 32) kriegerische Darstellungen aufgedruckt, aber auch Weihnachts-, Neujahrs- und Geburtstagsgrüße sowie mehr oder weniger drastische Scherzdarstellungen und -verse. In diesem Zusam-

menhang sei noch eine Correspondenzkarte erwähnt, die während der deutschen Besetzung von französischen Landesteilen am 29. September 1870 verausgabt wurde. Sie konnte von der Zivilbevölkerung zum Preis von 1 Centime erworben werden und war freizumachen, wobei als Briefmarke die Besatzungsausgabe der Norddeutschen Bundespost in Centime-Währung diente. Derartige Karten konnten von jedermann im Postverkehr mit den Staaten des Norddeutschen Bundes und den von deutschen Truppen besetzten französischen Landesteilen verwendet werden, weil die französische Post hier den Dienst verweigerte.

Besondere Feldpostkarten emittierte Bayern, das ja eigene Posthoheit besaß. Hier handelt es sich um For-

Diese Feldpost-Correspondenzkarte (die allerdings »zivil« verwendet wurde)
trägt ein Truppenschema im Anschriftfeld.

mulare, die nach der »zivilen« Variante gestaltet waren. Nur stand im Markenraum das Wort »Feldpost«. Gleiches galt für Württemberg: Seine Karten ins Feld erhielten den halbkreisförmig aufgedruckten Wortlaut »Nach der Königl. Württembergischen Feldpost« und ein Truppenschema. In Richtung Heimat hieß es im Anschriftfeld »An« und »Bestimmungsort«, während der halbrund gedruckte Wortlaut jetzt mit »Von« begann. Wie man sieht, bediente man sich des neuen Nachrichtenmittels sehr variantenreich, zweckmäßig und schnell, obwohl es für *diesen* Zweck gewiß nicht erdacht worden war.

Kuriose Anschrift
An den königlichen Gänsedarm [Gendarm bzw. Gensdarm]
Ritter des Gemeinen Ehrenzeichens, Herrn N.N. in S.

Weitere Postkartendrucke,
auch in anderen Ländern

Hier sollen nur wenige Beispiele vorgestellt werden, um die Dinge nicht ins Uferlose auszuweiten.

Nach der Gründung des Deutschen Reiches und noch vor der Einführung der ersten Ganzsachen-Postkarte gab die neugebildete Reichspost Vordrucke heraus, die zum Teil schon postseitig mit Marken beklebt waren – nach dem Vorbild der ersten Correspondenzkarten. Ab 1. Juli 1872 war ferner der Begriff »Postkarte« eingeführt worden (bis 1. März 1872 amtlich »Correspondenzkarte«). Die Karten zeigen den Reichsadler, private Emissionen gelegentlich auch das preußische Wappentier.

Ähnlich gestaltete Karten erschienen in vielen Ländern, so auch in Frankreich, hier zwar im kleineren Format (121 mm × 77 mm), aber in zahlreichen Varianten, die sich durch attraktive Ornamentumrandungen unterscheiden, wie sie die Druckereien als Schmuckleisten vorrätig halten.

Bemerkenswert an vielen frühen Ausgaben ist das Bestreben der Postverwaltungen, durch Aufdruck von allerlei Anweisungen oder Dekreten die Postbenutzer zu belehren. Wenn uns heute solche Hinweise, die man in Deutschland ab Oktober 1872 wieder wegließ, überflüssig erscheinen, so ermöglichen sie doch überaus interessante Einblicke in damalige Entwicklungen auf dem Postbetriebssektor. So deutet mancher Text an, daß schon Zusatzleistungen, wie Einschreiben oder Eilzustellung, auch bei Postkarten möglich wa-

Französische Formular-Postkarte aus Algerien,
das bis 1962 französisches Departement war, mit Nummernstempel 5055 des Postamts
in Philippeville, freigemacht mit einer Briefmarke

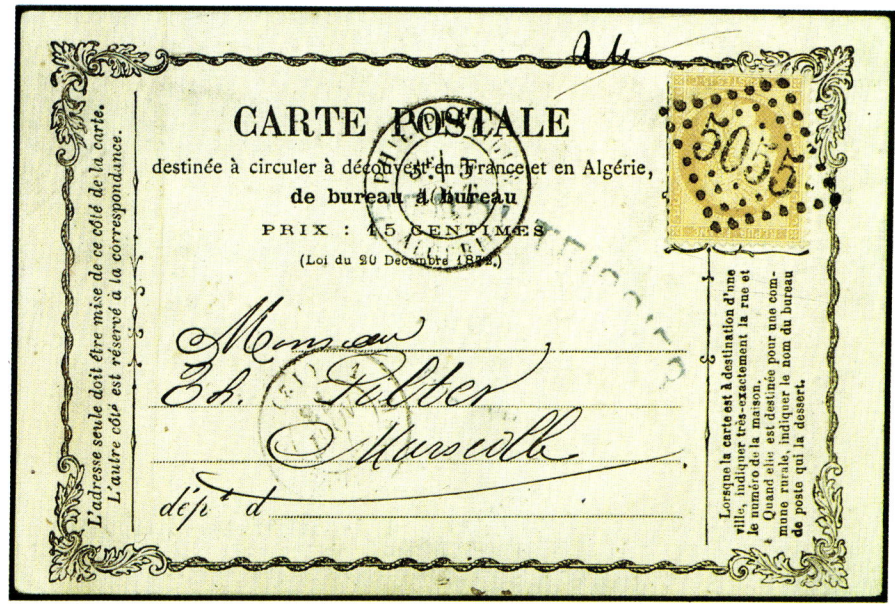

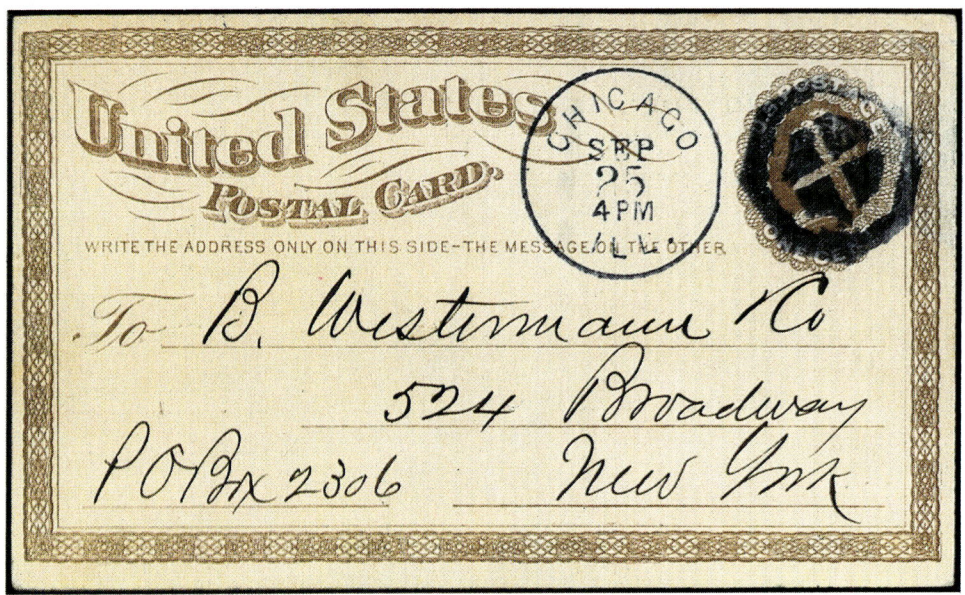

Wie jedes Land, so hatten auch die Vereinigten Staaten von Amerika
eines Tages ihre erste Ganzsache; sie erschien 1875.

ren, daß man sie sogar als Paketbegleitadressen (heute Paketkarten genannt) nutzen konnte, was auf bemerkenswerte Freizügigkeit hinweist. Selbst über die Entwicklung des zwischenstaatlichen Verkehrs mit seinen Fortschritten, aber auch Hemmnissen, kann man Hinweise herauslesen, die zugleich ahnen lassen, was die Gründung des Weltpostvereins im Jahre 1874 für nützliche Auswirkungen brachte.

Nachdem es die Postkarten dann auch 1870 in der Schweiz, in Luxemburg und in Großbritannien gab,

schlossen sich 1871 Belgien, die Niederlande, Dänemark und Finnland an; 1872 folgten Schweden, Norwegen und Rußland, 1873 die Vereinigten Staaten von Amerika, Frankreich, Serbien, Rumänien und Spanien, 1874 Italien und dann Zug um Zug weitere Länder. Den Auslandsverkehr regelte ein diesbezügliches internationales Abkommen (Postvereinsvertrag, Bern, ab 1. Juni 1875), bis er dann mit dem Weltpostvertrag vom 1. Juni 1878 praktisch den gesamten Erdball umfaßte.

Erste Ganzsachen-Postkarten
des Deutschen Reiches

1. Januar 1873: Nun kamen sie endlich in den Verkehr, die Postkarten mit eingedruckten Wertstempeln! Zwar war Neujahr ein Feiertag, und wir wissen auch nicht, ob man da und dort schon vorher eine sol-

che neue Karte ergattern konnte – die Kataloge vermelden jedenfalls dieses Datum, es fiel auf einen Mittwoch als den Ersttag. Und gäbe es ein postalisch befördertes Exemplar, das den Stempel mit solch exponiertem Datum trägt, es wäre eine wirkliche Rarität. Nicht eben häufig sind aber auch Stücke vom ersten legal möglichen Verwendungstag, dem 2. Januar 1873, erhalten geblieben.

Zwischendurch sei angemerkt, daß Ganzsachen-Briefumschläge in aller Welt natürlich schon viel länger bekannt waren; deutsche Ausgaben in Baden z. B. seit 1858, in Braunschweig seit 1855, in Bremen seit 1853, in Preußen seit 1851, in Hannover gar schon seit 1849. Postkarten dagegen kann es aus jenen altdeutschen Postverwaltungen, die 1868 in den Bereich der Norddeutschen Bundespost übergingen, natürlich nicht geben. Postalisch selbständig geblieben, emittierten aber Baden ab 1870 Formular-Postkarten, Bayern ab 1873 und Württemberg schon ab 1870 Ganzsachen-Postkarten. Helgoland, das philateli-stisch mit zu den altdeutschen Staaten rechnet, brachte ebenfalls Postkarten in Umlauf. Dazu kamen noch die zahlreichen anderen Arten von Ganzsachen, wie Streifbänder, Kartenbriefe, Postanweisungen und Postanweisungsumschläge, allerlei private Produkte, wie Anzeigen-Umschlagbriefe, Anzeigen-Kartenbriefe und noch andere, die aber sämtlich nicht Gegenstand dieses Buches sind.

Die im Bilde gezeigte erste Ganzsachen-Postkarte des Deutschen Reiches zu $1/2$ Groschen trägt in einschlägigen Katalogen (z. B. in dem von Ascher/Junker, 1939, Verlag Noske, Borna), die Nr. 1. Zu dieser Ausgabe gehören insgesamt vier Positionen:

Nr. 1: $1/2$ Groschen Nr. 3: $1/2 + 1/2$ Groschen
Nr. 2: 2 Kreuzer Nr. 4: 2 + 2 Kreuzer.

Die erste Ganzsachen-Postkarte des Deutschen Reiches
mit einem attraktiven Hufeisenstempel

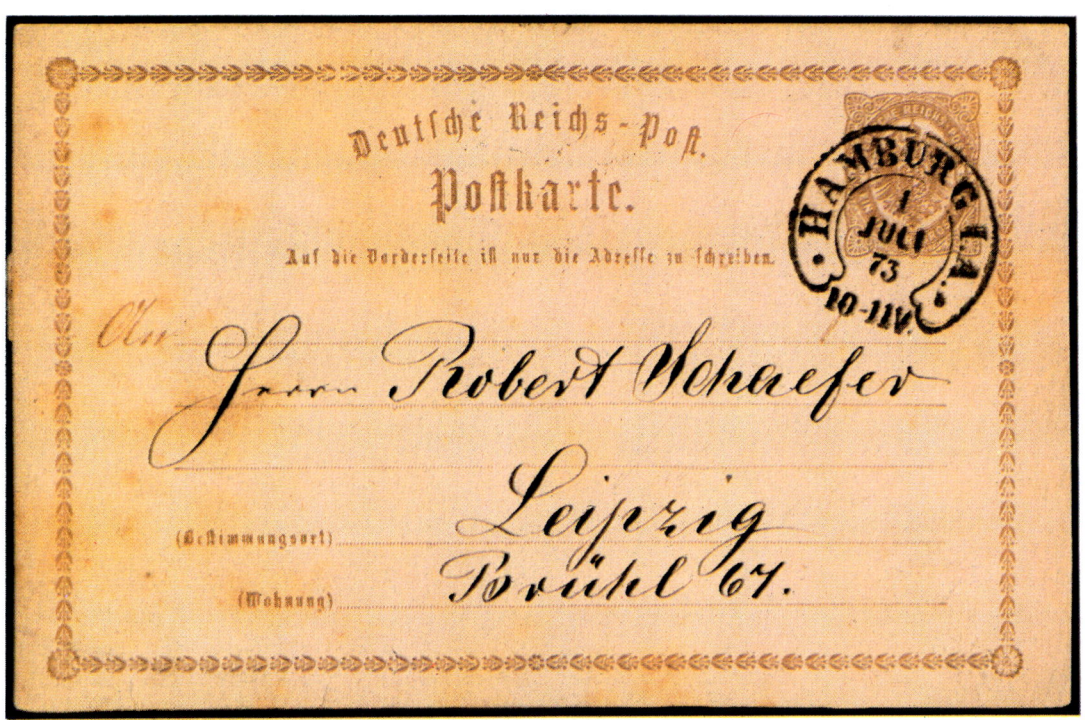

Eine Formular-Postkarte des altdeutschen Staates Baden,
der bis zum 31. 12. 1871 die eigene Posthoheit besaß

Dies macht Erklärungen nötig: Im Bereich der Norddeutschen Bundespost (»im Norden«) galt damals die Taler-Währung (1 Taler = 30 Groschen), in den anderen Ländern des 1871 gebildeten Deutschen Reiches (»im Süden«) dagegen die Gulden-Währung (1 Gulden = 60 Kreuzer). Erst ab 1. Januar 1875 wurde einheitlich die Mark-Währung (1 Mark = 100 Pfennig) eingeführt.

Bei den Katalog-Nummern 3 und 4 handelt es sich um Postkarten mit anhängender Antwortkarte. Diese Art (Doppelkarten) war seit 1. Januar 1872 im innerdeutschen Verkehr, zuerst mit aufgeklebten, nun also auch mit eingedruckten Wertzeichen, zugelassen. Wir kommen noch darauf zu sprechen.

Nun hat uns aber – wir müssen das zum Schluß dieses Abschnittes, in dem wir die *erste* Ganzsachen-Postkarte des Deutschen Reiches vorstellen wollten, leider eingestehen – jemand einen Wermutstropfen in unser Glas geträufelt: Es gab schon vorher ein solches Exemplar, und zwar ließ sich die Firma Henrichshütte von der Post ihre eigenen Karten mit dem Wertstempel »Adler mit großem Brustschild« zu $\frac{1}{2}$ Groschen bedrucken. Diese Kundenganzsache wurde allerdings nicht über die Postschalter verkauft.

2

DIE ANSICHTSKARTEN

Wie die Ansichtskarte
geboren wurde

Bei Erwähnung der ersten Feldpostkarten aus dem Jahre 1870 haben wir gesagt, daß sie alsbald auch mit bildlichen Darstellungen bedruckt wurden. Und leider muß man konstatieren, daß jene Karte, die noch heute vielfach als die erste Ansichtskarte der Welt angesehen wird, ebenfalls aus kriegerischem Anlaß entstand. Angesichts der Tatsache, daß ab Mitte Juli 1870 in Preußen stündlich mit der Kriegserklärung Frankreichs gerechnet wurde, hatte König Wilhelm I.

am 16. Juli die Mobilmachung angeordnet. Zweifellos um seine Sympathie für die militärischen Maßnahmen gegen Frankreich zu bekunden, ließ der Oldenburgische Hofbuchhändler und Druckereibesitzer August Schwartz an diesem Tag einige der gerade aufgekommenen Correspondenzkarten auf der Anschriftseite mit einem zufällig vorhandenen Klischee bedrucken, das einen Artilleristen darstellt, der eine Kanone lädt. Das soll – so die Überlieferung – die

Eine frühe Ansichtskarte – ein »Oldy« –,
vor 1890 im Hochdruckverfahren hergestellt. Sie bot nur Schreibraum
auf der Ansichtsseite (Rückseite), während die Vorderseite – die Anschriftseite –
der Anschrift und den Postwertzeichen vorbehalten blieb.

erste Ansichtskarte gewesen sein. Wir werden später noch darauf eingehen, daß sie eigentlich als erste Bildpostkarte bezeichnet werden müßte. Immerhin hat sie ihren Ruf als erste Ansichtskarte behaupten können, obwohl gewichtige Fakten gegen solch elitäre Klassifikation sprechen. Da wird z. B. ein Serbe namens Peter Manojlovic als Schöpfer einer Postkarte genannt, die er um die gleiche Zeit mit einer Drachenzeichnung versah – und zwar auf der Rückseite. Denn nach der Definition befindet sich das Bild einer Ansichtskarte auf deren Rückseite und nicht auf der Anschriftseite (Vorderseite) wie bei Schwartz. Peter Manojlovic verkehrte in der Redaktion der Zeitschrift »Der Drache« (»Zmaja«) in Wien, einer slawophilen Publikation, die die Solidarität aller slawischen Völker gegen die Türkei und wohl auch gegen die österreichisch-ungarische Monarchie vertrat. Die Karte mit der Drachenzeichnung übergab Manojlovic Ende 1870 der Redaktion. Da sie dort gefiel, erhielt Anfang 1871 der Graveur Waldheim – ebenfalls Wien – den Auftrag, sie als Kupferstich zu fertigen. Ein Stück davon blieb erhalten, das am 19. Mai 1871 von der Redaktion des »Drachen« an den Advokaten Demeter Manojlovic (einen Vetter des Kartenzeichners) nach Zombor in Südungarn mit der Post versandt wurde. Dieser verweigerte – wohl wegen der politisch bedenklichen Zeichnung – die Annahme, so daß sie zurückging. Es ist sicher nicht unberechtigt, diese Karte als erste »richtige« Ansichtskarte anzuerkennen. (Vergleichen Sie dazu auch die weiter unten stehende Definition einer solchen Karte durch Schwartz.)

Nun müssen wir uns aber dessenungeachtet einer weiter vorn zitierten Passage erinnern, in der von jenem französischen Postkartenvorläufer aus dem Jahre 1777 die Rede ist, der möglicherweise sogar schon in etwa einer Ansichtskarte entsprach. Auch gab es bereits um 1843 in England Weihnachtsglückwunschkarten, die zuerst von einem Maler namens Horsley hergestellt und alsbald in einer Auflage von 1000 Exemplaren gedruckt wurden. Das Stück soll 1 Schilling gekostet haben, ein für damalige Zeiten ziemlich gepfefferter Preis. Die Karten mußten allerdings unter Umschlag versandt werden.

Neuerdings neigen die Philokartisten (so nennen sich die Freunde des Ansichtskartensammelns, auch Philocardisten, wenn sie's englisch ausgedrückt haben möchten) dazu, einen gewissen Ludolf Parisius aus Göttingen als den wirklichen Erfinder der Ansichtskarte zu bezeichnen. Denn er soll 1871 eine Geburtstagsglückwunschkarte mit dem Bild auf der Rückseite angefertigt haben. Mit Sicherheit aber stammt eine Karte mit einer Göttinger Stadtansicht (Alte Pink) von ihm, die postalisch am 18. Juli 1872 gestempelt und befördert wurde. Auch dieses Datum läßt sich mithin – wenn man will – als Geburtstag der »richtigen« Ansichtskarte bezeichnen.

Schwartz, der diese Karte höchstwahrscheinlich nicht kannte, brachte 1875 eine ganze Ansichtskartenserie (25 Motive) heraus und glaubte, damit Schöpfer dieser Gattung zu sein. Seine Artilleristenkarte sah er wohl selbst nicht als Ansichtskarte an, denn er veröffentlichte in der Zeitung »Oldenburger Volksbote« folgenden Passus: »Nach meiner [Schwartz'] Auffassung kommt es bei dieser Frage vor allem darauf an, wer der Schöpfer der ersten gedruckten Bilder-Postkarte ist und diese für den Postversand zuerst in den Handel gebracht hat.« Anschließend stellt er fest, er selbst habe die ersten 25 gedruckten Ansichtskarten auf den Markt gebracht.

Auch andere in Fachkreisen oft genannte Miterfinder, wie Carl Rorich, der im Verlag J. H. Locher, Zürich, Bildkarten herausbrachte, können nicht als Erst-Erfinder gelten. Seine frühen Produkte waren überhaupt nicht als Ansichtskarten gedacht (solche fertigte er erst später), sondern als Souvenirs in Form von sechs Ansichten umfassenden Sammelblättern im Format 120 mm × 80 mm.

Die erste nach einem Foto hergestellte Karte soll von einem Mann namens Alphons Adolph aus Löbau stammen. Dieser Fotograf und Lichtdrucker hat sie 1879 mit dem Bild des Löbauer Rathauses herausgebracht. Noch mehr Verwirrung schaffen Meldungen in der Fachpresse, in denen von neuen Funden früher bebilderter Karten berichtet wird; so z. B., als 1986 eine Vertreterkarte mit Poststempel vom 30. Januar 1867 (!) vorgestellt wurde, die rückseitig den Stahl-

»Gruß-aus-. . .-Karte«, vor 1900 als Lithographie gedruckt,
die, wie alle diese Karten, von der Phantasie ihres Schöpfers lebt

stich einer Fabrikanlage zeigt. Dies ist im Prinzip den bildlichen Darstellungen zuzurechnen, wie man sie häufig am Kopf von Firmen-Briefbögen findet (Gebäude, Produkte der Firma und oft auch errungene Medaillen). Ist diese beschriebene Vertreterkarte nun bereits eine Ansichtskarte im Sinne der Schwartzschen Definition? Wohl kaum . . . Auf jeden Fall breiteten sich Ansichtskarten zunehmend rasch über den ganzen Erdball aus. Ein neuer Industriezweig entstand, besonders in Deutschland, das seine Erzeugnisse bis in die fernsten Kontinente exportierte.

Dieser Triumph einer neuen Sache, die den Menschen bei geringem Aufwand viel Freude und auch manche Erleichterung brachte, war in Deutschland seit dem 1. Juli 1872 möglich geworden. Seit diesem Tag durften Privatpersonen solche Karten auf eigene Rechnung herstellen lassen: Die Post hatte auf eines ihrer Privilegien verzichtet. Sie entsprach damit einer

//

Kuriose Anschrift
An die Mamzell Hennerjette Käsemodelin, welche bei Baa-
rohn Schulenburchs die Kinder wäscht und ausbessert

//

Auch dem Studentenleben war seinerzeit eine ganze Anzahl Ansichtskarten gewidmet.
Diese Lithographie von 1898 führt uns auf den »Paukboden«.

gesellschaftlichen Notwendigkeit. Mit dem Aufblühen der Wirtschaft in jenen Gründerjahre genannten Zeiten begann für den begüterten Teil der Bevölkerung – Kaufleute, Beamte, Handwerksmeister, Militärs und von ihren Dividenden lebenden Rentiers – eine Zeitspanne, die es ihnen finanziell ermöglichte, in Urlaub zu fahren. Das »Verreisen« nahm einen gewaltigen Aufschwung, und die Ansichtskarte bot eine gute Möglichkeit, auf schickliche Weise seinen Freunden und Verwandten davon Mitteilung zu machen, daß man im Bad, an der See, im Gebirge oder gar im Ausland weilte. So spiegelt sich in diesen Erinnerungsstücken durchaus ein kleiner Teil jener euphorischen Stimmung wider, die dieser Zeit mit ihrer beträchtlichen wirtschaftlichen Blüte den Ruf einer »belle epoque« – einer »schönen Epoche« – eintrug. Sofern man das am politischen Horizont heraufziehende Wetterleuchten eines Weltkrieges übersah.

///////////////////////////////

Kuriose Anschrift
An den Brauhauswirth vom Thore gleich links der Erste,
allwo ich meine Bälzmitze liegen gelassen habe in Wirzburg

///////////////////////////////

Sammelgegenstand
Ansichtskarte

Die große Zeit des Ansichtskartensammelns lag in den Jahren vor und nach der Jahrhundertwende. Und gegenwärtig deutet sich ähnliches in einer immer stärker anschwellenden Woge der Zuneigung zu den bunten oder schwarzweißen Karten an. In philatelistischen Ausstellungen entdecken wir häufig zwei oder drei Exponate von Ansichtskarten, gestaltet nach ähnlichen Themenkreisen, wie sie von der Philatelie her bekannt sind. Tauschbörsen und Auktionen für Ansichtskarten sowie einschlägige Suchanzeigen in Zeitungen

häufen sich. Ähnliches gab's schon früher einmal. Bereits vom 17. Juli bis zum 4. September 1898 fand in Stuttgart – veranstaltet von dem in Leipzig ansässigen Centralverein für das gesamte Buchgewerbe – eine Ausstellung statt, in der über 10 000 Ansichtspostkarten gezeigt wurden. Im »Schwäbischen Merkur« vom 18. Juli 1898 heißt es dazu: »Wenn man heutzutage den elegantesten Salon oder die einfachste Bürger- und Bauernstube betritt, so darf man fast sicher sein, ein Postkartenalbum als eines der wichtigsten Inven-

Italienische Ansichtskarte in Autochromdruck, verwendet 1904.
Die Tendenz, den Schreibraum (rechts) immer mehr zu verkleinern, führte zu einer Änderung
der Anschriftseite (ab 1. Februar 1905).

Neue Postgebühren während des ersten Weltkrieges:
Da ging selbst dem Kaiseradler (oben links) der Hut – pardon, die Krone – hoch,
betrug die Steigerungsrate doch gleich bis zu 50 Prozent!

Amtliche Color-Ansichtskarte aus Sydney (Australien) als Ganzsache
mit eingedrucktem Wertstempel zu 27 Cent. Dieser zeigt, verkleinert auf das Format
24 mm × 34 mm, exakt das gleiche Foto wie die linke Bildseite.

tarstücke vorzufinden. Keine Sammelwut hat eine derartige Verbreitung gefunden, wie gerade dieser moderne Sport, der allerdings auch . . . keinerlei Vorkenntnisse erfordert und dabei doch manches Vergnügen bereitet . . . Übergehend zu der Frage, was denn eigentlich alles ausgestellt ist, so wäre dieselbe kurz mit dem Wort ›alles‹ beantwortet, . . . schwarze und farbige Landschaften, Seestücke, Städte- und Dörferansichten, Porträts von Fürsten, Dichtern, Malern, Komponisten, Schauspielern und anderen berühmten Männern, Karten mit den verschiedensten Wahlsprüchen ›Gut Heil‹, ›Hipp hipp hurrah‹, ›All heil‹, ›Alle neune‹, ›Tummle dich‹ für Turner, Ruderer, Radfahrer, Kegler, Lawntennisspieler.«

Natürlich ist der Bogen der Ansichtskarten-Thematik noch erheblich weiter zu spannen als in jenem alten Zeitungsartikel geschehen, wobei das zutreffende Wort »alles« aber hier gern übernommen wird. Moderne Karten zeigen – logischerweise – außer den herkömmlichen Städteansichten alle Errungenschaften unserer Tage, wie elegante Flugzeuge oder luxuriöse Schiffe, wolkenkratzende Hochhäuser und schlanke Fernsehtürme. Dennoch: Der Wunsch jedes Sammlers, ein altes Postkartenalbum zu ergattern, ist ständig gegenwärtig. Denn die alten Ansichtskarten, »Oldies« genannt, insbesondere solche aus den siebziger und achtziger Jahren vor 1900, sind äußerst begehrt. Dann kamen die vielleicht noch beliebteren Karten auf, die der Kenner einfach »Lithos« nennt. Der Grund: Nach den meist im Hochdruckverfahren hergestellten »Oldies« erwies sich der Steindruck (Lithographie) als eine Art des Flachdrucks für die Postkartenherstellung als weitaus günstiger. In dieser Technik sind vor allem zahlreiche der heute hochgeschätzten »Gruß-aus-. . .-Karten« hergestellt, und zwar nach handgezeichneten Vorlagen.

Falls größeres Interesse an den vielen verschiedenen Druckverfahren für Ansichtskarten vorhanden, sollte man sich der Fachliteratur polygrafischer Gewerbe bedienen. Hier sei nur gesagt, daß gerade für die Ansichtspostkarten-Produktion raffinierte Druckmethoden angewandt wurden, z.B. der Autochromdruck. Dabei entstand das Bild zunächst als Schwarz-

Weiß-Druck in Form der Autotypie (wie bei gerasterten Zeitungsbildern mit ihren größeren und kleineren Pünktchen, die dann insgesamt ein Bild ergeben). Danach überdruckte man alles in drei oder vier Gängen noch mit Steindruckplatten (Tonplatten) in verschiedenen Farben, so daß ein richtiggehender Farbdruck vorgetäuscht wird. In dieser Manier sind zahllose Farbkarten früherer Zeiten hergestellt. Heute entstehen Farbkarten (Colorkarten) in modernsten Flachdruckverfahren.

Wie dieser Aspekt beweist, lassen sich Ansichtskarten durchaus auch nach den verschiedensten Druckverfahren zusammenstellen und sammeln. Zu den schon genannten kommen unter anderem bei den Erstlingen der Holzstich, später dann noch der Licht-

Anlaßkarte von 1919 zur Weimarer Nationalversammlung,
die ein Aufdruck auf der Anschriftseite zur »Offiziellen Postkarte« qualifiziert

druck und die Echtfotos, der Tiefdruck, der Fotochromdruck und andere Kombinationsdruckverfahren sowie der Offsetdruck hinzu. Der Prägedruck darf nicht fehlen, bei dem Köpfe von Herrschern oder Wappen und andere Motive mit Symbolcharakter farblos erhaben oder vertieft geprägt und vorher noch in entsprechend heroisierenden Farben – vor allem in Gold, Bronzeton oder Silber – ausgeschmückt wurden.

Den Philatelisten interessieren bei Ansichtskarten natürlich in erster Linie die Probleme der Anschriftseite (wobei auf bildseitig freigemachte, also dort mit Marken beklebte Exemplare noch an anderen Stellen dieses Buches eingegangen wird). Hinsichtlich dieser Anschriftseite unterscheiden sie sich jedoch nicht von anderen Postkarten ihrer Zeit. Und manche nachfol-

gend noch vorzustellende Postkarte könnte sich als Ansichtskarte erweisen.

Unsere gebührende Beachtung verdienen außerdem die Künstlerkarten (»mail art«, engl., Postkunst), die nach Werken anerkannter Maler und Grafiker gedruckt oder gar als Einzelexemplare handgemalt wurden. Hierbei erfreuen sich zur Zeit besonders Stücke im Jugendstil (Sezessionsstil) größter Beliebtheit, z.B. mit Werken von Mucha oder Klinger. Dem kunsthistorisch versierten Sammler werden sofort die individuellen Karten von Oskar Kokoschka, Alfred Kubin, Franc Marc und vielen anderen einfallen . . . Es versteht sich fast von selbst, daß derartige gemalte Künstlerpostkarten meist große Raritäten sind, was zum Teil auch schon für gedruckte Exemplare gilt oder für Cartoons, also Witzzeichnungen (oft ohne

Scherzkarte aus dem weltbekannten Leipziger »Auerbachs Keller« (1925 versandt)

Fotokarte mit Autogramm des berühmten
Gewandhauskapellmeisters Arthur Nikisch (1855–1922)

Worte). Im übrigen ist die Themenpalette von Ansichtskarten riesengroß. Wir nennen hier nur einige Beispiele:
– Stadt- und Dorfansichten, dabei Kurorte oder Messestädte;
– Denkmale, Brunnen, Rathäuser, Sportstadien, Brücken, Hotels;

– Verkehrsmittel, wie Eisenbahnen, Straßen- und Bergbahnen, Schiffe, Flugzeuge, Luftschiffe und Ballons, Autos und Motorräder (auch Unfälle mit solchen Gefährten);
– technische Spitzenleistungen, Kosmosforschung;
– berühmte Persönlichkeiten aus Politik, Kunst, Sport, Wissenschaft usw. (auch mit Autogramm);

– Tiere, Mineralien, Pflanzen, Schmuck, Münzen;
– Militaria (Kriegsszenen, Waffen oder Manöverbilder);
– Glückwunschkarten aller Art zu den gängigen Festen und persönlichen Gedenktagen;
– Anlaß- oder Gedenkkarten, z. B. »Offizielle Karten« zu Ausstellungen oder Kongressen, Stadtjubiläen, Organisationsfeiern (Gründungsfest).

Einiger Beliebtheit erfreuen sich nicht zuletzt die »Kitschkarten«, deren falsches Pathos oder Gefühlsduselei Empfindungen hervorrufen soll, die mit dem wirklichen Geschehen nicht mehr zu vereinbaren sind. Der Gabentisch solcher Kartenmotive ist besonders aus der Zeit vor dem ersten Weltkrieg überaus reich bestückt.

Ansichtskarten werden in der ganzen Welt gesammelt. Und es gibt Menschen, die Tausende von Exemplaren zusammengetragen haben – einige nehmen nur bestimmte Motive oder Motivgruppen in ihre Kollektion auf, andere »beschränken sich auf alles« (wie Goethe einmal sagte). So wurde 1986 in der Presse von einem Sammler namens Dr. Antonin Kočenda aus der südmährischen Gemeinde Vicemilice berichtet, der in seinem bis dahin 74 Jahre währenden Leben nicht weniger als 2 702 300 Ansichtskarten in seiner Wohnung konzentriert hat. Und jeden Monat kämen bis zu 4000 Exemplare aus aller Welt hinzu. Das erheischt sicher Bewunderung, ist aber unserer Meinung nach dann kaum mehr Lust; sondern hier wird man das »u« in diesem Wort wohl durch ein »a« ersetzen müssen. Wenigstens im allgemeinen. Ihm selbst macht's bestimmt Freude. Und damit aus seiner Super-Sammelleidenschaft ein Nutzen für die Zukunft erwächst, hat er verfügt, daß seine Kollektion einmal der Slowakischen Nationalbibliothek »Matica slovenská«, dem Museum der Arbeiterbewegung in Brno und dem Kreismuseum in Vyškov (in der Tschechoslowakei) überantwortet werde. So ist zu hoffen, daß die Öffentlichkeit Teile davon immer wieder einmal in speziellen Ausstellungen betrachten kann.

Bedeutung erlangt das Postkartensammeln aber nicht nur in Form solchen Gigantismus – nein, auch ein Stück kann immens wichtig sein: 1985 ersteigerte der Sohn John Lennons eine Postkarte seines Vaters, des einst berühmten, 1980 ermordeten Mitglieds der legendären »Beatles«, aus dem Jahre 1970. Julian Lennon mußte dafür in New York 3410 Dollar zahlen.

Die Sonderformen
von Ansichtskarten

Die Hersteller von Ansichtskarten haben sich angesichts ihrer meist recht gewinnbringenden Tätigkeit natürlich bemüht, ihre ökonomischen Erfolge noch zu steigern. So brachten sie Besonderheiten heraus, die von üblichen Karten erheblich abwichen. Dabei entstanden die kuriosesten Erzeugnisse, die heute erneut angestrebtes Ziel heißen sammlerischen Begehrens sind. Mit ihnen erwirbt ein Philokartist Stücke, die er auch bei sonst mangelndem Widerhall seinen Freunden und Bekannten gelegentlich gut und gern vorführen kann in der Gewißheit, wenigstens mit ihnen Anerkennung zu ernten. Führen wir ohne Wertung eine Anzahl solcher Kuriositäten an:

– *Panorama-Klappkarten und Leporellos* (nach einer Operngestalt Mozarts benannt); ziehharmonikaartig zusammenfaltbare, aneinanderhängende Karten, auch Karten, die ein kleines Leporello, in einer Tasche eingearbeitet, enthalten (Rucksackkarten);
– *Postkarten aus anderen Materialien:* dünnes Holz, Birkenrinde, Leder, Textilien, Glas, Metall (z. B. aus Überresten von verunglückten Zeppelinen, Neujahrs-»karten« aus Eisen – »Fer de Berlin« der Berliner Eisengießerei um 1815);
– *Klappkarten*, die aus mehreren zusammenhängenden Teilen bestehen und sich vielfach umklappen und zu unterschiedlichen Kombinationen verändern lassen

1974 hat die tschechoslowakische Post diesen »Rundling« noch befördert.

(ähnliches als Zieh- oder Drehkarten), Anlegekarten, die zusammengefügt ein Großbild ergeben;

– *Passepartoutkarten*, die einen breiten, oft geprägten Rand oder Rahmen besitzen, auf den der Begriff »Passepartoutkarte« gedruckt ist;

– *Leuchtkarten*, bei denen bestimmte Teile, vor allem Fenster von Gebäuden, Bullaugen von Schiffen, ausgespart oder durch Fetten durchsichtig gemacht und mit bunten Stoffen (Papier) hinterlegt werden, so daß ein Nachteffekt entsteht, wenn man die Karten gegen das

Licht hält: Die Fenster scheinen hell erleuchtet zu sein;

– *Durchsichtkarten*, wobei bestimmte Bildpartien durch Fetten transparent gemacht und an diesen Stellen zwischen die Deck- und die Rückschicht der Karte Bilder eingefügt werden, die – hält man die Karte gegen das Licht – einen neuen (oft amourösen) Bildsinn ergeben;

– *Effektkarten*, die durch Beläge aus glänzenden Stoffen entstehen; sogenannte Lunakarten prangen in gold- und silberglänzendem Mondenschein; aufgestreuter und festgeklebter, auch farbiger Glimmer erzeugt Glitzereffekte;

– *Blumenkarten* mit getrockneten Blüten, häufig Edelweiß, von einer Zelluloidplatte überdeckt, die mit einem durchgeflochtenen Band (Karte ist hierfür an den Rändern in Abständen von etwa 2 cm zu lochen) auf der Karte befestigt wird. Diesem Prinzip entsprechend, werden »Federkarten« aus bunten Vogelfedern »konstruiert«;

– *Wehrt's Metachromkarten:* gewöhnliche Ansichtskarten, deren Bildseite mit einer leicht durchscheinenden Schicht überzogen wurde und am besten mit Bleistift, aber auch mit Tinte zu beschreiben ist. Hat der Empfänger den Text gelesen, soll er die Karte ins Wasser tauchen, wodurch die Schicht abweicht und die Ansicht nun voll zur Geltung kommt;

– *Runde und übergroße Karten,* letztere auch *Superkarten* genannt, besitzen meist doppelte Breite und müssen daher mit Briefportosatz versandt werden. Außerdem existieren aus der Zeit vor dem zweiten Weltkrieg noch in höchst ungewöhnlichen Formen ausgestanzte Karten, z. B. in Herzform oder – wie »geschmackvoll« – in Gestalt eines Nachtgeschirrs; die Bildseite ist farbig, die Anschriftseite postordnungsgemäß ausgestaltet;

– *Radiokarten:* Die etwas bauchigen Produkte früherer Zeiten enthielten einen primitiven Drehkondensator

*Superkarte im Jugendstil und mit Büttenrand –
ein feines Sammelstück,
1898 zur Briefgebühr (10 Pfennig) postalisch befördert*

und andere Bauteile für einen Einkreis-Geradeausempfänger und dazu Buchsen zum Einstecken der Spulen und eines Kopfhörers. Ein Kristalldetektor sorgte für die Hochfrequenzgleichrichtung. Und das Ding »spielte«!

– *Schallfolienkarten*, deren Kunststoffschicht wie bei einer großen Schallplatte geprägt ist und meist flotte Weisen, mitunter auch patriotische Reden konserviert;

– *3-D-Karten* (dreidimensional, räumlich) als modernste Entwicklung. Die tiefe Raumwirkung (Stereoeffekt) wird erreicht, indem das Bild von zwei Kameras im Augenabstand von etwa 65 mm aufgenommen wird. Aus beiden Bildern wird nun abwechselnd ein ganz schmaler Streifen benutzt und zu einem Bild zusammengesetzt, wobei der bildgleiche Streifen der jeweils anderen Kamera weggelassen wird. Das neue Bild wird mit einer Prägeschicht versehen, die treppenförmig ausgebildet ist und bewirkt, daß sich den Augen des Betrachters der von der entsprechenden Kamera aufgenommene Bildstreifen zuordnet. Auch die Varianten mit zwei verschiedenen Bildern, die entsprechend dem jeweiligen Blickwinkel sichtbar werden, sind in der gleichen Herstellungsweise entstanden.

Alle diese Stücke wurden früher meist unbeanstandet von der Post befördert, da noch keine mechanische Briefverteilung ihre Ansprüche geltend machte und die Menge ohnehin nicht groß war. Da haben die Postler eben ein Auge zugedrückt. Heute dürfen alle im Format und in der Dicke abweichenden Karten nur unter Briefumschlag versandt werden.

Postkarte als Ausrede
Gelt, altes Haus, Du nimmst es mir nicht schief,
Dass dies kein galasteifer Schreibebrief?
Wenn ich zum Freund auf fünf Minuten geh',
Braucht's dann erst Frack, Cylinder und Glacé?

3

DIE ALLTÄGLICH NÜTZLICHEN

Die mit Briefmarken freigemachte
Postkarte

Hätte man die Überschrift zu diesem Abschnitt nicht kürzer formulieren können – etwa: Frankierte Postkarte? Gewiß wäre das nicht falsch gewesen, doch sagt das Verb »frankieren« noch nichts über die Art der Frankatur (Freimachung) aus; es gibt da nämlich viele Möglichkeiten. Zwei davon – der Karte gleich von seiten der Post eine Marke aufzukleben (wie bei den ersten Ausgaben des Norddeutschen Postbezirks)

oder sie mit einem Wertstempel zu bedrucken (wie bei der ersten österreichischen Correspondenzkarte) – haben wir geschildert. Die erstgenannte Methode blieb jedoch bis heute absolute Ausnahme. Jetzt ist es Tag für Tag millionenfach üblich, daß der einzelne Postkartenbenutzer – falls er nicht eine Ganzsache erwarb – die Marke selbst auf die Postkarte klebt. Die Postverwaltungen aller Länder haben hierzu passende Wert-

Formular-Postkarte mit aufgeklebter Marke.
Der (relativ seltene) Sonderstempel weicht in seiner Form kaum von gewöhnlichen Tagesstempeln ab.
Er wurde zusammen mit anderen aus Anlaß der Eröffnung des Nord-Ostsee-Kanals,
auch Kieler Kanal und eine Zeitlang Kaiser-Wilhelm-Kanal genannt,
am 20.6.1895 abgeschlagen.

Hier noch ein Exemplar der ersten Ganzsachen-Postkarte des Deutschen Reiches,
transportiert mit Bahnpost Frankfurt/M–Coeln und weiterbehandelt
vom Eisenbahnpost-Bureau Bonn (1875)

stufen herausgebracht, und zwar in Höhe des jeweiligen Portosatzes für die Postkartenbeförderung im Ortsverkehr, im Fernverkehr innerhalb des eigenen Landes und für den Auslandsverkehr. So wird es möglich, mit *einem* Postwertzeichen auszukommen; denn bei dem gegenüber einem Briefumschlag viel geringeren Raum für die Marke(n) ist das eine nicht unwichtige Angelegenheit. Sie rückt bei den heute oft größeren bis sehr großen Markenformaten noch stärker ins Blickfeld, zumal dann, wenn eine besondere Behandlung der Postkarte (auf die wir noch zu sprechen kommen) postalische Klebezettel, wie »Eilbote« oder »Luftpost/Par Avion«, sowie höhere Gebührensätze erforderlich macht. In manchen Ländern sind im übrigen die Portosätze für Orts- und Fernverkehr inzwi-

schen auf gleiche Höhe gebracht worden. Und innerhalb einiger Staatengruppierungen fiel für Postkarten (und auch für Briefe in der ersten Gewichtsstufe) das Auslandsporto weg.

Reicht aus irgendeinem Grund der Raum für das Anbringen von Marken tatsächlich einmal nicht aus – wenn man z. B. nur kleinere Wertstufen zur Hand hat –, dann ist es üblich und zulässig, in das für die Marke vorgesehene Feld oben rechts die Buchstaben »M. u.« (»Marken umseitig«) zu schreiben und kann die fehlenden oder sogar alle Postwertzeichen auf die Rückseite der Karte kleben.

Mit Briefmarken freigemachte Postkarten – hierbei vor allem zahllose Ansichtskarten – blieben auch aus älteren Zeiten oft wegen ihrer Sonderstempel erhal-

ten; vornehmlich die heute gesuchten frühen Stempel-
formen (etwa um die Jahrhundertwende benutzt) finden
sich häufiger auf Postkarten als auf Briefumschlägen,
zumal so manche in Ansichtskartenalben die Jahre
überdauerten oder auf Anlaßkarten zu finden sind,
während man Umschläge meist wegwarf und gege-
benenfalls nur den Inhalt aufbewahrte, wenn er dem
Empfänger etwas bedeutete. Mit der Postkarte erhielt
man sich beides: Inhalt samt der Unterschrift eines
vielleicht lieben Verwandten oder Freundes und die
Marke mit (Sonder-)Stempel. Und bestimmt schlum-
mert noch heute so mancher seltene Abschlag, der in
Würdigung eines damals exklusiven Ereignisses angebracht wurde, bislang unerkannt in einem alten
Album, wobei die Marke allein nur selten einen Wert

besitzt. Denn fast alle Menschen benutzen für die
Frankatur lediglich die alltäglich-gängigen Wertstufen.

Die allermeisten auf dem Landwege an ihr Ziel gelangten Postsendungen sind auf einer Teilstrecke ihres
Weges mit einer Bahnpost transportiert worden. Freilich merkt man den meisten von ihnen dies nicht an.
Doch es gibt einige, an denen die Bahnpost doch ihre
deutlichen Spuren hinterläßt – nicht im bösen Sinne,
daß sie etwa dabei beschädigt wurden oder gar bei einem Bahnpostwagenbrand oder Zugunglück noch Är-
geres erlitten –; die »Spuren« sind von postalischer
Provenienz: Vor allem sind es wiederum Stempel.

Als Bahnpoststempel-Leckerbissen gelten die Abschläge in Schaffnerbahnposten. Man kennt solche

Deutlich ist der Zweizeilenstempel »Postconducteur im Zuge / Ischl-Salzburg No. 11«
zu erkennen (1897).

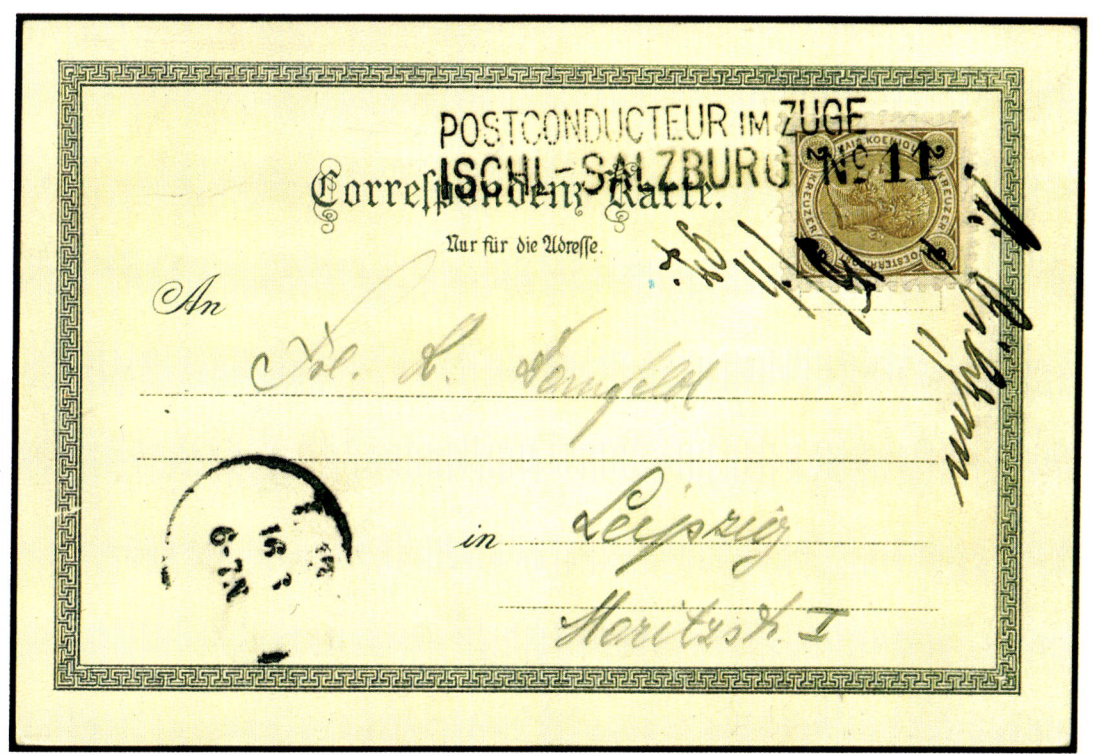

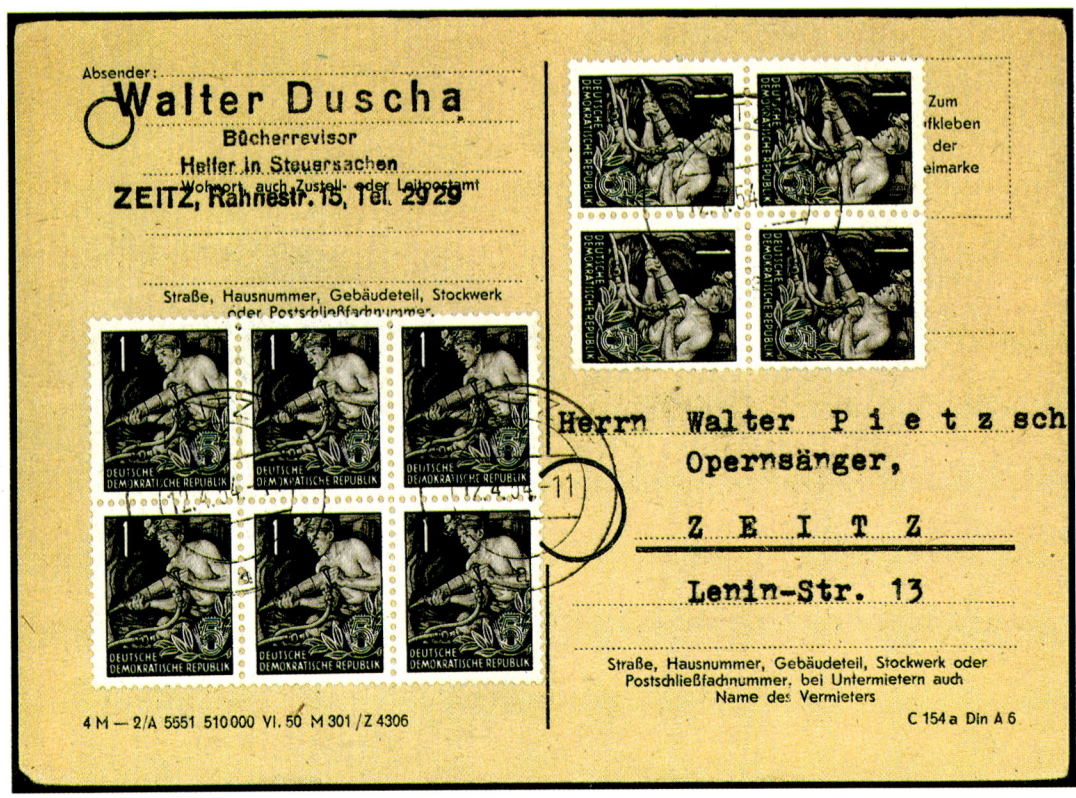

Die niedrigste Wertstufe, die es in der Deutschen Demokratischen Republik jemals gab:
die 1-Pfennig-Marke (hier in einer Dauerserie von 1953).
Im Bildbeispiel sind zehn Marken als Mehrfachfrankatur in je einem Sechser-
und einem Viererblock aufgeklebt – das Porto stimmt!

Bezeichnung in deutschen breitovalen Bahnpoststempeln oder aus Österreich mit dem Wortlaut »Postconducteur im Zuge« (sowie den Ortsbezeichnungen und der Nummer der Strecke). Hier handelt es sich meist um eine Bahnpost auf einer Nebenstrecke, wo sich der Einsatz eines Bahnpostwagens nicht lohnt und daher nur ein Wagenabteil für diesen Zweck benutzt wird. Derartige Eisenbahn-Nebenstrecken führen oftmals in Urlaubsgebiete, wo besonders zahlreiche Ansichtskarten herstammen. Dies ist einer der Gründe dafür, warum man Schaffnerbahnpoststempel z. B. in Österreich häufiger auf Postkarten (Ansichtskarten) findet.

Hier sei noch auf die vielen ähnlichen Stempel in allen Ländern der Erde hingewiesen, wobei Bezeichnungen wie »Ambulant« (Bahnpost) voll ausgeschrieben ebenso vorkommen wie zahllose Abkürzungen, z. B. in Schweden »PKXP« (»Postkupee-Expedition«). Wenn man bei den Buchstaben B.P. in deutschsprachigen Stempeln logischerweise an Bahnpost denkt, bedeuten sie hingegen auf französischen Belegen »Bâle–Paris« (Bahnpoststrecke Basel–Paris).

Ein Problem des Bahnpostwesens war von jeher der Ladungsaustausch auf den Unterwegsbahnhöfen, zumal viele Züge oftmals selbst größere Orte ohne Halt

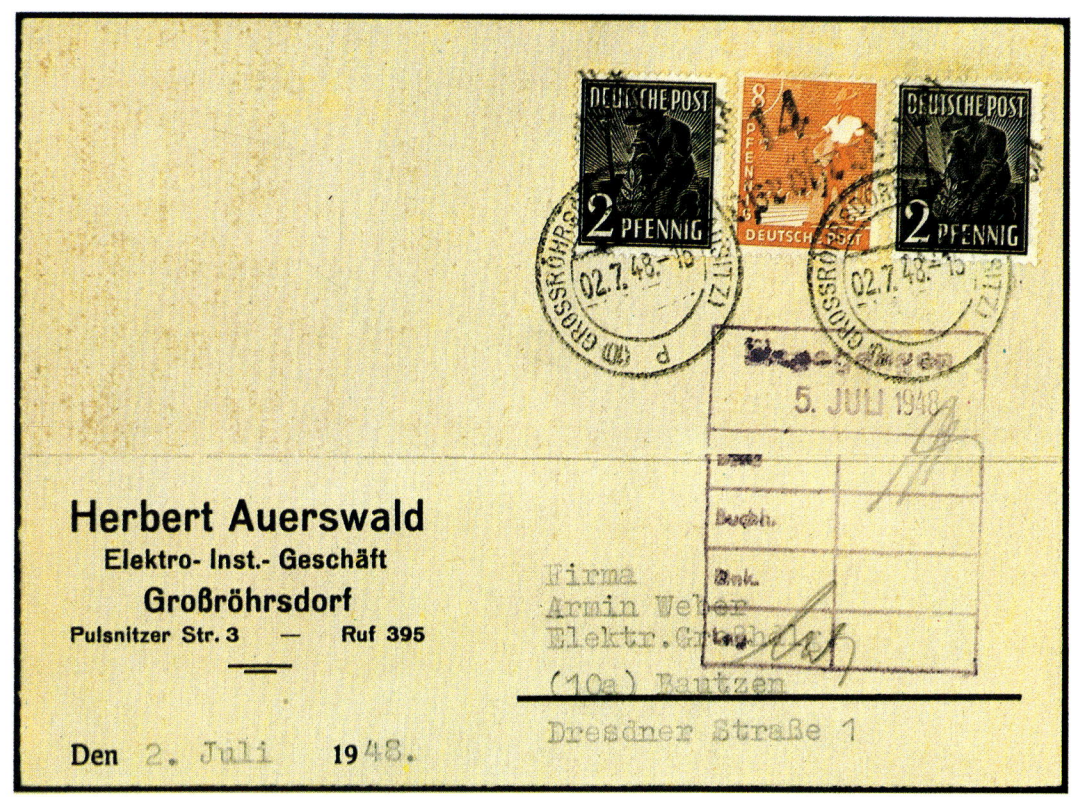

Postkarte mit Anschriftklappe, die zweifellos bedarfsmäßig verwendet wurde.
Statt einer 12-Pfennig-Marke ist eine Kombination von 2 + 8 + 2 Pfennig aufgeklebt worden,
und zwar aus Werten der heute gesuchten Bezirksaufdruckmarken,
die aus Anlaß der Währungsreform 1948 in der Sowjetischen
Besatzungszone Deutschlands entstanden.

durchfuhren. Man hat daher schon frühzeitig Versuche unternommen, Postbeutel abzuwerfen bzw. aufzufangen. Auf dem hinteren Vorsatzpapier zu diesem Buch sieht man eine solche Einrichtung im Bild. Und es ist nur wenig bekannt, daß der erste in England gebaute Bahnpostwagen schon eine Vorrichtung zum Abwerfen und Auffangen von Briefbeuteln während der Fahrt erhielt.

Mitunter stößt man auf alte Karten, bei denen die Marke um den Kartenrand herumgeschlagen ist – vielleicht aus Platzmangel oder aus Spielerei. Auch das Frankieren von Karten auf der Bildseite war eine

Zeitlang üblich und wurde von der Post stillschweigend geduldet (ohne daß solche Stücke etwa Maximumkarten wären, die wir später noch behandeln werden).

Mit Erwähnung dieser Abweichungen vom Normalen berühren wir einen Bereich, der bereits das sammlerische (philatelistische) Interesse tangiert. Es gibt Karten, die nicht deswegen entstanden, weil jemand einem Mitmenschen etwas mitteilen wollte, sondern die von vornherein als Sammelstücke das Licht der Welt erblickten. Philatelisten unterscheiden daher die Bedarfspost von der Sammlerpost. Dabei liegt das Paradoxe darin, daß (heute) besonders die Bedarfspostsendungen in zum Ausstellen bestimmten Objekten geschätzt werden. Sammlersendungen (z. B. von Händlern in Auftrag gegebene Stücke – Händlerpost – oder von philatelistischen Organisationen herausgegebene Belege) rangieren hierbei erst hintenan, auch wenn sie ebenso von der Post befördert wurden. Wie sehr jedoch hier die Sachverhalte ineinanderspielen und eine starre Trennung – hie Bedarf, da Sammelzweck – oft kaum möglich ist, soll folgendes zeigen: Manche Postsendungen lösen beim Empfänger – sofern er Philatelist ist – besondere Freude über ihre Frankatur aus, weil sie »philatelistenfreundlich« freigemacht sind, also nicht die täglich zu Tausenden und aber Tausenden auftretenden »gewöhnlichen« (gängigen) Markenwerte tragen, sondern aus weniger gebräuchlichen Wertstufen zusammengestellt wurden. Was sowohl für Dauermarken als auch für Sondermarken (wenn ganze Sätze erschienen sind) gilt. So dachte auch der Absender unserer Karte von 1948, als er im Anschluß an den geschäftlichen Textteil um Rückgabe der Karte für seine Sammlung bat. Er hatte sich eine philatelistisch im höchsten Maße saubere Wunschfrankatur geschaffen.

Die Postkarte
mit anderen Freimachungen

Neben den Briefmarken gibt es noch eine ganze Anzahl weiterer Frankaturmöglichkeiten, die im Zuge der technisch-technologischen Entwicklung des Verwaltungswesens als Rationalisierungsmittel entstanden, wobei der Rationalisierungseffekt zum Teil dem Auflieferer von Postsendungen, zum anderen der Post besonders zugute kommt. Durchgesetzt haben sich solche Methoden aber nur dann, wenn beide Interessenträger ihren Nutzen davon hatten. Als bekannteste Verfahren seien hier die Freistempel in Form von Postfreistempeln und von Absenderfreistempeln aufgeführt. Die erstgenannten dienen vor allem zum Frankieren und Stempeln von Massenauflieferungen, die Absenderfreistempel wiederum ersparen dem Auflieferer das Aufkleben von Postwertzeichen und der Post deren Stempelung. Dann kamen – zuerst 1976 in der Schweiz – Automatenmarken (ATM) auf. Inzwischen wurden sie in vielen Ländern eingeführt. Von der Funktion her sind es Briefmarken; sie werden wie diese auf die Sendung geklebt und müssen von der Post gestempelt (entwertet) werden. Dem Aussehen nach könnte man sie eher als Gebührenzettel bezeichnen. Ihr Wert läßt sich an den Automaten, aus denen sie gegen Geldeinwurf gezogen werden, einstellen. Schließlich sei noch als modernste Form die EDV-Freimachung erwähnt: Eine Gebührenermittlungsanlage (die sich natürlich nur in größeren Firmen zu betreiben lohnt) errechnet die Gebühr und druckt den Betrag auf die Postsendung oben rechts (anstelle der Briefmarke). Die Verrechnung des Betrages geschieht summarisch wie auch bei den Absenderfreistemplern.

ATM- und EDV-Freimachungsarten eignen sich besonders für Postkarten. Betrachtet man nämlich die abgebildeten Karten unter diesem Gesichtspunkt, dann fällt auf, daß die Anschriftseite älterer Karten die ganze Kartenfläche in Anspruch nahm. So bot sich noch reichlich Platz, um Begriffe wie »Weltpostverein« oder »Postkarte« in mehreren Sprachen aufzudrucken und vor allem die Postwertzeichen aufzukleben. Das änderte sich, als die Ansichtskartenindustrie mehr und mehr dazu überging, für ihre Bilder die gesamte Rückseite zu beanspruchen. Anfänglich nahm das Bild nur die Hälfte oder zwei Drittel der Rückseite ein, so daß noch etwas Raum für handschriftliche Mitteilungen blieb. Als dieser indessen immer mehr schrumpfte, sah sich die Post veranlaßt, ab 1905 das Anschriftfeld auf die rechte Kartenhälfte zu beschränken und die linke für persönliche Mitteilungen freizugeben.

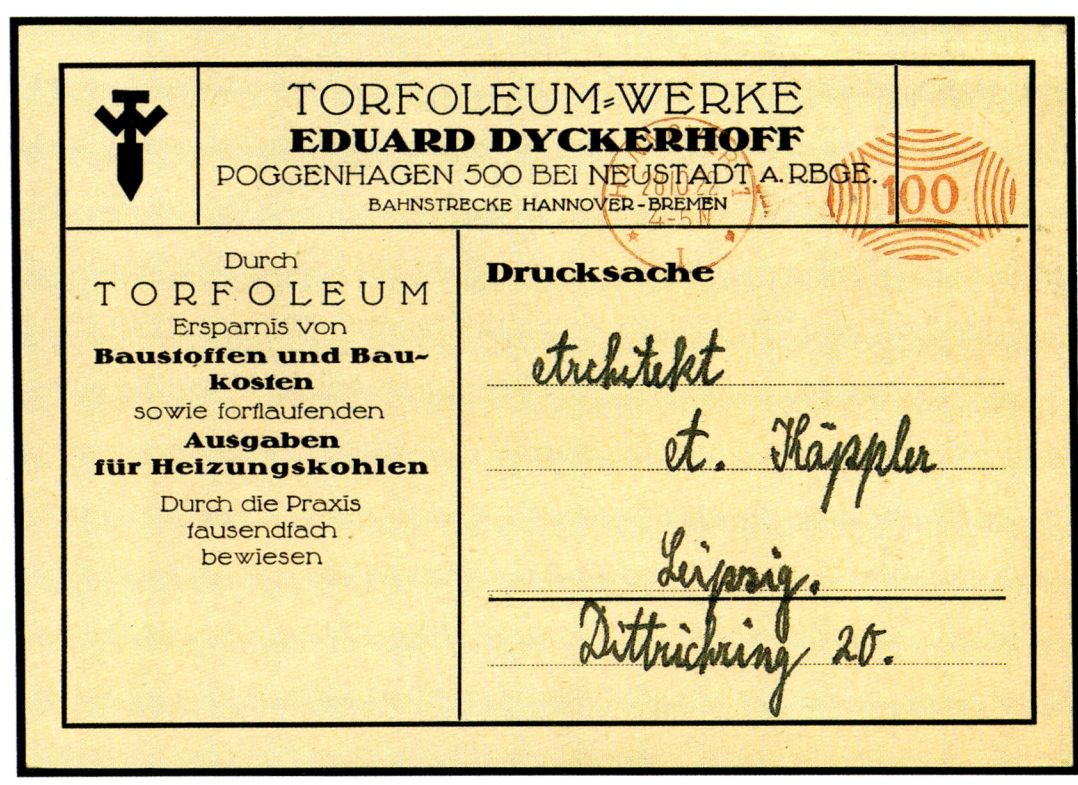

TORFOLEUM=WERKE
EDUARD DYCKERHOFF
POGGENHAGEN 500 BEI NEUSTADT A. RBGE.
BAHNSTRECKE HANNOVER-BREMEN

Durch
T O R F O L E U M
Ersparnis von
**Baustoffen und Bau-
kosten**
sowie forflaufenden
**Ausgaben
für Heizungskohlen**
Durch die Praxis
fausendfach
bewiesen

Drucksache

etrehitekt

et. Käppler

Leipzig.

Dittrichring 20.

*Nur wenige Postfreistempel sind so wohlgeformt
wie dieser zu 100 Pfennig aus einer der drei Reichstypen-Serien,
die 1920, 1921 und 1922 verwendet wurden.
Jeder Wert zeigt ein anderes Muster.*

Auf der Anschriftseite haben die vorn genannten ATM- und EDV-Freimachungsmittel genügend Raum. Auch einzelne Briefmarken fanden und finden ausreichend Platz. Doch bei den Freistempeln gab es Probleme, die »postkartengerecht« gelöst werden mußten. Sie durften nämlich nicht – wie bei Briefen möglich – über die gesamte Sendungsbreite abgedruckt werden, sondern eben nur über die Breite des Anschriftfeldes; denn die linke Kartenhälfte kann vom Absender beschriftet oder auch mit einem Zudruck versehen sein. Gleiche Begrenzungen betrafen die postalischen Maschinenstempel. Auch hier galt es, nur die rechte Kartenhälfte zu erfassen. So entstanden

bei den Stempelmaschinen der verschiedenen Typen zwei Ausführungsformen: die Ganzstempel und die Halbstempel, wobei letztere nur die rechte Sendungshälfte bedrucken.

Im Massenbetrieb der Post kann es natürlich vorkommen, daß Maschinen(werbe)stempel auch bei Postkarten über die ganze Sendungsbreite laufen – hier hat der Postler irrtümlich nicht auf Halbstempelung geachtet. Solche Abweichungen sind allerdings keine Raritäten, was auch für Verstümmelungen des Stempelbildes gilt. Sie können entstehen, wenn die Sendung in der Stempelmaschine in ihrem Lauf gehemmt wird, so daß die Stempelrolle dann vielleicht keinen kreisrunden Datumsstempel abdruckt, sondern dieser zum Ei zusammengedrückt oder auseinandergezerrt wird.

Daß ab 1964 bei der Gestaltung des Anschriftfeldes weitere Wandlungen eintraten, ist der Einführung von Postleitzahlen anzulasten, die einen entsprechenden Schreibraum erfordern. Auch die Reihenfolge von Straße mit Hausnummer und Bestimmungsort änderte sich mittlerweile. Zuerst stand der Ort über der Straße; jetzt ist es umgekehrt. So ist er beim postalischen Verteilvorgang rascher zu erkennen.

Die nach 1905 über Jahrzehnte hinweg statisch ge-

bliebene Form des Anschriftfeldes ist also in Bewegung geraten. Dieser Prozeß wird sich durch neue Forderungen im Zuge der wissenschaftlich-technischen Weiterentwicklung fortsetzen. Noch fanden Codierzeichen für die maschinelle Briefverteilung am untersten Rand von Postkarten (und Briefen) Platz, wenn auch der anfangs häufig verwendete 2-aus-5-Code in die geschriebene Anschrift meist hineinragte. Nicht dagegen der jetzt in der Bundesrepublik Deutschland oder in Frankreich gebräuchliche Linearcode samt Platzkennzeichen. Nunmehr sind Leseautomaten im Kommen, die die Postleitzahl auf der Sendung elek-

Absenderfreistempel vom August 1933,
eingesetzt zu einer Briefmarkenausstellung und zum 39. Philatelistentag,
und zwar mit Hilfe der Firma KA-BE-Briefmarkenalben Aschersleben

Eine ganz gewöhnliche Formular-Postkarte,
freigemacht mit einer Automatenmarke der Bundesrepublik Deutschland

tronisch »entziffern« und Handarbeit überflüssig machen. Hierbei ist weltweit viel technische Entwicklungsarbeit im Gange. Solche Anlagen arbeiten in mehreren hochentwickelten Industriestaaten (seit September 1986 auch in der Deutschen Demokratischen Republik). Für ihr Funktionieren war es nötig, die Postleitzahl an einer ganz bestimmten Stelle der Sendung zu positionieren und die Zahlen selbst so exakt zu schreiben, daß sie mit elektronischen Mitteln richtig »erkannt« werden. Das ist bei der Geschäftspost relativ unkompliziert, weil hier weitgehend Schreibmaschinenschrift angewandt wird. Für die »Privatsachen« mit handschriftlichen Angaben hingegen wird

unermüdliche Öffentlichkeitsarbeit nötig sein, um alle Bürger, auch schon Schulkinder, zu überzeugen, die Zahlen formgerecht zu schreiben. Vorgedruckte Hilfen – Kästchen mit feinen Linien oder Punkten, die auf den Eintrag der Ziffern orientieren und die Schreibbereiche eingrenzen – werden das erleichtern.

Aber auch diese Forderungen entsprechen nur einer technologischen Zwischenstufe. Denn es ist bereits gelungen – obgleich dabei noch eine hohe Fehlerquote zu verzeichnen ist –, handschriftliche Adressen maschinell zu lesen und die Postsendungen ebenfalls ohne Zutun des Menschen in die richtigen Fächer für den Weiterversand einzuordnen.

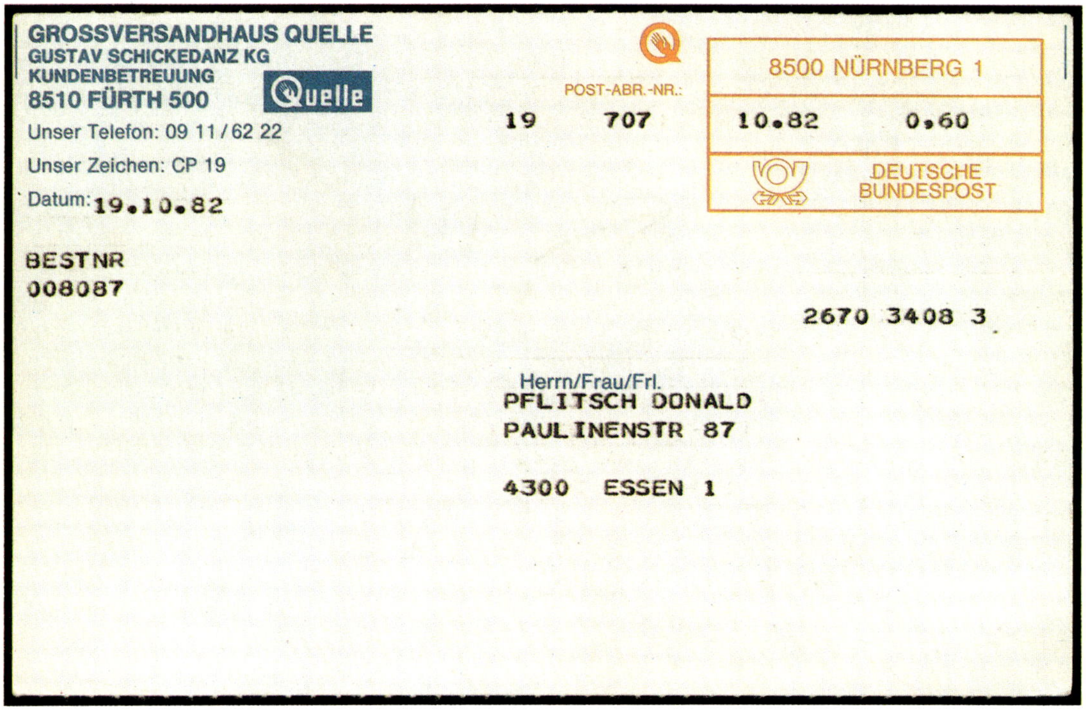
GROSSVERSANDHAUS QUELLE
GUSTAV SCHICKEDANZ KG
KUNDENBETREUUNG
8510 FÜRTH 500
Quelle
Unser Telefon: 09 11 / 62 22
Unser Zeichen: CP 19
Datum: 19.10.82
POST-ABR.-NR.:
19 707
8500 NÜRNBERG 1
10.82 0,60
DEUTSCHE BUNDESPOST
BESTNR
008087
2670 3408 3
Herrn/Frau/Frl.
PFLITSCH DONALD
PAULINENSTR 87
4300 ESSEN 1

Der Computer der Firma hat außer der Anschrift und verschiedenen internen Angaben oben rechts in das »Postfeld« sowohl die Postgebühr (0,60 Deutsche Mark) als auch Monat und Jahr eingedruckt. Das Tagesdatum erkennt man auf der linken Kartenseite. So erübrigte sich eine Stempelung der »Frankatur«.

Die Antwort-Postkarte

Als wir die erste Ganzsachen-Postkarte des Deutschen Reiches vorstellten, versprachen wir – bei Erwähnung der Katalog-Nummern 3 und 4 – auf Antwort-Postkarten zurückzukommen. Dabei war schon zu erkennen, daß es sich um Doppelkarten handelt, die beide je einen Wertstempel eingedruckt tragen. Bei Formularkarten sind die Marken natürlich aufzukleben, und zwar auf beide Teile. Dies ging anfänglich auch nicht anders, da Antwort-Postkarten schon ab 1. Januar 1872 zugelassen wurden, es damals aber – zumindest in deutschen Landen (außer in Württemberg ab 1870) – noch keine Postkarten-Ganzsachen gab. Im übrigen bestanden die ersten Formular-Antwortkarten (Doppelkarten) aus rötlichem Karton.

Im Gegensatz zu den einfachen Postkarten, deren Sturmlauf über den ganzen Erdball wir nachgezeichnet haben, setzten sich Antwortkarten nur zögernd durch. Die Österreicher z. B. freundeten sich erst 1880 mit ihnen an. Immerhin legte schon der Postkongreß in Lissabon vom Jahre 1875 fest, daß auch jene Länder, die im internationalen Verkehr keine Postkarten mit Antwortkarte ausgeben, dessenungeachtet verpflichtet sind, die Antwortteile als gültig freigemacht anzuerkennen. In diesem Punkt liegt – wie man zu sagen pflegt – nämlich der Hase im Pfeffer! So mußte z. B. die spanische Post ein Wertzeichen, das auf einer Antwortkarte aus den Niederlanden stammte, für die Rücksendung des Antwortteils mit dem spanischen Tagesstempel entwerten. Somit können fremdländische Poststempel auch auf losen Postwertzeichen gefunden werden. Man braucht sich darüber also nicht zu wundern oder vielleicht sogar an eine Fälschung

oder an ein Kuriosum zu denken – nein, die Marke wurde lediglich vom Antwortteil der Formular-Doppelkarte abgelöst.

Für Antwort-Postkarten gibt es eine Anzahl ganz interessanter zusätzlicher Bestimmungen. Zunächst muß auf jedem der beiden Kartenteile ein entsprechender Vermerk aufgedruckt sein, z. B. auf der Fragekarte »Karte mit Rückantwort«, franz.: »Carte avec réponse payée«, und auf der Antwortkarte »Rückantwort«. Zeitweilig war es im deutschen Binnenverkehr zulässig, nur den Antwortteil besonders zu kennzeichnen. Weiter muß die Anschriftseite des Antwortteils stets innen liegen. Die schon erwähnte Anerkennung des Antwortteil-Postwertzeichens durch das fremde

Der Vermerk »Rückantwort bezahlt« (unter Post-Karte)
kennzeichnet unser Bildbeispiel als den Antwortteil einer Postkarte mit Rückantwort
(auch Doppelkarte genannt). Die Marke ist mit einem dreizeiligen Bahnpoststempel
der Strecke Metz-Bingerbrück entwertet (1875).

Land gilt nur dann, wenn die Antwort auch in das Herkunftsland (dessen Postwertzeichen sie trägt) gerichtet ist, also nicht in ein Drittland. Im internationalen Verkehr sind Antwort-Postkarten seit 1981 (Beschluß des XVI. Weltpostkongresses 1979 von Tokio) nicht mehr zugelassen. Gelegentlich – so in Belgisch-Kongo 1922 – wurden auseinandergeschnittene Antwort-Postkarten amtlich auch einzeln verkauft und benutzt. Der französische Fachausdruck dafür lautet »Carte postale incomplète« (unvollständige Postkarte) und wurde auf diese Karten von Belgisch-Kongo (heute Zaïre) aufgestempelt.

Die Postkarte mit Anschriftklappe

In jener Zeit, als die Schreibmaschine die Büros der Firmen eroberte, kamen Postkarten mit Anschriftklappe als eine weitere Rationalisierungsmaßnahme auf. Nach dem ersten Weltkrieg wurden sie häufig verwendet. Ob wohl jemand noch weiß, wann und wo die erste dieser Karten benutzt wurde und wer ihr Erfinder ist? Nun ließ sich die ohnehin schon rationelle Postkarte bei nur einmaligem Einspannen in die Maschine sowohl mit der Anschrift als auch mit dem Karteninhalt versehen. Die Klappe mußte dann lediglich umgeklappt und in ihrer vollen Fläche aufgeklebt werden, so daß das Postkartenformat in der Endkonsequenz erhalten blieb.

Allmählich ist aber wohl das Ende dieser Kartenart abzusehen. Denn für den internationalen Postverkehr hat der XIX. Weltpostkongreß (Hamburg 1984) festgelegt, daß zur störungsfreien Bearbeitung von Postkarten das Anheften von Fotos, Verwenden von Faltblättern und Aufkleben von Stoffen unzulässig ist. Dies trat am 1. Januar 1986 in Kraft. Noch legte keine Postverwaltung gegen die Karten mit Anschriftklappe ihr Veto ein, auch nicht, wenn in ihrem Bereich hochproduktive Verteilautomaten arbeiten. Ob dies bei der ständigen Verbesserung solcher Geräte und ihrer steigenden Empfindlichkeit wegen erhöhter Durchlaufzahlen so bleiben wird, sei dahingestellt.

Die praktische Postkarte
In der Eile nur 'ne Zeile,
Später mündlich, alles gründlich.

Kuriose Anschrift
An die Eheleute Hummelmüller in Klinkow. Wenn einer von Beiden schon Gottes Rathschluß gefolgt ist, wird sie wohl nach Prenslau gegangen sein. Bitte nachbringen.

Aus der Prüfungsarbeit eines Postlehrlings
Die Zustelltasche ist so zu tragen, daß sich der Kopf und noch ein Arm unter dem Riemen befinden.

Postkarte mit Anschriftklappe

Die Postkarte als Drucksache

Das weiß jeder: Drucksachen genießen Portoermäßigung und sind als Druck vervielfältigte Nachrichten. Mit Schreibmaschine geschriebene Texte oder deren Durchschlag gelten nicht als Drucksache. Ihre Herkunft läßt sich auf die Kreuzbandsendungen zurückführen, die vor 150 Jahren zum Versand von Zeitungen, Preisangeboten (Courante), Rundschreiben (Zirkulare), Katalogen und Prospekten, Broschüren und anderen Druckerzeugnissen geschaffen wurden. Ab 1. Januar 1861 bestimmte dann nicht mehr der Inhalt, sondern die Art der Herstellung, ob eine Sendung die

Vorteile der Drucksache in Anspruch nehmen durfte. Als eine Folge davon kamen die »Vertreterkarten« (Avise) als Postkartenvorläufer in Gebrauch.

Seit 1902 existieren im Deutschen Reich (in Württemberg) auch speziell mit »Drucksache« bezeichnete Postkarten. Auf halbamtlichen Karten von 1908 wurde das Wort Postkarte »durchbalkt« – ebenso wie der 2-Pfennig-Wertstempel –, und sie erhielten den Aufdruck »Drucksache« sowie einen weiteren (zweiten) Wertstempel zu 3 Pfennig. Auch Formular-Postkarten bekamen nun häufig den Aufdruck »Drucksa-

Auf privat beschafftem Karton gedrucktes Postkarten-Formular,
freigemacht mit dem richtigen Postkartenporto.
Die Marke wurde mit einem Maschinen-Halbstempel (nur rechte Kartenhälfte
ist vom Stempel getroffen) entwertet, und zwar einem Werbestempel
für das XII. Deutsche Turnfest 1913 in Leipzig.
Die vier F im kleinen Teil des Stempels
zeigen den Wahlspruch: Frisch – Fromm – Fröhlich – Frei.

che«. Eine besondere Art von ihnen nennt sich »Bücherzettel«. Das sind gleichfalls Drucksachen, mit denen eine (kleinere) Buchhandlung bei ihrer Sortimentsbuchhandlung einzelne Titel bestellt.

Bei Drucksachen gibt es ziemlich genaue, aber wiederholt veränderte Bestimmungen, inwieweit man zu dem Gedruckten noch handschriftliche Zusätze anbringen darf. Im allgemeinen beschränkt sich dies auf eingesetzte Daten und die Unterschrift, evtl. noch auf eine kurze Grußformel (bei Glückwunschkarten, die als Drucksache versandt werden, erlaubt die Post z. B. fünf Wörter). Wer sich dieses Gebiets annimmt, ist auf das exakte Studium der einschlägigen und oft veränderten Postbestimmungen angewiesen. Kurzzeitig trat eine besondere Gebühr z. B. für Drucksachenkarten in Kraft (vom 1. April bis zum 31. Dezember 1921 mit 10 Pfennig, vom 1. Januar bis zum 30. Juni 1922 mit 40 Pfennig). Dann hat man diese spezielle Art nicht mehr von anderen Drucksachen unterschieden. Als Drucksachenkarten galten offene Karten in Größe und Form der Postkarten, die als Drucksache (außer der Unterschrift, dem Absendetag sowie der vollständigen Absenderangabe) keinerlei Zusätze oder Änderungen enthalten durften.

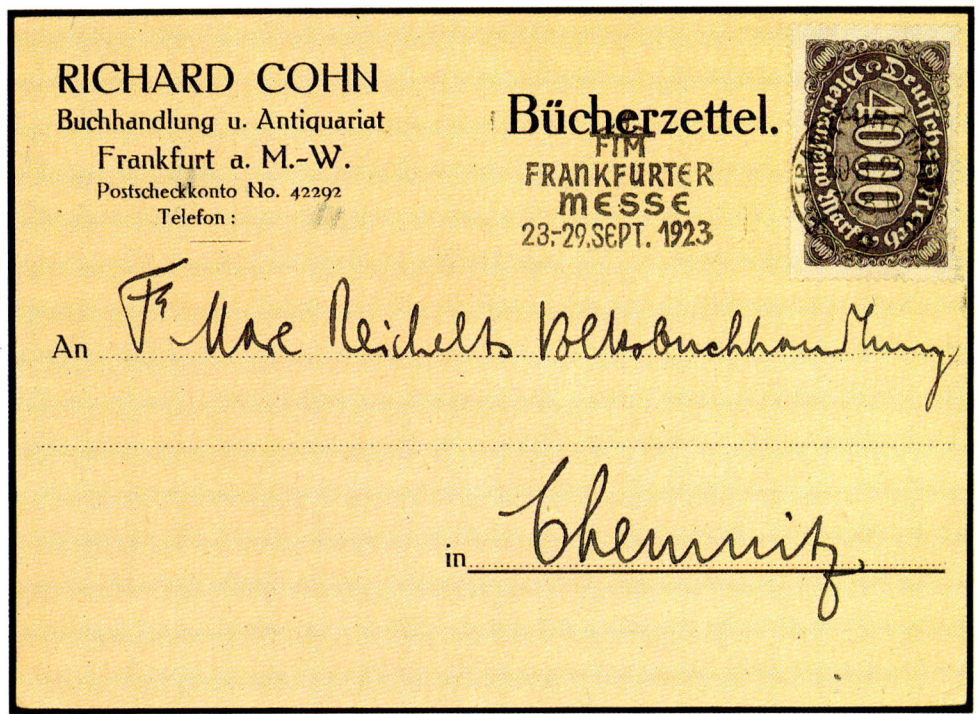

Drucksache – Bücherzettel.
Man beachte den Portosatz von 4000 Mark: Das Postwertzeichen
ist am 30. 8. 1923 – also während der deutschen Hochinflation – gestempelt.
Am 1. 12. 1923 erforderte eine gleichartige Karte den Portosatz
von 30 Milliarden Mark! Oder – als die Inflation zu Ende ging
und die Rentenmark eingeführt wurde – 3 Rentenpfennig.

Die Ganzsache mit Zusatzwertstempel und -frankatur

Im allgemeinen erhalten postamtliche Ganzsachen nur einen Wertstempel in der für die Sendungsart (erste Gewichtsstufe) richtigen Portoangabe. Befinden sich zwei oder noch mehr gleiche oder verschiedene Wertstempel auf dem Stück (Briefumschlag oder Postkarte), dann ist entweder philatelistisches Interesse im Spiel oder eine postalische Notwendigkeit, weil eine Portoerhöhung eingetreten ist. Aus der Anfangszeit der Postkarten sind solche doppelten Wertstempeleindrucke z. B. aus Mexiko, Tasmanien oder Finnland bekannt. Ein modernes Beispiel: In Österreich stieg am 1. März 1981 das Inlandsporto für eine Postkarte von 2,50 auf 3 Schilling. Um die Ganzsachen zu 2,50 Schilling noch aufbrauchen zu können, druckte die Post einen 50-Groschen-Wertstempel neben den bisherigen. Allerdings ist solch eine Maßnahme (Aufbrauchausgabe) nur bei noch unzerschnitten vorliegenden Druckbogen möglich. Sind die Karten als Einzelstücke schon zum Versand bereitgestellt oder bei den Postämtern vorrätig, kann sie der Postbenutzer nur verwenden, wenn er eine Briefmarke hinzufügt. Der Philatelist spricht dann von einer Ganzsache mit Zusatzfrankatur.

Derartige Fälle gibt es natürlich bei der »Weltpost« häufig. Dazu noch drei deutsche Beispiele. Am 31. März 1900 wurden die bisherigen Privatbeförderungsanstalten aufgelöst. Damit fiel deren preiswertes Porto für Ortspostkarten von 2 Pfennig ebenfalls weg. Um nun keine Proteste bei jenen städtischen Postkunden auszulösen, die sich der privaten Anstalten sehr häufig bedient hatten, übernahm die Reichspost notgedrungen diesen billigen Gebührensatz, und ab 1900 erschienen folglich auch 2-Pfennig-Postkarten. Doch 1906 wußte man es wohl zu begründen, diesen benutzerfreundlichen Satz wieder aufzuheben – man ging (außer in Württemberg) wieder zur 5-Pfennig-Gebühr für die Ortspostkarte über. Die vorhandenen 2-Pfennig-Ganzsachen erhielten links neben ihrem grauen Wertstempel nun noch einen braunen zu 3 Pfennig.

Diese österreichische Karte erhielt wegen einer Portoerhöhung einen zweiten Wertstempel hinzugedruckt und außerdem noch eine Zusatzfrankatur, weil das Porto fürs Ausland noch nicht reichte.

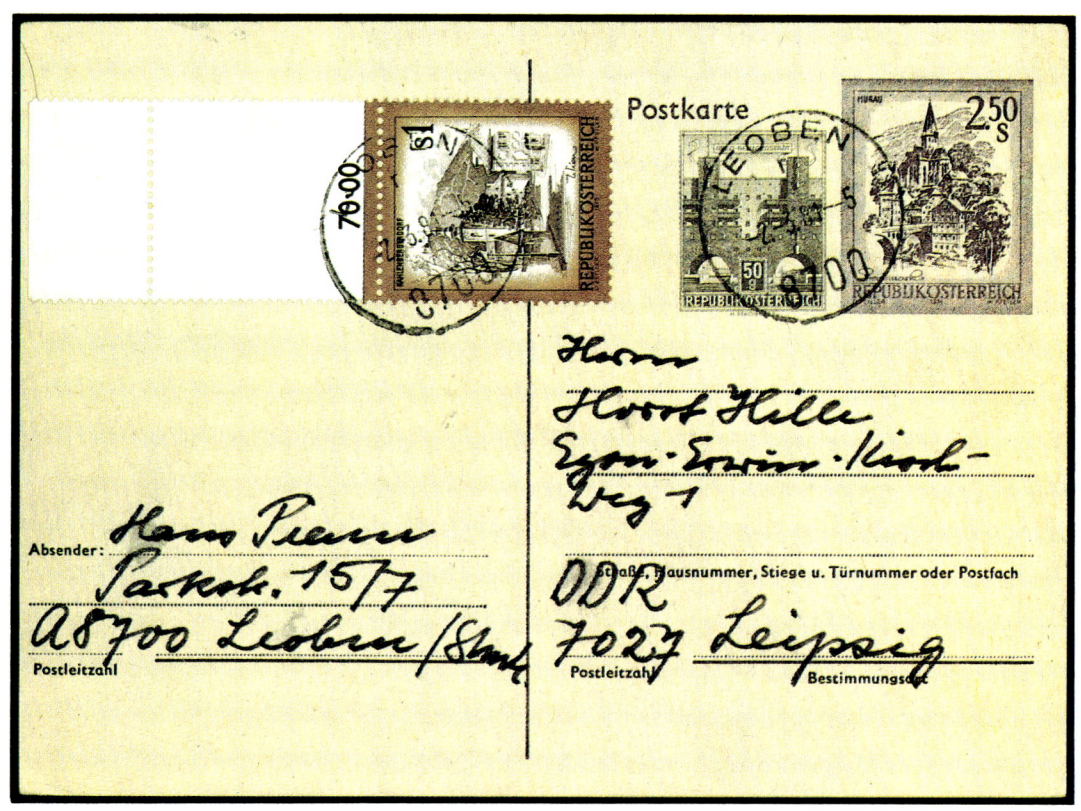

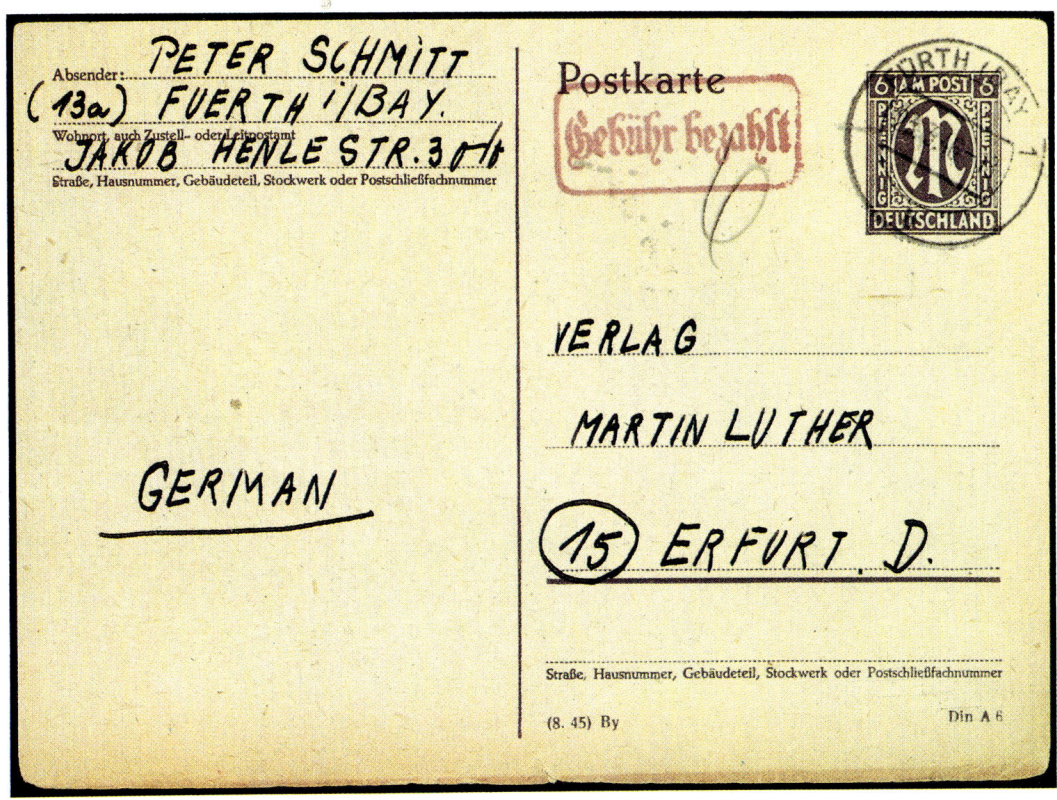

Von der Post 1946 in dieser Form verkaufte Karte.
Die Frankatur setzt sich aus dem 6-Pfennig-Wertstempel
und dem Gebühr-bezahlt-Stempel zusammen.
So konnte die Karte noch weiterverwendet werden, was bei der Papierknappheit
in dieser Zeit besonders wichtig war.

Ähnliches geschah wenige Jahre später, als ab 1. Oktober 1919 wieder eine Portoerhöhung eintrat und nun 7½-Pfennig-Postkarten durch Zudrucken eines gleichwertigen Wertstempels zu 15-Pfennig-Fernpostkarten (bis dahin 10 Pfennig) umzuwerten waren.

Noch ein drittes Beispiel: Als Bayerns Posthoheit am 1. April 1920 an das Deutsche Reich überging, wurden auf Bayern-Ganzsachen (Postkarten) neue Wertstempel im Reichspostmuster (Germania) gedruckt. Daß die benutzten Germania-Wertstempel 1921 noch die Kaiserkrone trugen, störte indes die Verantwortlichen in Berlin nicht; Hauptsache war, man hatte die Bayern-Wertstempel außer Kurs gesetzt.

Falls Ganzsachen bereits als Einzelstücke vorliegen, die Bogen also gebrauchsgerecht zugeschnitten wurden, gibt es, wie gesagt, die Möglichkeit, den fehlenden Portobetrag postseitig mit Marken zu ergänzen – eine äußerst aufwendige Arbeit. Die Post kann aber die Ganzsachen-Karten statt mit einer Marke auch mit einem Gebühr-bezahlt-Handstempel auf

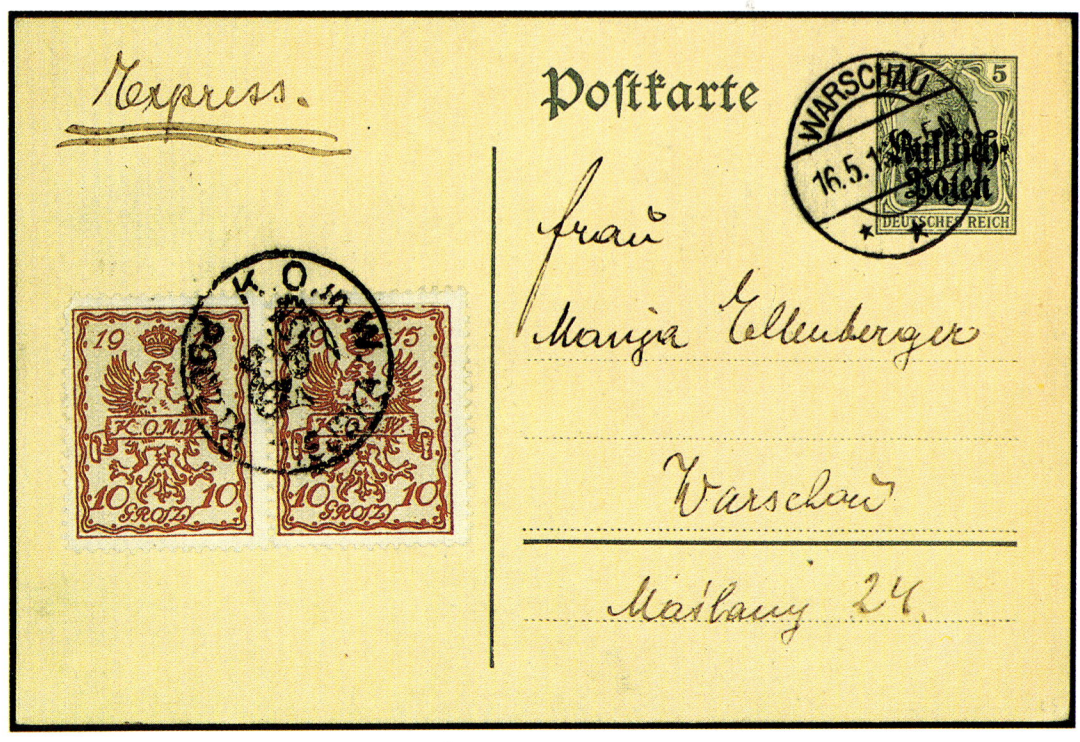

Die beiden links hinzugeklebten Marken auf der Ganzsache sind das Entgelt
für die polnische Stadtpostzustellung in Warschau.

den neuen Portosatz umstellen und den Gesamtbetrag für einen Stoß Karten dann innerbetrieblich in einer Summe als Wertzeichenzuschuß verrechnen. Das wurde z. B. ab 1. März 1946 in deutschen Landen praktiziert, als an diesem Tag eine Gebührenerhöhung (meist Verdoppelung) in Kraft trat und die vorrätigen 6-Pfennig-Ganzsachen-Postkarten in dieser Weise zum Weiterverkauf gelangten.

Eine Zusatzfrankatur (mit Briefmarken) kommt also immer dann in Betracht, wenn der im Wertstempel ausgewiesene Betrag für die betreffende Sendungsart nicht ausreicht, vornehmlich für die Verwendung von Ortspostkarten (Ganzsachen) im Fern- oder Auslandsverkehr sowie zur Gebührenergänzung für Zusatzleistungen, wie Luftpost, Einschreiben oder Eilsendung u. a. m. Hierfür lassen manche Länder auch

Ganzsachen-Wertstempelausschnitte zu (gleichermaßen zur Frankatur von Briefen), allerdings nicht bei Standardsendungen, da die automatische Verteilung durch die aufgeklebten und dabei mehr oder weniger dick auftragenden Ausschnitte gestört werden könnte.

Zusätzliche Frankaturen können schließlich als Folge besonderer Postverhältnisse nötig werden. Als Beispiel nennen wir hier die Stadtpost von Warschau (Poczta miejska Warszawa) aus der Zeit des ersten Weltkrieges im von deutschen Truppen okkupierten Polen (1915–1918). Dort war ein »Generalgouvernement Warschau« entstanden. Da sich die deutsche Postverwaltung hier nicht mit der Ortspost befaßte, überließ sie deren Organisation polnischen Bürgern. Diese brachten in Warschau eigene Postwertzeichen heraus, die auf die deutschen Postkarten mit Germania-Wertstempeln (überdruckt mit »Gen.-Gouv. Warschau«) hinzugeklebt werden mußten. Stadtposten bestanden auch in anderen polnischen Städten, wie Czenstochau (Częstochówa) oder Sosnowice, wo eine eigene Stadtpostkarte mit speziellem Wertstempel »Stadtwappen« herauskam.

Die Ganzsache mit Wertstempel
ohne Wertangabe

Hierbei handelt es sich meist um postalische Notwendigkeiten, wenn es z. B. gilt, veränderten Gebührensätzen, mehrfachen Portoerhöhungen rasch begegnen zu können. So erschienen z. B. in den Vereinigten Staaten von Amerika Postwertzeichen (Briefmarken) ohne Wertangabe, und aus Schweden liegt eine Postkarte vor, die lediglich den in schwedischer und französischer Sprache gedruckten Vermerk »Gebühr be-

Im Wertstempel sucht man vergebens nach einer zahlenmäßigen Wertangabe.
Aufschluß bietet der Text unten links: »Gebühr für Schweden und die ganze Welt bezahlt.
Für Luftpostbeförderung in außereuropäische Länder ist eine Zusatzfrankatur nötig.«

65

zahlt« im Wertstempel trägt. Solch ein Verfahren besitzt den Vorzug, daß man bei Portoerhöhungen keine neuen Wertzeichen bzw. Wertstempel braucht, sondern für die Briefmarke oder die Postkarte am Postschalter gerade so viel kassiert, wie es der Portosatz an dem betreffenden Tag verlangt. Natürlich erwächst der Post ein Nachteil: Die Postkunden können die einige Zeit vor der nächsten Portoerhöhung erworbenen Stücke dann noch aufbrauchen, und zwar trotz Portoerhöhung zum alten Satz. Es sei denn, sie werden für ungültig erklärt, und es erscheinen neue. Selbstverständlich müssen sich derartige Wertzeichen bzw. Wertstempel dann farblich oder im Muster voneinander unterscheiden.

Bei gebrauchten Stücken dieser wertangabefreien Ganzsachen muß der Sammler besonders auf die Stempeldaten achten, wenn er durch Tausch oder Kauf derartige Belege erwirbt. Vorsicht ist bei Nachstempelungen mit zwar sicher echten, aber rückdatierten Stempeln geboten, wobei es auf die genauen Verwendungsdaten ankommt. Eine gewisse Sicherheitsgarantie besteht bei benutzten Karten darin, daß oft im individuellen Text das Datum genannt ist – ein Vorzug, der bei Briefumschlägen entfällt.

Die Postsache

Postsache (s. Vermerk unten links) an eine Privatfirma.
Auf der Rückseite wird im gedruckten und handschriftlich ergänzten Text
die Bearbeitung eines Schreibens der Firma zugesichert.

Eine Postsache kann auch als Einschreibsendung
befördert sein. Hier wird die Rücksendung von Unterschriftsblättern
für ein neues Postscheckkonto angemahnt.

Sie gehört zur Gruppe der portofrei zu befördernden Sendungsarten, denn warum sollte die Post für ihre eigenen Angelegenheiten Gebühren entrichten ... Und auch noch andere Sendungen, wie z. B. Feldpost, Kriegsgefangenenpost oder Blindensendungen, gelangen gebührenfrei zum Empfänger. Philatelistisch zählen sie zu den »Markenlosen Sendungen«, weil sie kein Postwertzeichen tragen. In früheren Jahrhunderten waren die Portofreiheiten weit verbreitet, so daß der Postverwaltung immense Gebührenausfälle erwuchsen. Diesem Spuk wurde im Prinzip erst durch die Weimarer Nationalversammlung 1919 mit entsprechenden Beschlüssen ein Ende gesetzt. Geblieben

bis in unsere Tage sind lediglich die genannten Sendungsarten.

Als Postsachen gelten dabei nicht nur Briefe und Karten in innerdienstlichen Angelegenheiten der jeweiligen Staaten, sondern auch Mitteilungen an Postkunden. Liegt die Antwort im Interesse der Post, fügt sie ihrer Fragesendung oft eine mit »Postsache« bezeichnete und damit portofreie Antwortkarte bzw. einen entsprechenden Briefumschlag bei. Oder sie fordert den Kunden auf, seine Antwort dann selbst als »Postsache« zu kennzeichnen. Speziell in Postkartenform sind dabei üblich:
– Mitteilungen eines Teilnehmers über einen neu er-

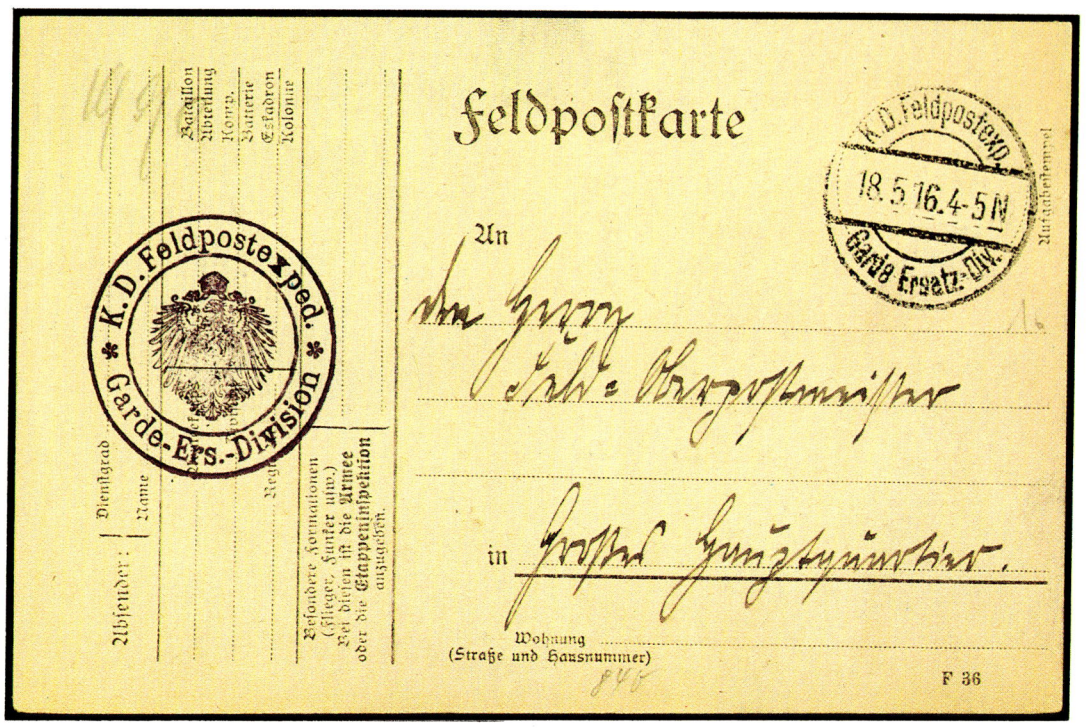

Laufzeitprüfkarte aus dem ersten Weltkrieg (Feldpost).
Auf der Rückseite ist vermerkt, wann und mit welchem Zug
die Karte abgesandt wurde.

haltenen Fernsprechanschluß an seine Geschäftspartner und Freunde (dafür sind in manchen Ländern vorgedruckte Formular-Postkarten in Gebrauch, die z. T. sogar portofrei befördert werden);
– desgleichen über die Zuteilung einer neuen Postleitzahl;
– Aufforderung zu einem Telefongespräch (für Bürger ohne Fernsprechanschluß), zu dem der andere Gesprächsteilnehmer zur Poststelle bittet (XP-Gespräch).

Unter den »Postsache«-Postkarten verbleiben einige im innerpostalischen Bereich und können daher eigentlich nicht in Philatelistenhände gelangen. Dennoch war es in der Vergangenheit nie völlig auszuschließen, daß so manches derartige Stück doch in

einem Sammelalbum Aufnahme fand. In der Tschechoslowakei gibt es z. B. Karten, die die Post einem Postkunden gleichzeitig mit einer mit Nachgebühr belasteten Sendung zustellt. Der Kunde soll dann den anhängenden Antwortteil mit Briefmarken in Höhe der Nachgebühr bekleben und dem Postamt zusenden. Ein Kontrollsystem (Nummern) sichert, daß die Karte auch tatsächlich eingeht und die Schuld somit getilgt wird. Der erste Kartenteil bleibt also beim Postnutzer, der zweite gelangt zur Post zurück. *Beide* Teile (ungetrennt) in einer Sammlung zu haben wäre schon schön (denkt mancher Philatelist) . . . Das ließe sich tatsächlich erreichen, wenn man die erhaltene Karte nicht zertrennen und den Antwortteil nicht einsenden würde, den schuldigen Betrag jedoch unmit-

*Mit dieser zur Post(dienst)sache umfunktionierten württembergischen Ganzsache
aus dem Jahre 1875 sollten (lt. Vordruck auf der Rückseite)
noch nicht eingegangene Beträge zu Postvorschußsendungen angemahnt werden.*

telbar beim Postamt bezahlt. Daß man als Ausrede sagen könnte, man habe die Karte verloren, sei hier natürlich verschwiegen.

Vorzustellen ist nun noch eine andere nur innerbetrieblich zu verwendende Kartenart – die Laufzeitprüfkarte. Mit ihr verbindet sich ein besonders wichtiges Anliegen, nämlich das Erzielen möglichst kurzer Beförderungszeiten für Postsendungen. Die Postverwaltungen aller Länder streben bekanntlich an, daß alle Sendungen

– möglichst sicher
– möglichst rentabel
– möglichst schnell

ihre Empfänger erreichen. Dem erstgenannten Ziel

soll eine allgemeine straffe, bis ins letzte durchorganisierte Betriebsweise mit Zusatzleistungen, wie Einschreiben, Wertangabe, Eigenhändige Aushändigung, Rückschein, Förmliche Zustellung u.a. (z.B. Kursbriefe bzw. Bahnhofssendungen), dienen.

Auch die zweite »Grundregel« erfordert eine ausgeklügelte Organisation, verbunden mit Sendungsarten wie Drucksache, Massendrucksache oder Postkarte. Hinzu kommen Selbstbedienungseinrichtungen vieler Art oder Automatenmarken.

Um dem Prinzip der Schnelligkeit immer besser gerecht zu werden, stehen dem Postkunden Möglichkeiten wie Eilzustellung, Luftpostbeförderung und neuere Dienste, z.B. in der Bundesrepublik Deutschland die Schnellsendungen, die Datapost oder der Telebrief, zur Verfügung. Ein Kontrollapparat – Aufsichtskräfte vieler Art – sorgt dafür, daß auftretende Mängel alsbald erkannt und beseitigt werden. Dazu verhilft die Überwachung des Postbeförderungsdienstes in allen seinen Phasen. Neben anderen Mitteln dienen hierzu die Laufzeitprüfkarten (und -sendungen, z. B. auch Pakete, eigens zu diesem Zweck abgesandt). Sie werden in den normalen Postsendungsstrom mit eingeschleust und sind an das zuständige Kontrollorgan gerichtet. Der militärische Bereich (Feldpost) kennt dieses ebenso billige wie zuverlässige Verfahren gleichfalls, um auch hier Laufzeitverzögerungen, Verbindungslücken, ungünstige Abgangs- oder Übergangszeiten von und zu Eisenbahnzügen, Schiffen oder Flugzeugen sowie Landkraftposten, zeitlich ungünstig angesetzte Briefkastenleerungen und weitere Mißhelligkeiten aufzudecken, die sich auf den flüssigen und ungehemmten Ablauf der Postbeförderung negativ auswirken.

»Postsachen« muß man wirklich sammeln – man kann sie nicht im Abonnement oder im Laden erwerben. Doch wird gelegentlich in einer »Wunderkiste« oder in einem »Wühlkarton« solch ein Stück zu entdecken sein, von vielen – weil keine Marke tragend – unbeachtet gelassen, vom Kenner aber freudig herausgefischt. Zu solchen freudebringenden Funden gehören allerlei Spezialitäten. Als Beispiel seien die Dienst-Aufbrauchformular-Postkarten genannt, die es 1875 in Württemberg gab. Ab 1. Juli 1875 wurden dort Ganzsachen in Kreuzer-Währung außer Kurs gesetzt. Um die Vorräte nicht wegwerfen zu müssen, funktionierte man sie zu Post(dienst)sachen um. Dies geschah durch Aufdruck von Dienststempeln, wobei fünf verschiedene Muster bekannt sind.

Die Kundenganzsache

In die Annalen der deutschen Posthistorie ging auch das Datum des 1. Juli 1872 ein (zwei Jahre zuvor waren Postkarten überhaupt erst zugelassen worden): Nunmehr konnten sich Privatpersonen, auch Firmen, Postkarten (Formulare) und – wie wir gesehen haben – Ansichtskarten auf eigene Rechnung herstellen lassen. Selbstverständlich mußten sie formatmäßig den amtlichen Ausgaben angepaßt sein. Auch das postamtliche Bedrucken dieser privaten Karten mit einem Wertstempel war nun möglich. Eine so entstandene Ganzsache nennt der Philatelist Kundenganzsache, im Gegensatz zur amtlichen Ganzsache. Die privat geschaffenen Karten werden natürlich nicht über die Postschalter verkauft, sondern sie erhält nur der Besteller. Er muß dazu meist auch den Postkartenkarton liefern. Die Post druckt »nur« den Wertstempel hinzu und schneidet die Druckbogen auf das Postkartenformat zu. In einem weiteren Druckgang kann der Kunde nun noch seine Karte privat durch allerlei Texte oder Bilder ergänzen lassen, was die philatelistische Bezeichnung »Kundenganzsache mit privatem Zudruck« gebar. Heute treten als Kunden häufig philatelistische Organisationen auf. Der Vollständigkeit halber sei erwähnt, daß oft auch amtliche Ganzsachen in gleicher Weise ausgestaltet werden, die man am Postschalter erwerben kann. Ihre philatelistische Bezeichnung: Amtliche Ganzsache mit privatem Zudruck.

Die Forderung, daß Kundenganzsachen formatmäßig den amtlichen entsprechen müssen, wurde mancherorts früher offenbar nicht immer erfüllt. Als Kuriosum nennen wir eine Karte, die 1892 in Neuseeland entstand. Bedruckt mit einem 1-Penny-Wertstempel, diente sie zu einer privaten Meinungsumfrage der Tabakwarenfabrik Austin Walsh & Co. in Auckland über die beste Zigarettensorte. Ihr Format: 70 mm × 42 mm (Streichholzschachtel: etwa 53 mm × 36 mm). Der Raucher erhielt diese Karte im Brief zugesandt. Er sollte seine Meinung zu drei vorgedruckten Fragen ankreuzen und die Karte in den Briefkasten werfen.

Französische Kundenganzsache mit 10-Centime-Wertstempel.
Sie wurde im Juli 1901 im Auftrag der Pariser Modezeitschrift »La Mode Illustrée«,
56 rue Jacob, angefertigt.

Eine ganze Menge der z. B. aus Anlaß 100jähriger Postkartenjubiläen verausgabten Gedenkkarten sind amtliche Ganzsachen. Ihre Anzahl ist indessen, gemessen am Gesamtumfang der Ausgaben, die philatelistischen Interessen dienen, gering. Zu den bekanntesten amtlichen Ganzsachen in Sonderausführung (amtliche Gedenkkarten) zählt die deutsche Jahrhundertkarte. Sie wurde in mehreren Auflagen gedruckt und in riesenhaften Mengen verkauft, mußte sich aber geharnischte Kritiken gefallen lassen.

So las man seinerzeit in der »Berliner Börsenzeitung« Ende 1899: »Die Jahrhundertpostkarten sind jetzt in allen Händen und werden beim kommenden Neujahrsfeste gewiß eine große Rolle spielen. Wenn wir uns das vielbesprochene Opus betrachten, so müssen wir sagen, daß die Künstler der Reichspost sich damit keinen besonderen Ruhm erworben haben. Die Zeichnung der Vorderseite, diese wie von Kinderhand gestrichelten Wolken, die charakterlose Zahl – 1900 –, all das erinnert in seiner Dürftigkeit und Kümmerlichkeit an die Glückwunschkarten, die uns zu Neujahr von Schornsteinfegern und anderen naiven Gratulanten vorgelegt werden. – Trostlos und unter aller Kritik ist vor allem die neue Reichspostmarke, die uns hier zum ersten Male in einem amtlichen Originale vorliegt. Der Kopf der Germania ist gewöhnlich und ohne jede Noblesse, der Druck ist so unklar, daß der Kopf sich nicht im Geringsten plastisch von dem viel zu roh schraffierten Hintergrund abhebt. Man sehe sich die verkümmerte Hand an, und man wird sich fragen, was

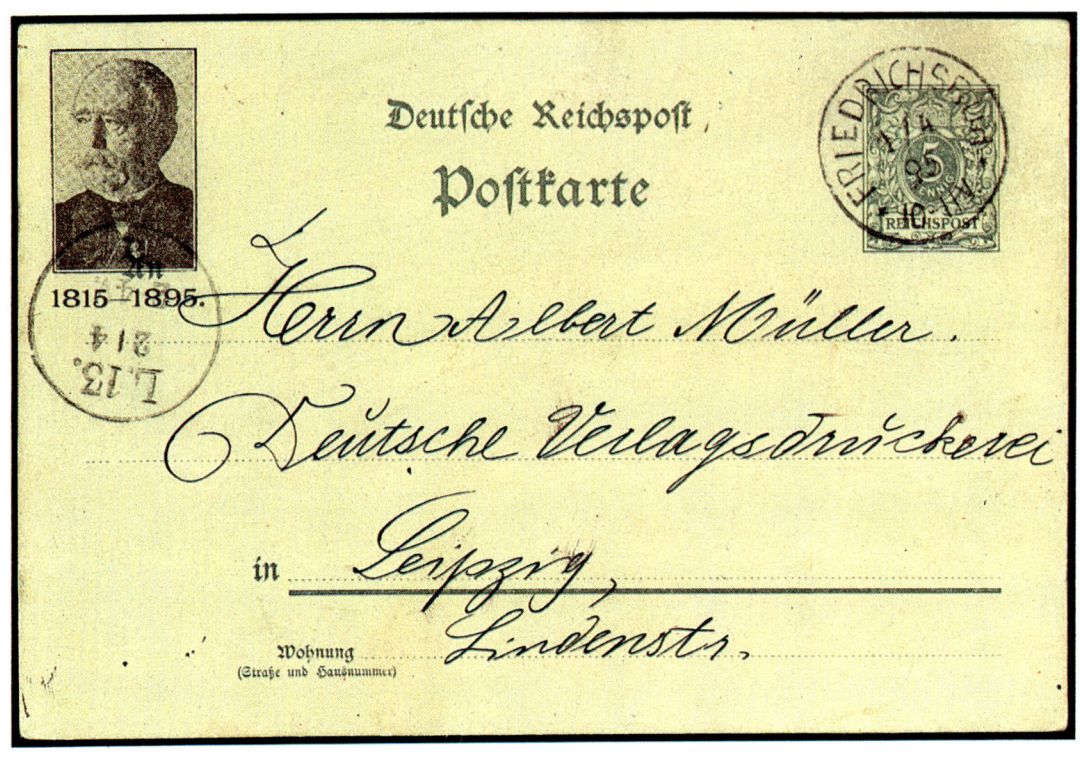

Amtliche Ganzsache (Wertstempelmuster von 1889)
mit privatem Zudruck eines Bismarck-Porträts. Die Karte ist am 1. 4. 1895,
dem 80. Geburtstag des von Kaiser Wilhelm II. 1890 gestürzten Kanzlers, gestempelt,
und zwar in Friedrichsruh, wo Bismarck damals lebte
und wo er dann am 30. 7. 1898 auch starb. Der Stempel unterhalb Bismarcks Bild
ist der Ankunftsstempel von Leipzig.

//

Sagt der Chef zu seiner Sekretärin: »Wenn Sie nun die dritte
Mahnkarte an Miller & Co. schreiben – hauen Sie so heftig
auf die Tasten wie möglich. Die Brüder sollen merken, wie
wütend ich auf sie bin!«

//

Aus der Prüfungsarbeit eines Postlehrlings
Ich darf die Einschreibsendung nur aushändigen, wenn Sie
selbst Beate Kerckhoff und mit dieser verwandt sind.

//

diese Hand und dieses schiefe Schwert eigentlich für einen Sinn haben sollen. Es sieht aus, als ob die interessante Dame sich mit dem Dolch in der Magengegend herumstochert.«

Ein Buchdruckereibesitzer namens Lehmann sagte anläßlich einer Silvesterfeier 1900 in Mainz: »Als Gutenberg einmal zur Erde kam, hat er sich über die kolossalen Fortschritte seiner Erfindung sehr gefreut und die von ihm gemachten Anfänge sehr beschämend gefunden. Da zeigte ihm der jüngste Lehrling der Druckerei in demutsvoller Huldigung die neue Jahrhundertkarte. Gutenberg betrachtete sie lange; endlich sagte er seufzend: ›Ihr mögt ja weit fortge-

schritten sein, meine Lieben, in *einer* Sache nehme ich es doch noch mit euch auf, und das ist der gute, geläuterte Geschmack. Vergleicht dieses neueste Produkt mit den Initialen meiner 42zeiligen Bibel, dann urteilt, wer weiter war.‹«

Dennoch rissen sich die Leute um diese Karte, weil viele annahmen, daß sie einmal den Rang einer Rarität erhalten könnte. Heute wissen wir es besser – als normal beförderte Karte gilt sie beinahe als Massenware, selbst wenn sie die »richtigen« Daten im Stempel zeigt. Und nur als Einschreib- oder/und Eilsendungskarte wird sie stärker beachtet und etwas höher eingeschätzt. 100 Exemplare dieser Karte erhielt der

»Karte auf Karte« – eine amtliche Ganzsache, die zur Erinnerung an den 100. Jahrestag italienischer Postkarten aufgelegt wurde

Herr Staatssekretär als Sonderdruck (Verzierung in Kupferbronzefarbe). Ihre Rückseite ziert eine mehrfarbige Ansicht des Reichspostamtes (Postministerium Berlin, Mauer-, Ecke Friedrichstraße). Besitzt jemand von den verehrten Lesern eine?

Begehrt und gern gesammelt werden die Bundesfeier-Karten aus der Schweiz, die es seit 1919 gibt. Der Reingewinn aus ihrem Verkauf fließt gemeinnützigen Zwecken zu. Ihrem Charakter nach sind es Ansichtskarten, die patriotische Darstellungen auf der Rückseite zeigen, philatelistisch aber Kundenganzsachen (mit eingedrucktem Wertstempel auf der Anschriftseite).

Die philatelistischen Ganzsachen eignen sich hervorragend zum Gestalten thematischer Sammlungen, zumal für viele Ereignisse, denen sie gewidmet sind, keine äquivalenten Markenausgaben existieren. Wer solche Stücke einsetzen möchte, sollte aber darauf achten, daß sie postalisch wirklich verwendet sind. Das ist im allgemeinen heute wohl nur noch durch eine Eilbotenbeförderung beweisbar (Ankunftsstempel auf der Vorderseite, während z. B. Einschreibsen-

Dieses Exemplar der bekannten Jahrhundertkarte
trägt den Poststempel vom 31.12.00 (also 1900). Das ist ein ziemlich spätes Datum,
denn die Karte kam schon Ende 1899 zum Verkauf, um die runde Jahreszahl 1900 zu würdigen.
Im Sinne des Jahrhundertwechsels erschien sie aber ein Jahr zu früh,
denn das 19. Jahrhundert endete natürlich erst am 31.12.1900.
Insofern ist das Stempeldatum für dieses Ereignis richtig gewählt.

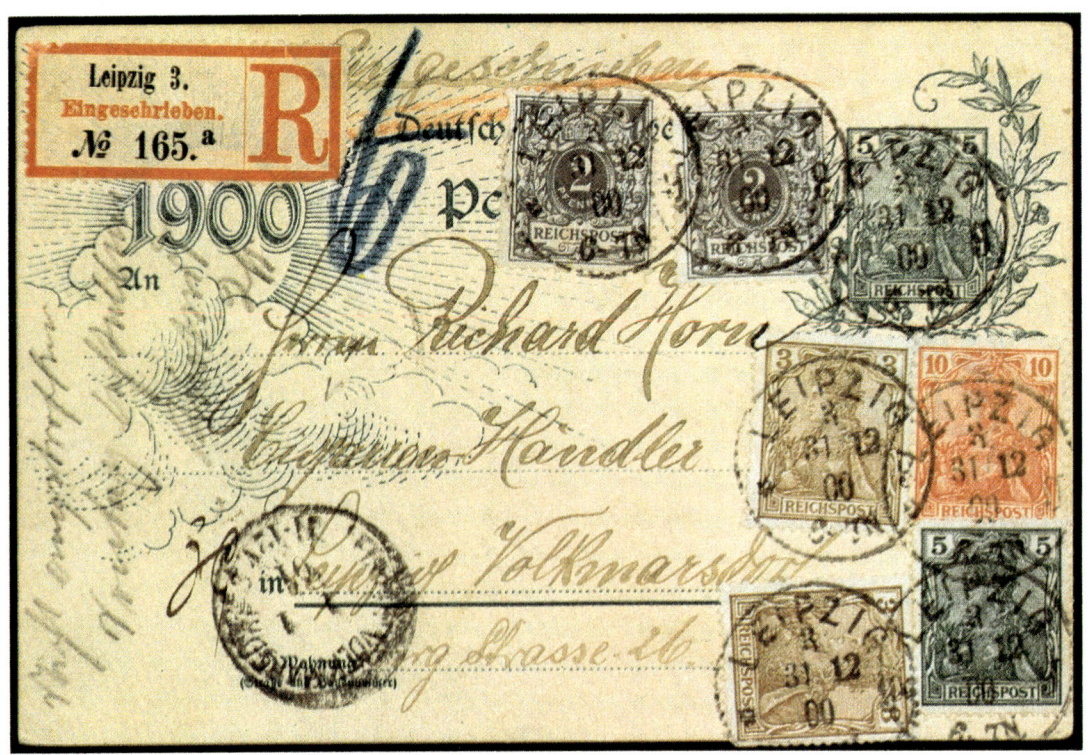

Schweizerische Bundesfeier-Karte
aus dem Jahre 1914 – eine 5-Rappen-Ganzsache mit 5-Rappen-Zusatzfrankatur
im Muster des Tell-Knaben. Man beachte die landesgemäße Dreisprachigkeit
Deutsch/Französisch/Italienisch.

dungen in der Deutschen Demokratischen Republik seit 1. September 1957 keinen Ankunftsstempel mehr erhalten). Auf allzu vielen der meist im Abonnement erworbenen gestempelten Ganzsachen trägt ihr Besitzer nachträglich eine Anschrift ein, um eine postalische Beförderung vorzutäuschen – jeder Kenner merkt's!

Zu den philatelistisch bedeutsamen Kundenganzsachen gehören auch viele der Philatelistentagskarten. Und auch gegenwärtig werden zu Sammlerveranstaltungen immer wieder Ganzsachen aufgelegt, oft verbunden mit einem Sonderstempel. Beide stimulieren den Besuch von Ausstellungen in hohem Maße. Worüber noch zu sprechen sein wird.

Schreibfaulheit
Zwei Worte nur heute – inhaltsschwer:
Ich bin gesund und schreibe – morgen mehr.

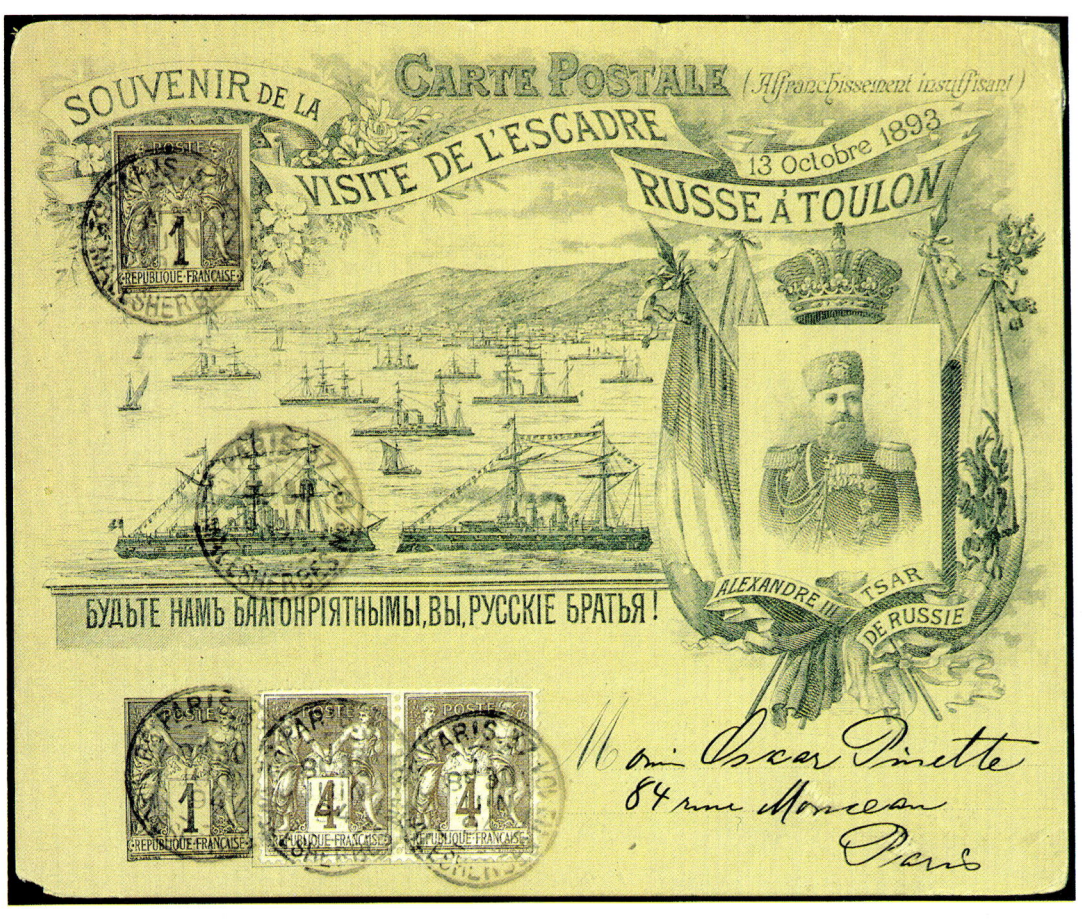

Kundenganzsache mit Zusatzfrankatur aus Frankreich,
mit der 1893 ein Besuch der russischen Flotte in Toulon gefeiert wurde –
Ausdruck der ein Jahr zuvor geschlossenen französisch-russischen Militärallianz
nach der Nichterneuerung des sogenannten Rückversicherungsvertrages (1890) Deutschlands
mit Rußland nach der Abdankung Bismarcks

Kuriose Anschrift

An den Kuhknecht Emmerich Haberer beim Hochdurch-
lauchtigsten Herrn in und von Matzendorf, der das Fürstliche
Rindvieh hütet

Die Bildpostkarte

Zunächst sollte sich jeder in Ruhe die aus Südamerika stammenden, hier wiedergegebenen Bildbeispiele anschauen. Wie plastisch hebt sich doch der eingedruckte blaue Wertstempel der ekuadorianischen Karte hervor, er ähnelt einer aufgeklebten Briefmarke (was durch die mitgedruckte Zähnung und deren Schatten noch verstärkt wird). Wie fein und durchsichtig tritt uns auf der Karte aus El Salvador die Frauengestalt entgegen. Unter der Lupe betrachtet, kann jeder die zierliche Zeichnung der Umrahmung, der Schriftbänder und der Allegorien sowie Wertstempel noch genüßlicher würdigen, sofern er für derartige – durchaus im Rahmen der Philatelie, bestimmt aber im kulturhistorischen Bereich liegende – Betrachtungen ein Faible hat. Gewiß können wir auch bei europäischen Ausgaben sauber gestaltete Ganzsachen und andere Postkarten finden. Doch fällt es auf, daß gerade aus Südamerika eine Fülle dieser kleinen drucktechnischen Kunstwerke stammt, die die hier ansässigen Postverwaltungen vor der Jahrhundertwende in New York herstellen ließen, wo eine hochentwickelte typografische Technik vorhanden war.

Ganzsache, die 1894 aus Quito (Ekuador) nach Hamburg gelangte.
Die Druckerei läßt sich unten am Zierrand ablesen.

Die meistbeschäftigte Firma nannte sich Hamilton Bank Note Company (s. Aufdrucke unten auf den beiden Karten), vollständig Hamilton Bank Note Engraving Compagny. Als ihr Direktor fungierte ein sehr cleverer Geschäftsmann namens N. F. Seebeck. Ihm war es gelungen, mit den süd- bzw. mittelamerikanischen Staaten Ekuador (1892–1896), Honduras (1889–1893), Nikaragua (1890–1899) und El Salvador (1890–1897) in der Postgeschichte einmalige Verträge zu schließen: Danach hatte er den genannten Postverwaltungen kostenlos (!) die von ihnen benötigten Markenmengen zu liefern, worunter – wie man sieht – auch die Ganzsachen (Postkarten, Umschläge, Streifbänder) fielen. Die »Monopol«-Staaten ihrerseits mußten sich verpflichten, alle Ausgaben jeweils am Jahresende für ungültig zu erklären, die Restbestände aber an Seebeck zurückzuliefern. So kamen in diesen wenigen Jahren laufend neue Markenserien, sehr ansprechend im Zeitgeschmack ausgeführt, an die Postschalter jener Länder, und der smarte Mister Seebeck konnte mit den zurückgelieferten Wertzeichen über den Briefmarkenhandel sein Säckel füllen. Insgesamt erschien unter seiner Regie die für die damalige Zeit enorm hohe Anzahl von 644 Marken – von den Philatelisten »die Seebecks« genannt. Damit nicht genug: Seebeck ließ später von den Originalplatten auch Nachdrucke fabrizieren. Ferner initiierte er schon 1879 eine Serie in der Dominikanischen Repu-

Bei dieser Ganzsache aus El Salvador
darf man die links befindliche Allegorie nicht für einen Wertstempel halten –
dieser ist rechts angeordnet (1 Centavo).
Ganz unten in winziger Schrift die Druckereiangabe: Hamilton Bank Note Company, New York

Vorläufer einer Bildpostkarte
aus Uruguay (verwendet 1921), die zudem einen wertverändernden Aufdruck erhielt.
Die in London hergestellte Karte zeigt eine Hafenansicht von Montevideo.

blik. Am 23. Juni 1899 in New York verstorben, hatte er die Philatelie mit seinen Produkten – wenn diese auch überaus reizend ausschauen – gründlich in Mißkredit gebracht. Zu seinem anrüchigen Treiben entstand sogar ein Gedicht – sehr frei nach Heinrich Heine:

Im wunderschönen Monat Mai
– Ich war noch sehr befangen –
Ist zur Engraving Company
das Herz mir aufgegangen.

Jetzt weiss ich es, so oft der Lenz
Dem Sammler sich erneuert,
Dass ich in jenem Monat Mai
Ganz gründlich war – gemeiert!

(Von C. Crome-Schwiening, aus: Ill. Briefmarken-Journal, Nr. 1/1893, S. 15)

Um die Jahrhundertwende wurde es also – wie wir eben gesehen haben – mehr und mehr üblich, amtliche Ganzsachen-Postkarten immer bombastischer auszuschmücken und die staatlichen Kennzeichnungen im Wertstempel bzw. auf der Briefmarke durch Allegorien, Wappen, Symbole und schließlich allerlei Bilder zu ergänzen; man findet alsbald auch landestypische Gebäude und Anlagen. Zuerst nutzten die Druckereien die Zeichnung bzw. den Holz- oder Stahlstich, jedenfalls die lineare Technik, später auch Halbtonbilder (Autotypien). So ist es nicht abwegig, jene Karten als Vorläufer der späteren amtlichen Bildpostkarten anzusehen, zumal die unter anderem in Spanien

Niederländische Bildpostkarte –
Beispiel aus einer gleichartig gestalteten Serie –, die 1928 in Lisse gestempelt wurde,
einem »Zentrum der Blumenzwiebelkultur«,
wie der Stempeltext hervorhebt

oder Portugal, besonders aber in Südamerika vertriebenen Karten einige bemerkenswerte Einblicke in die Landschaften und Baulichkeiten ihrer Ausgabestaaten vermitteln.

Unter den Philatelisten gelten indessen erst die 1923 in der Schweiz an die Postschalter gekommenen Ganzsachen-Postkarten, die oben links ein Landschaftsbild eingedruckt tragen, als (die ersten) Bildpostkarten. Strenggenommen ist schon die weiter vorn genannte »allererste Ansichtskarte« (Correspondenzkarte des Norddeutschen Postbezirks mit dem Bild des Artilleristen) eigentlich eine Bildpostkarte, weil sich das Bildchen auf der Anschriftseite befindet. Weiter seien genannt eine 1882 in Bayern erschienene illu-

strierte Karte zur Industrieausstellung in Nürnberg, eine 1913 zur Jahrhundertfeier der Befreiungskriege in Breslau (heute Wrocław) emittierte Karte, schließlich auch deutsche Kriegskarten von 1914 zugunsten des Roten Kreuzes – alles amtliche Ganzsachen mit Bildpostkartencharakter. Das trifft auch auf eine 1909 von der Schweizer Postverwaltung in Umlauf gebrachte Karte zur Erinnerung an die Einweihung des Weltpostverein-Denkmals in Bern zu. Sie zeigt als Zeichnung auf der linken Kartenhälfte der Anschriftseite die Gestalt der Berna als Ausschnitt aus dem Denkmal auf der Kleinen Schanze, geschaffen von René de Saint-Marçeaux.

Bildpostkarten sind ab 1925 auch in Deutschland in

ganzen Serien amtlich an den Postschaltern abgegeben worden. Ihre Anzahl an Verschiedenheiten ist so groß, daß man als Sammler gut daran tut, sich auf solche Exemplare zu beschränken, zu denen man eine besondere Beziehung besitzt, wie das z. B. mit Karten vom eigenen Geburts- oder Wohnort der Fall sein kann. Dazu kommen natürlich noch solche Exemplare, die wegen ihres bemerkenswerten Stempels unser Interesse finden, oder die vielen ausländischen Belege, sofern man jene Länder sammelt.

Bildpostkarten wurden und werden von einer Organisation herausgebracht, die eng mit der Post liiert ist: in unseren Landen von der Deutschen Postreklame-Gesellschaft bzw. ihren Nachfolgern. Die Amtsblatt-Verfügung Nr. 524 vom 22. September 1925 gab den Startschuß für diese neue postalische Emission. Als wichtigste Antragsteller, solche Karten mit ihrem Stadt- oder Landschaftsbild herauszubringen, traten Stadt- und Landgemeinden, Kur- und Bäderverwaltungen sowie Reise- und Verkehrsunternehmen auf. Druckkosten, Werbeentgelt und entsprechende Steuern waren dafür zu entrichten. Die Karten wurden an

Ungarische Bildpostkarte, aufgelegt anläßlich eines geographischen Symposiums.
Da sie in der Zeit einer Portoerhöhung erschien, wurde die Karte
mit einem amtlicherseits aufgeklebten Postwertzeichen
zu 40 Filler auf den neuen Portosatz von 1 Forint gebracht
und so am Postschalter abgegeben.

Mit einem eigens für sie gestalteten Wertstempel versehen, würdigt diese sowjetische Bildpostkarte den 10. Jahrestag des UNESCO-Programms »Mensch und Biosphäre«.

den Postschaltern ohne Zuschlag verkauft, also für den Betrag, den der Wertstempel als Postkarten(fern)-porto auswies. Dazu bestand die Bestimmung, daß der Postkunde auch Ganzsachen ohne den Bildzudruck angeboten erhalten mußte, also keinesfalls genötigt war, eine Bildpostkarte zu nehmen.

Weiter war auf Ersuchen der Ansichtskartenindustrie festgelegt, daß die Karten nicht in jenen Orten vertrieben werden durften, deren Bild sie zeigten. Woraus die »lieben Sammler« ein kleines Nebenbei-Hobby entwickelten, indem sie solche Karten gerade in den »verbotenen« Orten abstempeln ließen. Heute sind solche Stücke natürlich von den ihr Objekt nach

heimatgeschichtlichen Gesichtspunkten gestaltenden Philatelisten besonders gesucht. Die meisten Bildpostkarten tragen aber – wie beabsichtigt – Stempel anderer Orte. In der Bundesrepublik Deutschland hat man diese Bestimmung inzwischen aufgehoben, zuerst (s. Amtsblatt-Verfügung des Bundespostministeriums Nr. 281 vom 19. April 1973) nur in einigen OPD-Bereichen und ab 21. Mai 1974 dann generell (Amtsblatt-Verfügung Nr. 390/1974). Noch eine Story aus den zwanziger Jahren: Da der Auftraggeber das Recht hatte, die Verteilorte seiner Bildpostkarte zu bestimmen, hat Hamburg einmal in Bremen für seine Belange geworben. Das rief dort verständlicher-

*Wie unser Beispiel belegt, sind Bildpostkarten –
diese aus Düsseldorf – heute oft mehrfarbig gestaltet.*

weise beträchtliche Entrüstung hervor, und die Karten mußten zurückgezogen werden.

Bildpostkarten präsentieren aber nicht nur Landschaften und Städteansichten, sondern können auch Persönlichkeiten gewidmet sein. So erschienen in der Deutschen Demokratischen Republik z. B. Ausgaben mit dem Bildnis von Frédéric Joliot-Curie, einem bekannten Wissenschaftler, und mit Werbefotos für Schwerpunktberufe im Bereich des Bergbaus oder der Landwirtschaft. Bildpostkarten bieten ferner Gelegenheit für Studien der verschiedensten Drucktechniken. Dagegen möchten wir Karten mit linksseitigen Reklameaufdrucken nicht zu Bildpostkarten zählen.

Da für Belegzwecke gedacht (Vorlage bei Zeitungen, zur Führung von Werbegesprächen), tragen einige frühere deutsche Karten das Wort »Druckprobe« oder »Druckmuster« aufgedruckt oder eingelocht. Unter Umständen kann eine solchem Zweck dienende Karte auch ohne Wertstempel existieren, der bei einfarbigen Karten im übrigen immer im gleichen Farbton gedruckt ist wie das Bild. Vorherrschend war in Deutschland früher das Grün, aber auch braune und violette Karten gab es. Bei den heute oft recht bunten Bildzudrucken ist diese Übereinstimmung natürlich nicht mehr gegeben.

Sind Bildpostkarten von Privatleuten (also nicht

von der Post bzw. der Postreklame) herausgegeben, werden sie als Kundenganzsache klassifiziert. Diese können indessen in der Form den amtlichen beinahe völlig gleichen – dennoch muß man sie philatelistisch voneinander unterscheiden (wenn man die Herkunft kennt). Auch solch ein Beleg hat also mitunter seine Tücken.

Noch ein klärendes Nachwort: In diesem Abschnitt und im ganzen Buch haben wir das Wort »Bildpostkarte« im philatelistischen (und seit vielen Jahrzehnten auch von Postverwaltungen gebrauchtem) Sinne erklärt und verwendet. Nun ist aber seit Jahren das Wort »Bildpostkarte« – sogar staatlich normiert – auch im Sinne von jenen mit Bilddarstellungen auf der Rückseite versehenen Karten eingeführt worden, die man herkömmlich Ansichts(post)karten oder Glückwunsch(post)karten (Osterkarten, Geburtstagskarten, Neujahrskarten usw.) nennt. Sofern man also einschlägige Texte in anderen Publikationen liest, vergewissere man sich, welche Kartenarten dabei gemeint sind. Als anderer Begriff für »Bildpostkarte« im philatelistischen Sinne ist »Bildkarte« geprägt worden.

Kuriose Anschrift
An den vacierenden Maurerlehrling Christof Strohbund, gebürtig aus Gross Hornbostel, derzeit Australneger in der Rotunde im Prater, Wien

4

DIE SPEZIELL BEHANDELTEN

Die Einschreibkarte

Einschreibkarten werden ungleich weniger verwendet als Einschreibbriefe. Ja, viele Leute wissen noch gar nicht, daß man auch schlichte Postkarten eingeschrieben befördern lassen kann und sich damit eines Ersatzbetrags versichert, falls die Sendung verlorengeht, und zwar auch im Auslandsverkehr. Das gilt sogar für Drucksachen in Kartenform: Erreicht eine Einschreibsendung ihren Empfänger nicht, kann der Absender unter Vorlage der Einlieferungsbescheinigung seine Ersatzforderung beim Aufgabepostamt geltend machen. Das Einschreibverfahren ist also eine postalische Sicherheitsgarantie.

Spezielle Einschreibkarte aus der Sowjetunion.
Oben links ist der eingedruckte Einschreibnummern»zettel« zu erkennen.
Da die Karte ins Ausland ging, wurden der französischsprachige Rahmenstempel »Recommandé«
und (weiter unten) ein den R-Zettel ersetzender Stempel
(auch dieser in lateinischen Buchstaben) abgeschlagen.

Niederländische eingeschriebene Karte.
Der Nummernzettel verweist auf eine Veranstaltung der Technischen Commission
des CCIF (damalige Bezeichnung des internationalen Konsultativkomitees
für das Fernsprechwesen).

Mit dem stetig zunehmenden Postverkehr war die noch im 18. Jahrhundert bestehende Vorschrift, sämtliche eingelieferten Postsendungen in eine Liste, die »Charte«, einzutragen, weggefallen. Dafür entstand für Sendungen, die dem Absender besonders wichtig erschienen, das Einschreibverfahren, und zwar in den deutschen Rheinprovinzen ab 1. August 1821 und in Preußen allgemein dann ab 18. Dezember 1824. 1848 dehnte die Post das Verfahren der »Recommandation« – zu deutsch: Briefe der besonders sorgfältigen Behandlung empfohlen (von recommander, franz., empfehlen, befürworten, einschreiben) – auf alle Sendungen aus, was den um 1870 eingeführten Postkarten ebenfalls zugute kam, auch diese konnte man von An-

beginn an recommandieren, einschreiben, lassen. (Die Wertsendung als ganz besonders sichere Sendungsart ist bei Postkarten nicht üblich.)

Der Fachausdruck »Einschreiben« wurde am 1. Januar 1875 im Zuge der Stephanschen Eindeutschung vieler französischer Postfachausdrücke üblich. Dies hatte der General-Postdirektor in der Amtsblatt-Verfügung Nr. 150 vom 21. Juni 1875 veranlaßt, wodurch rund 600 bisher übliche Fremdwörter aus der deutschen Postsprache verschwanden. So verwandelte sich nun endgültig die Correspondenzkarte in die Postkarte, das Postmandat in den Postauftrag, das Telephon in den Fernsprecher, und – wie eben erwähnt – das Recommandieren in das Einschreiben. Nur das R

Russische Postkarte, die oben links einen Einschreibstempel trägt
und daher an der Grenze zu Deutschland einen Einschreibnummernzettel
»Vom Auslande über Bahnpost 11« erhielt.
Oben in der Mitte ein schmalovaler Bahnpoststempel (1905)

von Recommandé blieb bei dem späteren Einschreibnummernzettel bis in unsere Tage erhalten. Man begegnet auch dem kyrillischen S für Sakasnoje (Einschreiben in Ländern, die kyrillische Schriftzeichen verwenden). Gleiche Bedeutung hat in Spanisch sprechenden Ländern ein C (Certificado). R-Zettel – fachmännisch Einschreibnummernzettel oder (z. B. in Österreich) Rekozettel genannt – gab es zuerst 1870 im damals gerade deutsch gewordenen Elsaß-Lothringen. 1875 folgten die übrigen deutschen Lande, und nach und nach benutzten auch andere Staaten solche R-Zettel.

Eingeschriebene Postkarten üben auf Sammler stets einen besonderen Reiz aus, tragen solche Belege doch wegen der höheren Gebühr auch meist Postwertzeichen mit höheren Nennwerten. Besonders gesucht sind Exemplare, deren Einschreibnummernzettel einen Zudruck erhielten, wie gelegentlich bei Ausstellungen, Tagungen (gerade auch von philatelistischen), Sportfesten usw. Dann werden an Freunde, Bekannte und an sich selbst besonders viele eingeschriebene Postkarten versandt, zumal dann, wenn es eine Kundenganzsache zu kaufen gibt.

Mit der allgemeinen Einführung der Einschreibnummernzettel in Deutschland im Jahre 1875 kamen hier besondere Zettel für eingehende eingeschriebene Auslandssendungen in Gebrauch. Sie tragen den Text »Vom Ausland über . . . [Ort] Eingeschrieben« bzw.

»Vom Ausland über Bahnpost . . . [Nr.] Eingeschrieben« oder auch ohne das letzte Wort. Sie wurden anfangs auf sämtliche derartigen Sendungen geklebt, später nur noch auf solche, die keinen ausländischen Einschreibnummernzettel, sondern vielleicht nur einen Stempel oder handschriftlichen Einschreibvermerk trugen. Wann das Verfahren aufgegeben wurde, ist insofern eingrenzbar, als einige wenige Belege noch aus den dreißiger Jahren bekannt sind. Neuerdings hat die Bundespost der Bundesrepublik Deutschland ein ähnliches Verfahren wieder aufleben lassen.

Mitunter tragen Einschreibsendungen – auch Karten – keinen Einschreibnummernzettel, sondern einen R-Stempel. Auch Karten mit eingedruckten Nummern»zetteln« wurden von manchen Organisationen (z. B. einer Versandstelle für Sammlermarken) oder einzelnen Philatelisten für private Korrespondenz schon in Auftrag gegeben, wobei die Einschreibnummer handschriftlich eingetragen oder einzeln eingestempelt werden muß. Auf jeden Fall ist besonderes Augenmerk bei Durchsicht von Ganzstücken eine richtige Sammlermaxime.

Die Eilbotenkarte

Postkarte und Eilbotenbeförderung sind oft miteinander gekoppelt, wird eine Postkarte doch nicht selten in Eile geschrieben und soll rasch ihr Ziel erreichen. Wenn es nicht günstiger geht, und falls nichts anderes zur Hand ist, läßt sich sogar ein einfaches Blatt Papier als Postkarte herrichten. Zwar entspricht es dann nicht voll den postalischen Bestimmungen, weil für Postkarten eine bestimmte Materialbeschaffenheit vorgeschrieben ist. Soll sie – wie heute gefordert – für eine Bearbeitung mit Verteilautomaten geeignet sein, gilt dünner Karton mit einer Masse von 160 Gramm je Quadratmeter als Mindestanforderung.

Über das Kennzeichnen der Eilsendungen läßt sich manches Interessante berichten. Nach handschriftlichen Vermerken folgen Eilbotenzettel, die in Deutschland ab 1911 eingeführt wurden. Vorher, ab 1891, wurde verlangt, die Anschriftseite rot zu durchkreuzen – kreuz und quer über die ganze Brief- oder Kartenseite. Doch das ist inzwischen (in der Deutschen Demokratischen Republik ab 1. September 1957) wieder weggefallen. Im Eilsendungszettel, den es auch mit dem Text »Rohrpost und Eilbote« gibt (gab), darf im Auslandsverkehr die französische Bezeichnung »Exprès« nicht fehlen. Stempel statt der Klebezettel sind gleichfalls üblich – alles in allem ein vielseitiges Gebiet sammlerischen Entdeckens. Eilkarten als spezielle Ganzsachen wurden z. B. aus Belgien (carte-télégramme / Telegramkaart) bekannt.

Da die Eilzustellung im wesentlichen ein personelles Problem der Post und der Zustelldienst überhaupt sehr kostenaufwendig ist, sei noch auf eine Besonderheit aufmerksam gemacht, die anhand der abgebildeten belgischen Karte erläutert ist. Unter dem eingedruckten Wertstempel erkennt man ein kleines Feld mit Text. Dieser lautet in französischer und flämischer Sprache »NE PAS LIVRER LE DIMANCHE / NET BESTELLEN OP ZONDAG« (am Sonntag nicht zustellen). In Belgien hatte man nämlich zur Einsparung von Personalkosten (offiziell hieß es, um die Sonntagsruhe der Postzusteller zu fördern) den originellen Einfall, alle Postwertzeichen mit einem Anhängsel zu drucken, das – wie man hier sieht – auch bei Ganzsachen sinngemäß Verwendung fand. Nette Leute trennten dieses Zipfelchen, das mit der Marke durch eine Perforation verbunden war, nicht ab. Wer unbedingt wünschte, daß seine Sendung auch am Sonntag ihren Empfänger erreichte (z. B. auch bei Eilsendungen), riß es ab oder strich – bei Ganzsachen – den Vermerk durch; wobei dies bei Auslandssendungen natürlich gegenstandslos war, da es dort diese Regelung nicht gab. Das am 1. Juni 1893 eingeführte Verfahren entfiel im Oktober 1914 wieder.

Belgische »Carte Postale«, die durch Eilboten zugestellt wurde.
Unter dem Wertstempel erkennt man das »Sonntagsanhängsel«.

Der Schalterangestellte machte eine Dame darauf aufmerksam, daß sie zuviel Porto auf die Karte geklebt habe. Da kam ein Wanderer des Wegs und sagte: »O weh! Hoffentlich geht die Karte nicht zu weit!«

Eine Weingroßhandlung in L. erwog, die Post zu verklagen. Die Beamten hatten die in großer Anzahl verschickten Werbepostkarten der Firma mit dem Maschinenstempel »Seid sparsam mit Wasser!« versehen.

Die Luftpostkarte

Luftpostkarten im engeren Sinne sind Ganzsachen, die einen Wertstempel und diese Bezeichnung, mitunter auch einen Luftpostklebe»zettel« eingedruckt tragen. Ihre Zahl hält sich in Grenzen. In den meisten Fällen benutzt ein Postkunde, der seine Postkarte mit Luftpost befördert haben möchte, ganz normale Formular-Postkarten, die er hand- oder maschinenschriftlich mit den Worten »Mit Luftpost / Par Avion« versieht, entsprechend freimacht und mit dem Luftpostklebezettel (diese bilden ein spezielles Sammelgebiet) versehen, der Post anvertraut – wenn vorhanden über einen so gekennzeichneten Luftpostbriefkasten. Natürlich sind das ebenfalls Luftpostkarten, wenn auch nicht die speziell von der Post mit dieser Bezeichnung vertriebenen bzw. die privat hergestellten Ganzsachen. Wird Luftpost noch mit Eilzustellung gekop-

Luftpostkarte (Ganzsache) mit Luftpostklebezettel
und Flugbestätigungsstempel sowie einem Nebenstempel »Aus dem Briefkasten«,
der eventuelle Verzögerungen erklären soll

pelt, ergibt sich die höchstmögliche Verkürzung der Übermittlungszeit.

Die Zeit der Luftpost begann in Deutschland um 1912, als zum ersten Mal Flugzeuge auf den Strecken Bork–Brück, Mannheim–Heidelberg und Frankfurt am Main–Darmstadt Postsendungen mitnahmen. Auch vorher hat es, meist durch private Veranstalter besonders in Frankreich, bereits Luftpost gegeben (auch Flugpost genannt). Heute dominiert das Flugzeug; doch auch per Hubschrauber (Helikopter) wurden auf einigen kurzen Strecken in jüngster Zeit ebenfalls regelmäßige Luftpostverbindungen gewährleistet.

Zwischen 1934 und 1940 gab es außerdem noch eine Postbeförderung mit dem Autogiro, den der Spanier Juan de la Cierva (1895–1936) – abgebildet auf einer spanischen Markenserie von 1939 (desgl. 1941/50) – konstruierte. Der Ersteinsatz eines Autogiros für Luftpostzwecke fand 1931 in den Vereinigten Staaten von Amerika anläßlich der Einweihung des Flugplatzes Marshall (Michigan) statt, dem sich – wie z. B. in Großbritannien am 8. Mai 1935 zur Luftpostausstellung APEX '34 – weitere philatelistisch inspirierte Flüge mit Postkarten und Briefen anschlossen. Mit regulären Autogiro-Postflügen wurde 1939 der Zubringerdienst zwischen dem Postamt von Philadelphia und dem Flugplatz Camden besorgt. Letztmalig sollen Autogiros am 5. Juni 1947 in Bastogne (Belgien) zur Luftpostbeförderung verwendet worden sein. Dann setzte sich der Hubschrauber für derartige

Deutsche Luftpostkarte mit einem Flugbestätigungsstempel (links unten)

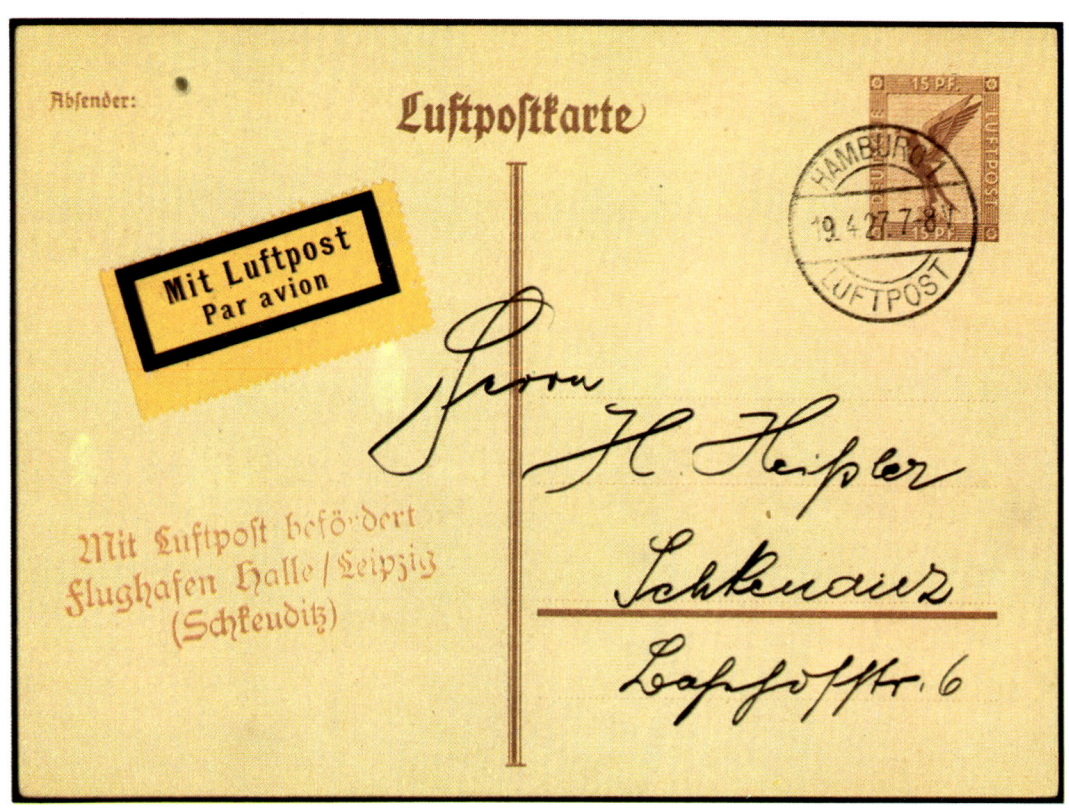

Ganzsache aus Berlin (West), die an ein luftposthistorisches Ereignis erinnert
und eine damals gültige halbamtliche, heute im Original sehr gesuchte Flugpostmarke
im Bild vorstellt

Zwecke (Kurzstrecken) endgültig durch, der im Gegensatz zum Autogiro senkrecht starten und landen kann, z. B. auf dem Flachdach eines Postamtes mitten in der Stadt.

Unter den speziellen Ganzsachen für die Luftpostbeförderung muß man wiederum die amtlichen Ganzsachen von Kundenganzsachen und amtlichen Ganzsachen mit privaten Zudrucken unterscheiden. Von allen drei Arten existiert eine gewisse Anzahl, die geringste natürlich von den amtlichen Ganzsachen. Hier nennen wir von den älteren deutschen Ausgaben jene Postkarten von 1924 mit einem 15-Pfennig-Wertstempel im Muster »Stilisierte Taube« und dem Text »Flugpostkarte«. Diese Karte erhielt wiederholt zu Flugpostveranstaltungen Zudrucke oder wurde in beinahe unzählbaren Fällen unverändert bei Erst- und Sonderflügen verwendet. Dies weisen ebenso zahllose Sonder- und Gesellschafts-, Flugbestätigungs- und Ausfallstempel sowie aufgeklebte Vignetten aus. Gleiches gilt für eine weitere amtliche Ganzsache aus dem Jahre 1926 (in zwei Varianten), bei der im Wertstempel das Muster »Auffliegender Adler« erscheint.

Mit Luftpostkarten (und -briefen) lassen sich Erst- und Gedenkflüge vieler Art oder Sonderpostbeförderungen belegen. Man schickt sie auf die Reise, bis sie

Flugpostkarte aus dem Jahre 1914 für eine Flugverbindung Dresden–Leipzig
mit einem privaten Flugpost-Wertstempel zu 25 Pfennig auf der Rückseite.
Die einzelnen Exemplare sind numeriert; dieser Beleg erhielt die Nummer 35 379
und wurde mit Eilboten zugestellt.

als nicht abgeholte Poste-restante-Sendungen (poste restante, franz., postlagernd) eines schönen Tages wieder zu ihrem Absender zurückgelangen. So praktizieren das jedenfalls heute die Aerophilatelisten; denn Belege an einen wirklich existierenden Empfänger sind bei Sammlersendungen rar geworden. Wer sollte auch angesichts der zahlreichen philatelistisch interessierenden Flüge in jedem Land einen tauschwilligen Partner kennen . . .

Andere Belege zum Thema widmen sich dem Segelflug, was durch entsprechende Zudrucke, häufig auf privat herausgegebenen Belegen, kenntlich wird. So erschien für den Rhön-Segelflug 1925 eine Ganzsachen-Postkarte mit einem Wertstempel im Muster »1000-Jahr-Feier des Rheinlandes« zu 5 Pfennig (Auflage 10 000 Stück). Zur gleichen Veranstaltung gab es noch eine zweite Ganzsache (Auflage 3000 Stück) mit Wertstempel »Stilisierte Taube« zu 15 Pfennig. Noch ein drittes Beispiel: Am 29. 7. 1929 fanden private Luftpost-Segelflüge von der Schneekoppe statt. Die Luftpostmarken von 1923 erhielten hierfür einen privaten Aufdruck, und man benutzte einen privaten Bestätigungsstempel. Damit nicht genug: Zugelassen waren nur sogenannte Segelflug-Opferkarten (eine Art Spendenkarten).

Unter den speziellen Flugpostkarten (die dieses Wort eingedruckt tragen, ggf. auch in anderen Sprachen oder Schriften, wie z. B. Avia in der Sowjetunion) lassen sich gelegentlich ganz besonders exklusive Stücke entdecken, z.B. eine Raketenpostkarte mit dem Aufdruck «1. Deutscher Postraketenstart 15. April 1931 am Dümmersee». Veranstalter war der deutsche Ingenieur Reinhold Tilling, der seinerzeit ernst zu nehmende Versuche mit dieser Luftpostvariante unternahm. Von der genannten Raketenpostkarte – es war eine Fotokarte (Ansichtskarte) – wurden 190 fortlaufend numerierte Stücke hergestellt, von denen die Veranstalter zwei als Fehldrucke vernichteten. Somit absolvierten 188 Exemplare den Raketenflug. Sie erhielten zuvor einen roten Flugbestätigungsstempel und gelangten nach dem geglückten Flug in den Postweg (über das Postamt Dielingen). Bei Raketenflugbelegen ist stets große Aufmerksamkeit gebo-

ten, da viele Machwerke existieren; gewarnt sei vor den Erzeugnissen des »Raketenpioniers« Zucker von 1933/34.

Beliebt bei Sammlern sind Belege der Ballonpost, wie sie bei bedeutenden internationalen Briefmarkenausstellungen oder z.B. auch von der Pro-Juventute-Kinderdorfvereinigung für eines der etwa 200 Kinderdörfer herausgegeben werden. Die ersten mit Ballons beförderten Postkarten stammen aus dem Deutsch-Französischen Krieg 1870/71. Zwar waren Ganzsachen-Postkarten in Frankreich erst ab 1873 zugelassen, doch existierten schon die Formular-Postkarten, die mit Marken freigemacht werden mußten. Solche gelangten auch per Ballon aus dem von preußisch-deutschen Truppen 134 Tage lang eingeschlossenen

Gedenkkarte von 1984, aufgelegt zur Erinnerung an den Flug von 1914. Den privaten Wertstempel gibt die Gedenkkarte links vergrößert wieder.

Sonderpostbeförderung in Frankreich.
Als Transportmittel diente ein niederländischer Ballon.

Paris heraus. Besonders bekannt wurde ein Versuch vom 30. September 1870 mit dem unbemannten Papierballon »Non dénommé Nr. 1« (die Ballons bekamen sonst Namen). Seine Hülle bestand aus einer doppelten Lage geölten Papiers, hatte einen Durchmesser von 6 m und war mit einem Netz aus Hanf überzogen. Unten hing ein kleiner Korb, der – so exakt ist es überliefert – 1125 Postkarten (Formulare) im Gesamtgewicht von etwa 4 kg aufnahm. Der im schwachen Wind dahingleitende Flugkörper wurde von preußischen Soldaten beschossen und verlor dadurch innerhalb einer Stunde seine gesamte Ladung. Die französische Mobilgarde fand lediglich drei Karten und lieferte sie auf der Pariser Hauptpost ab, an-

dere gerieten in die Hände der preußischen Soldaten.

Wer einmal eine reichhaltige Sammlung Pariser Ballonpost gesehen hat, wird bestätigen, daß Postkarten hier eine Seltenheit sind, zumal sie – wie gesagt – als Ganzsachen noch nicht zugelassen waren. Woraus sich folgende nette Anekdote herleitet: Als aus Deutschland eine der schon »üblichen« Postkarten in Paris einging, beschlossen die dortigen postamtlichen Geister, daß der Briefzusteller dem Empfänger den Karteninhalt nur vorlesen, die Karte selbst aber nicht aushändigen dürfe. Was dann so auch geschehen sein soll. In Paris.

Während der Pionierzeit der Luftfahrt fanden wiederholt vor allem von Ballons Postabwürfe statt, d. h.,

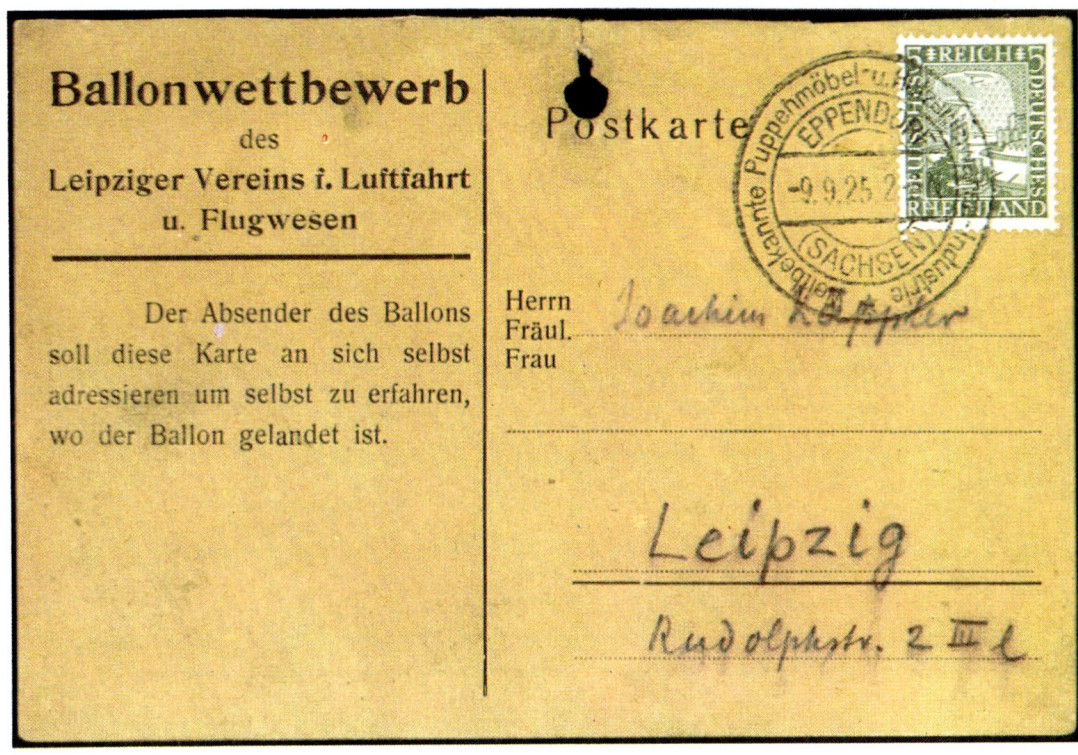

Ballonwettbewerb

des

**Leipziger Vereins f. Luftfahrt
u. Flugwesen**

Der Absender des Ballons
soll diese Karte an sich selbst
adressieren um selbst zu erfahren,
wo der Ballon gelandet ist.

Postkarte

Herrn
Fräul.
Frau

Joachim

Leipzig

Rudolphstr. 2 III l

*Diese Karte wurde (lt. handschriftlichem Vermerk auf der Rückseite)
von einem Fräulein Elsa Morgenstern am 7.9.1925 nachmittags 3 Uhr (15 Uhr)
in Kleinhartmannsdorf bei Eppendorf (Sachsen) gefunden.*

ein Ballon nahm z. B. die von den Mitgliedern eines Luftfahrtvereins an sich selbst adressierten Karten mit, die der Finder des niedergegangenen Ballons mit Angabe des Fundortes auf dem nächstgelegenen Postamt oder Briefkasten aufliefern sollte. Gelegentlich wird eine solch spektakuläre Sache auch heute noch organisiert. Die Abwurfpost ist gleichfalls von bemannten Ballons und Luftschiffen bekannt. Die Abwurfbeutel enthielten z. B. folgenden Vordruck: »Vom Zeppelin-Luftschiff! Der Finder dieser Luftschiffpost wird höflichst gebeten, den Inhalt dieser Tasche bei dem nächsten Postamt möglichst sofort abzuliefern. Für die Bemühungen liegen 50 Pfg. bei.« Karten, die bei Fesselballonaufstiegen mit Passagie-

ren anläßlich von Ausstellungen mitgenommen und vom Ballonführer mit einem Erinnerungsstempel versehen wurden, sind beliebte Souvenirs.

Unter den zahlreichen Luftpost-Spezialgebieten seien noch die Flüge des seinerzeit größten Flugbootes der Welt, des DO X, erwähnt. Dieser Gigant, von Claude Dornier 1929 konstruiert, besaß 12 Motoren zu je 700 PS (entspricht 515 kW) und ein Abfluggewicht von mehr als 50 t. Mit 70 Fluggästen schaffte er sogar die Ozeanüberquerung. Zahlreiche Stempel auf Briefen und vielen Karten künden von diesen Unternehmen. Philatelistisch gilt Flugbootpost als »abgeschlossenes Sammelgebiet« (ebenso wie Zeppelinpost), weil neues Material hier nicht mehr hinzukommen kann. Das vorhandene befindet sich aber in einem ständigen, wenn im einzelnen Stück auch sprunghaften Kreislauf von Sammler zu Sammler im Zuge des Generationswechsels.

Auch Schleuderflugpost bildet ein in sich geschlossenes Luftpost-Teilsammelgebiet. Es entstand Ende der zwanziger Jahre. Flugzeuge konnten seinerzeit den Ozean noch nicht überqueren, besaßen sie doch im allgemeinen kaum eine größere Reichweite als 1200 km. So dachte man sich folgendes aus: Deutsche Postsendungen nach den Vereinigten Staaten von Amerika (oder noch weiter) wurden gesammelt und mit einem Nachbringerflug nach Southampton (Großbritannien) geflogen, damit sie knapp vor Abfahrt des Überseeschiffes noch übernommen werden

konnten und nicht bis zur nächsten Fahrt liegenbleiben mußten. Weiter: Sobald sich das Schiff bis auf 1200 km der fernen Küste genähert hatte, startete mit Hilfe einer eigens dafür auf den Ozeanriesen »Bremen« und »Europa« installierten Katapulteinrichtung ein Flugzeug mit den Postsendungen zum Vorausflug. Im amerikanischen Hafen wasserte die Maschine, und ein Postkutter konnte die Sendungen übernehmen. Alles in allem erbrachte dies einen erheblichen Zeitgewinn.

Dieses Prinzip hat man in mehreren Varianten – auch in Frankreich auf der »Ile de France« – erprobt und praktiziert. Stempel (in Frankreich auch zwei Marken) künden noch heute von jenem interessanten Verfahren, das unsere ungeteilte Bewunderung er-

Anschriftseite einer Ansichtskarte
aus den Vereinigten Staaten von Amerika mit Deutschem Schleuderflug 1934 nach Berlin befördert,
die eine schier übergroße Fülle an Marken, Klebezetteln und Stempeln aufweist

Das linke halbamtliche Wertzeichen läßt (unten am Datum des Tagesstempels)
den Aufdruck E. EL. P. erkennen.

heischt. Vier Nachbringerflüge registrieren wir 1932 noch für den Dampfer »Columbus« auf der Strecke Köln–Cherbourg (Abfahrt des Dampfers in Bremerhaven nach New York, ohne Katapultanlage).

Ein weiteres und wiederum in sich abgeschlossenes Sammelgebiet innerhalb der Flug- bzw. Luftpost beschäftigt sich mit der »Ersten deutschen Luftpost am Rhein und Main« der DELAG (Deutsche Luftschifffahrts-Aktiengesellschaft). Für sie erschienen 1912 drei halbamtliche Marken zu 10, 20 und 30 Pfennig. Die beiden kleineren Werte bekamen zu einem Teil einen Aufdruck »E.EL.P.«, und den 10-Pfennig-Wert gibt es mit dem Aufdruck »1 M – Gelber Hund«, einem Flugzeugnamen. Olivgraue Postkarten speziell für diese Luftpost zeigen die Bezeichnung »Flug-Post-

Karte – Flugpost am Rhein und Main / Anfragen unter Postkartenwoche / Altes Palais, Darmstadt«. Wie alle halbamtlichen Flugbelege mußten sie noch eine 5-Pfennig-Marke der Reichspost erhalten (Germania-Muster). Es gibt ähnliche Karten mit etwas abweichenden Texten auch aus Karton in Gelb, Rot und Weiß, z. T. mit Ansichten – alle Belege sind heute sehr gesuchtes Material aus der Pionierzeit des Flugwesens und auch ausführlich katalogisiert worden. Was jedoch bis jetzt anfechtbar blieb, ist die Deutung des Markenaufdrucks »E.EL.P.«.

Ein Teil der genannten 10- und 20-Pfennig-Marken erhielt ihn für ein Rätselspiel innerhalb einer wohltätigen Postkartenwoche. Manche sagen, diese Werte seien ein Restbestand gewesen, andere meinen, man habe sie von vornherein für dieses Spiel abgezweigt. Wie dem auch sei – wer die Bedeutung der Buchstabenfolge erraten würde, sollte eine Zeppelin-Freifahrt gewinnen. Würden mehr als *eine* richtige Antwort eingehen, sollte der Preis geldlich aufgeteilt werden. Falls niemand die richtige Lösung erraten sollte, würde der Preis der Armenkasse zugeführt. Klare Überlegung der finanzschwachen Unternehmer: Man war daran interessiert, nur *eine* richtige Antwort zu bekommen, sonst hätte man den Mammon in bar auswerfen müssen. Der Freiplatz dagegen ließ sich leicht mit einschieben. Und so ging denn auch tatsächlich nur eine »richtige« Lösung ein: Ein Fräulein Eiermann hatte die Buchstaben als »Ex est Luftpost« gedeutet – »Aus ist's mit der Luftpost« –, eine selbst damals nur schwer zu akzeptierende Auslegung. Immerhin gewann Fräulein Eiermann den Flug. Dieser konnte übrigens nicht mit dem vorgesehenen Luftschiff »Schwaben« stattfinden, weil es am 28. Juni 1912 in der Halle Düsseldorf verbrannte. So mußte ein anderes Luftschiff den Preisträgerflug übernehmen.

Daß die Lösung »Ex est Luftpost« erst nachträglich zu *der* richtigen erklärt wurde, ist mehr als wahrscheinlich. Denn daß die Veranstalter einen derart abstrusen Satz, der zudem noch zwei lateinische Wörter enthält, vorgaben und dazu auch noch erwarteten, nur ein einziger würde auf diese Wortfolge kommen, ist wenig glaubhaft. Auch die mitunter zu hörende Ansicht, dem Fräulein Eiermann sei diese »Lösung« verraten worden, dürfte eine Legende sein. Was die Buchstaben wohl wirklich zu bedeuten hatten, erklärt sich aus den Namen der Schirmherren, des hessischen Großherzogspaares, und dem der Veranstaltung: E. EL. P. hieß mit hoher Wahrscheinlichkeit »Eleonore-Ernst-Ludwig-Postkartenwoche«. Und so wurde

diese Deutung auch etliche Male als Lösung eingesandt. Und sicher waren auch die folgenden Vorschläge nicht häufig und vielleicht einmalig:

– *E*rste *Luftp*ost
– *E*rste *e*rfolgreiche *Luftp*ost
– *E*rste *E*il-*Luftp*ost
– *E*ndlich *e*ine *Luftp*ost
– *E*rste *e*uropäische *Luftp*ost
– *E*ine *e*lend *langsame Post*
– *E*rstrebe *e*rbringe *l*uftigen *P*reis
– *E*x *El*eonore *P*ostkartenwoche

Der Eiermannsche Geistesblitz »Ex est Luftpost« hingegen wurde seither Bestandteil aller Kataloge, in denen die Marken für jene Postkartenwoche aufgeführt sind – obwohl bestimmt ein (kleiner) Schwindel dahintersteckt.

Wie unsinnig das »Aus ist's mit der Luftpost« war, wird im übrigen durch die Tatsache erhärtet, daß gerade in jener Zeit, als sich ein weltweiter Krieg am politischen Horizont anbahnte, besonders Deutschland, England und Frankreich die Luftfahrtentwicklung stark forcierten. Frankreich konzentrierte sich vornehmlich auf das Prinzip »schwerer als Luft« (Flugzeuge), Deutschland auf »leichter als Luft« (Luftschiffe), wobei man natürlich auch die jeweils andere Art nicht vernachlässigte. Postalisch spiegelt sich das in damaliger französischer und deutscher Luftpost (Flugpost) auch anteilmäßig wider. Französische Luftschiffpost jener Zeit existiert kaum, wohl aber viel Flugzeugpost. Aus Deutschland wiederum liegt bemerkenswert viel Luftschiffpost vor, z. B. von den Luftschiffen »Sachsen«, »Schwaben«, »Viktoria Luise« und »Hansa« – alles fast ausschließlich als Postkarten.

///////////////////////////////

Kuriose Anschrift
Zum Geburtstag an Karl Eisenschläger, Grenadier in Potsdam. Der Briefträger wird der Ueberraschung wegen gebeten, nicht zu sagen, wo die Karte herkommt. Luise Schmidt.

///////////////////////////////

*Bei Zeppelin-Belegen dürfte die Anzahl der Sammlersendungen
weitaus größer sein als die der »echten« Bedarfspost.
Auch bei diesem Beleg hat bestimmt philatelistisches Interesse
Pate gestanden.*

Unter den Postkarten aus dieser Zeit sind im übrigen auch zahlreiche Ansichtskarten zu finden. Sie zeigen Flugplätze und Hangars, besonders häufig jedoch auch einen der damaligen Flugapparate mit seinem Piloten. Dazu ist oft quer über das Bild ein Autogramm des kühnen Mannes »hingehauen«. Solche Karten wurden von den Pionieren des Flugwesens in eigener Regie verkauft, um Geldmittel für ihre kostspielige Liebhaberei zu erlangen. Allein der Besuch einer Fliegerschule, die es damals tatsächlich schon gab, erforderte einen erheblichen Betrag. Und so läßt es sich erklären, daß beim Signieren der Karten mitunter auch dieser oder jener Monteur mithalf . . .

Bei den frühen Luftschiff-Belegen handelt es sich häufig um Karten mit zweckbestimmten Aufdrucken, wobei die Postwertzeichen mit entsprechenden Stempeln entwertet wurden, z.B. mit dem schmalovalen Stempel »LUFTPOST / Zeppelin-Schiff / Viktoria-Luise / 3.7.12« und einem Bordstempel. Die Karte trägt den Eindruck »Luftschiff-Postkarte« und links die Erläuterung zur bunten Ansicht auf der Rückseite: »Im Gewittersturm« / »Offizielle Postkarte der Deutschen Luftschiffahrts-A.-G. An Bord des Z-Luftschiffes . . ., den . . . 1912. Fahrt von . . . nach . . . Luftschiff z. Zt. über . . .«. Weitere, heute als Raritäten sehr gesuchte Kartenmotive sind »Ueber der Erde«, »Lan-

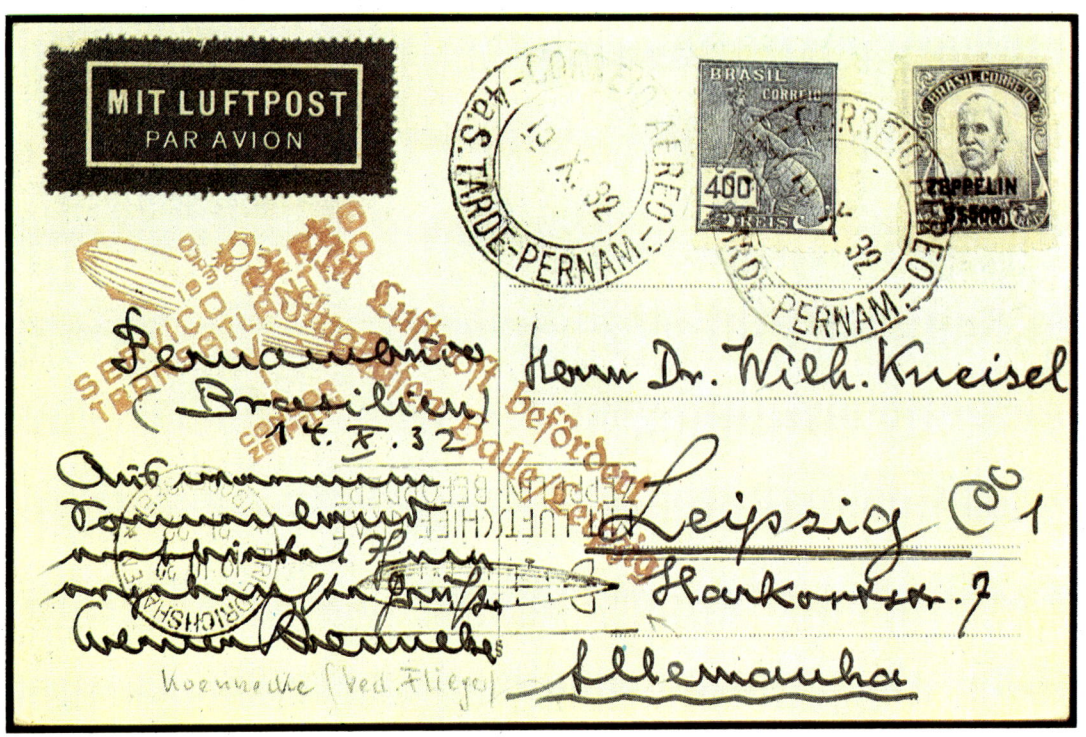

Dagegen könnte man diese Postkarte (Ansichtskarte)
schon eher als Bedarfspost ansehen; denn sie übermittelt individuellen Text.
Die Marke rechts wurde durch einen Aufdruck
zur speziellen Zeppelinmarke umfunktioniert.

dung« und »Fahrt der Reichstagsmitglieder über den Bodensee«.

Die Zeppelin-Postbeförderung erlebte mit dem ersten Postflug des LZ 127 »Graf Zeppelin« nach Nordamerika vom 11. bis zum 15. Oktober 1928 einen beachtlichen Aufschwung. Später reihte sich auch der LZ 129 ein. Tausende und aber Tausende von Sendungen wurden damals auf den verschiedensten europäischen und überseeischen Verbindungen befördert, dabei auch ausländische Vertragsstaatenpost. 19 Länder gaben eigene Zeppelinmarken heraus. Bis alles mit der Katastrophe des »Hindenburg« (LZ 129)

am 6. Mai 1937 in Lakehurst (USA) ein jähes Ende fand.

Die Anzahl moderner – nach 1945 entstandener – Luftpostbelege ist Legion. In ihnen spiegelt sich die grandiose Entwicklung der Flugzeugtechnik ebenso wider wie die immer engmaschiger gewordenen postalischen Flugpostverbindungen. Sonderpostwertzeichen, Sonderganzsachen, Vignetten und vor allem eine immense Anzahl von Stempeln aller Art auf den Belegen der Philatelisten zeugen davon. Transpolarflüge, Turboprop- und Jet-Post (Düsenluftverkehr) seien hierzu nur als Beispiele genannt.

Die Schiffspostkarte

Wenn das Ziel einer Postsendung (außer durch die teurere Luftpost) am günstigsten oder überhaupt nur übers Wasser zu erreichen ist, wird die Schiffspost eingesetzt, z. B. vom europäischen Festland nach der Insel Helgoland oder nach Großbritannien oder gar nach dem Fernen Osten (Japan, Korea), nach Australien oder Nord- und Südamerika. Schiffsposten existieren aber auch auf Binnengewässern, wie z. B. dem Bodensee, ferner als Flußschiffspost, z. B. auf den langen Wasserwegen in Südamerika. Alles in allem ein weites Gebiet postalischen Wirkens und sammlerischen Interesses, das sich in mannigfaltigen Stempeln widerspiegelt.

Seit jeher gelangen auch Postkarten mit Schiffsposten an ihr Ziel. Spezielle Schiffspostkarten existieren von der Fährverbindung Ostende (Belgien)–Dover (Großbritannien). Sie kamen ab 1900 mit dem üblichen Wertstempel – damals mit »Sonntagsanhängsel« – heraus. Man konnte sie beim Postamt Ostende und auf den Dampfern kaufen. Bemerkenswert sind vor

Argentinische Ganzsache (Vorläufer der Bildpostkarte;
sie zeigt eine Hafenszene) aus Buenos Aires, mit französischer Schiffspost
(Stempel Buenos-Ayres à Bordeaux, links) nach Calais
(Ankunftsstempel neben dem Wertstempel) befördert.
Aus den Stempeln geht die Beförderungszeit hervor:
Abgang 25.8., Ankunft 18.9.1898: 25 Tage.

Speziell für die Fährpostverbindung Ostende–Dover
bestimmte Karten zeigen auf der Anschriftseite außer den Wertstempeln
der verschiedenen Auflagen keine Besonderheiten
gegenüber anderen Ganzsachen. Daher ist hier einmal die Bildseite
einer solchen Karte vorgestellt.

allem ihre Bildseiten (Ansichtskarten), auf denen der Eindruck »A bord du paquebot . . .« oder »Paquebots de l'Etat Belge Ligne Ostende–Douvres« zu lesen ist. Als Schiffsnamen nennen wir »Peter Deconinck«, »La Flandre«, »Princesse Joséphine« und »Princesse Elisabeth«. Abgebildet sind diese Schiffe in Lichtdruck, Tiefdruck und als Lithografien; auch legte man Karten auf, die Reisende beim Besteigen des Fallreeps zeigen. Die erste Serie von 1900 umfaßte 18 verschiedene Bilder, wobei die Schiffsnamen auf Karten für die Hinreise in Granatrot, für die Rückreise in Schwarzgrau gedruckt wurden. Auch aus Belgisch-Kongo (heute Zaïre) sind gleichartige Belege bekannt.

Ansonsten läßt sich die tatsächliche Beförderung mit einer Schiffspost (ebenso wie Bahnpost) nur anhand der auf der Sendung abgeschlagenen Stempel erkennen. Bei Postkarten entstehen hierbei wegen des zur Verfügung stehenden geringen Raumes Probleme, so daß gerade auf dieser Sendungsart die Fülle von Abschlägen – zum Teil als Cachets (Bilderstempel) von Sammlerorganisationen oder auch Schiffahrtsgesellschaften in mehreren Farben – oft verwirrt. Karten werden über die Schiffspost hauptsächlich als Grußkarten von Reisen verschickt – handelt es sich um »schwerwiegendere« Nachrichten, wie bei geschäftlichen Angelegenheiten oder auch familiären Proble-

Karte mit einem Marine-Schiffspoststempel
der Nummer 3 (Kanonenboot »Iltis«). Über dem Wertstempel stehen die Worte
»Nur für Marine-Schiffspost«. Solche speziellen Schiffspostkarten
wurden nur an Marineangehörige abgegeben, und zwar zum Vorzugspreis von 5 Pfennig,
obwohl ein 10-Pfennig-Wertstempel eingedruckt ist.

men von einigem Tiefgang, dann benutzen die Absender lieber verschlossene Briefe. Häufig sieht man auf solcher Karte Stempelabschläge mit den Worten »Auf hoher See« und dem Namen des Schiffes. Das sind keine postalischen Stempel, sondern Gesellschaftsstempel der Schiffahrtslinie. Postalisch muß dagegen der Tagesstempel auf der Marke sein. Er kann von einem angelaufenen Hafen(postamt) stammen. Denn bei einer Anlandung geht die Posthoheit an das Hafenland über. Dort wird die Post dem nächstgelegenen örtlichen Postamt übergeben, wo sie einen Paquebot-Stempel (auch mit dem Wortlaut »Navire«) erhält. Paquebot bedeutet »Paketboot«, hat aber hier mit ei-

nem solchen Fahrzeug nichts gemein, auch wenn es mitunter im Stempeltext steht. Vielmehr soll dieser Stempel zeigen, daß die Sendung lediglich unterwegs in einem Hafen abgestempelt ist, wo indessen der Absender selbst keinen Fuß an Land setzte. Nun kann der Empfänger keine falschen Schlußfolgerungen aus dem Tages- oder Ortsstempel ziehen, mit dem die Briefmarke auf der Sendung entwertet wird. In den Schiffsbriefkasten eingeworfene Sendungen können im übrigen mit Marken jenes Landes freigemacht sein, dem das Schiff zugehört, oder auch mit Marken des Hafen- bzw. des Ziellandes.

Unter den Stempeln lassen sich viele Besonderhei-

ten entdecken. Wir nennen hier die deutschen See-
poststempel. Sie enthalten Texte wie »Deutsch-Ame-
rikanische Seepost / Bremen / New York« oder »Deutsche Seepost / Linie Bremen / Cuba«. Eine gesuchte
Gattung stellen die deutschen Marine-Schiffspoststempel dar. Schon am 15. November 1867 war als Ge-
schäftsstelle des Hof-Postamtes Berlin ein Marine-
Postbüro eingerichtet worden. Sein Zweck bestand
darin, den Postdienst zwischen deutschen Kriegs-
schiffen und der Heimat zu sichern. Dies geschah
durch spezielle Kartenschlüsse von und nach Anlege-
häfen der Schiffe, und zwar mit Vermittlung ausländi-
scher Postverwaltungen. Marine-Schiffspoststempel
hingegen gibt es ab 1. Oktober 1895 – vor allem auf
Ansichtskarten begegnet man ihnen häufig. Sie enthalten Nummern, woraus sich – da alles katalogisiert

wurde – die Herkunft der Sendung (das Schiff) bestimmen läßt. Mitunter ist der Schiffsname auch aus
dem handschriftlichen Karteninhalt oder aus der Abbildung der Ansichtskarte zu ersehen. Nicht wenige
Nummern sind nacheinander auf verschiedenen
Schiffen verwendet worden, so daß auch das Datum
berücksichtigt werden muß.

Nun sollen noch jene Postbelege mit erwähnt werden, die in die Antarktis oder von dort befördert werden. Zum Teil dienen dazu Flugzeuge, zum Teil
Schiffe, um die Verbindung zwischen antarktischen
Forschergruppen und deren Heimatländern aufrecht-
zuerhalten. Neben reiner Bedarfspost entstanden
hierbei zahlreiche Sammlersendungen wie bei Luft-
und Schiffspost.

Das gilt auch für Schiffsposten auf Binnengewäs-

Österreichische Frankatur auf einer mit der Bodenseeschiffspost
(Rahmenstempel) beförderten Postkarte

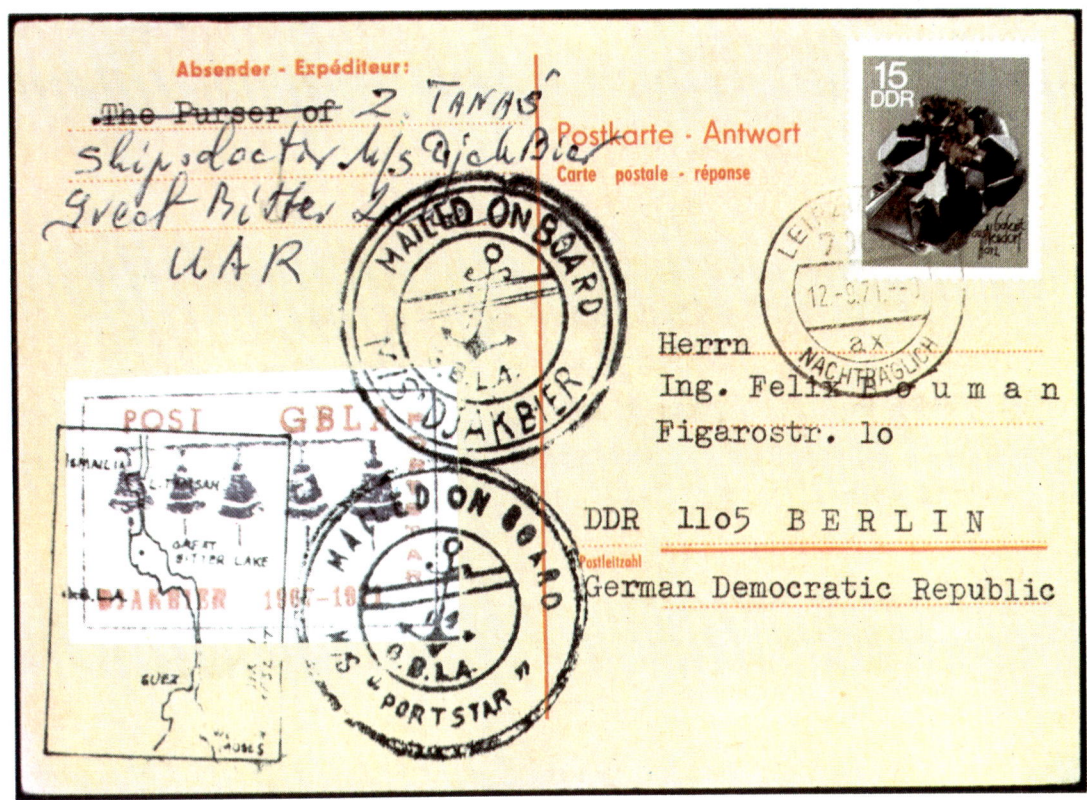

Antwortteil einer Karte mit Rückantwort,
abgesandt von einem Besatzungsmitglied der Gruppe »Djakbier«,
der die beiden polnischen Schiffe MS »Djakarta« und MS »Boleslav Bierut« angehörten.
Links erkennt man eine der beschriebenen Vignetten.

sern, z. B. auf dem Bodensee oder auf dem Vierwaldstätter See. Da diese Gewässer stark frequentierte Urlauberbereiche sind, werden von hier aus zahlreiche Ansichtskarten aufgeliefert, deren Schiffspostbeförderung mit entsprechenden Stempeln nachgewiesen wird. Auf weiteren Schweizer Seen, so auf dem Brienzer See, dem Lago di Lugano oder dem Thuner See, wird zwar auch Post auf Schiffen transportiert, jedoch nicht postalisch bearbeitet.

Eine ebenso originelle wie umstrittene Angelegenheit ist schließlich die sogenannte Bittersee-Schiffspost. Während des Krieges zwischen Ägypten und Israel im Jahre 1967 war der Suezkanal unpassierbar geworden. Ein Schiffskonvoi, der sich auf der Fahrt vom Roten Meer zum Mittelmeer gerade im Großen Bittersee befand (dieser bildet einen Teil des Kanals), konnte seine Fahrt nicht fortsetzen; einige Schiffe mußten sogar dorthin zurückkehren. Zwar wurde das Schiffspersonal ab 1968 weitgehend abgezogen, doch ein kleiner Teil der Besatzung blieb an Bord. Diese wenigen Leute wollten mit der Heimat wenigstens durch Postverkehr in Verbindung bleiben. Zunächst bildeten sie eine »Große-Bittersee-Vereinigung« (Great Bitter Lake Assoziation) mit der Abkürzung

GBLA. Diese Buchstabenfolge taucht auch auf Postsendungen auf, zumal man daranging, allerlei Vignetten herzustellen und damit – neben regulären Postwertzeichen – Postsendungen zu bekleben. Ihre Seriosität zu erkennen und sie von bloßen Machwerken zu unterscheiden erfordert Spezialwissen. Interessant ist die Tatsache, daß sich die 14 Schiffe zu Gruppen zusammenschlossen und daß dabei die merkwürdigsten Namen entstanden. Ein Beispiel: Im Dezember bildete sich aus den beiden britischen Schiffen MS »Agapenor« und MS »Melampus« die Gruppe »Agalampus«. Am 13. Februar stieß zu dieser Gruppe das tschechoslowakische Schiff MS »Lednice«, und fortan hieß die Gruppe »Ledmelaga«.

Mit weiteren derartigen, seltsam anmutenden Wortschöpfungen möchten wir Sie hier verschonen.

Diese Gruppennamen sind zu finden auf Postbelegen unterschiedlichsten Charakters, die mit Booten an Land geschafft und der ägyptischen Post zur Weiterleitung übergeben wurden. Bis endlich die Schiffe – es waren noch 13, da das Dampfschiff »African Glen« aus den USA bei einem israelischen Luftangriff versenkt worden war – am 7. Mai 1975, nach Kriegsende, aus der langen »Haft« frei waren. Manche schafften die Weiterfahrt aus eigener Kraft, einige wurden abgeschleppt und zumeist verschrottet. Ein Kapitel böser Geschichte hatte ebenso ein Ende gefunden wie diese merk- und denkwürdige Post von Schiffen.

Die Rohrpostkarte

In großen Städten, in London ab 1862, Paris ab 1866, Wien ab 1875, Berlin ab 1865 und in zahlreichen anderen, befanden sich ausgedehnte Rohrpostnetze, die inzwischen sämtlich außer Betrieb genommen worden sind (in Berlin am 30. Juni 1976, in Paris am 30. März 1984, exakt um 17 Uhr), zumindestens für den öffentlichen Verkehr, da ihre Unterhaltung zu teuer wurde und die meisten aufgrund ihres Verschleißes hätten erneuert werden müssen. Außerdem schufen die modernen Nachrichtenmittel, wie Fernsprecher, Fernschreiber und Bildtelegraf – Telefax z. B. –, so gute Möglichkeiten einer raschen Nachrichtenübermittlung, daß die Rohrpost überflüssig wurde. In den Gründerjahren bot Rohrpost jedoch besonders für die Geschäftswelt eine unentbehrliche Möglichkeit rascher Korrespondenz und Übermittlung von nicht zu umfangreichen Dokumenten in Briefumschlägen. Für all dies erschienen zahlreiche spezielle Ganzsachen, auch viele Karten. Da sie in eine Büchse eingeschlossen (zusammengerollt) wurden, mußten sie sich leicht biegen lassen, ohne zu knittern. Ihre Wertstempel sind mit besonderen Rohrpoststempeln entwertet, die vielfach auch die Uhrzeit erkennen lassen. Oft erhielten

die Sendungen auch Eingangsstempel. Zugestellt wurden sie wie Telegramme durch besondere Boten. Dieser Zusammenhang kommt besonders deutlich in französischen Rohrpostexemplaren zum Ausdruck, die z. T. sogar die Bezeichnung »Carte-Télégramme« – also Telegrammkarte – aufgedruckt erhielten. Neben den gewöhnlichen Rohrpostkarten gab es, z. B. in Paris, auch Rohrpost-Geldanweisungen als Klappkarten. Rohrpost-Ganzsachen haben oft einen rötlichen Farbton. Besonderheiten sind Rohrpost-Klebezettel, die der Postkunde anbrachte, wenn er nicht die spezielle Rohrpost-Ganzsache benutzte; denn er konnte ja auch eine ganz normale Formular-Postkarte mit Rohrpost befördern lassen. In einigen Ländern wurden sogar Rohrpostmarken geschaffen, z. B. in Italien 1913. Bei den Wertstempeln von Rohrpost-Ganzsachen kommen gelegentlich Muster vor, die es auf Briefmarken nicht gibt. Zwei Berliner Rohrpostkarten aus dem Jahre 1928 konfrontieren uns mit dem seltenen Fall, daß sie zwei verschiedene Wertstempel tragen (Schiller/Bach bzw. Hindenburg 5/50).

Die Tatsache, daß die Rohrpostbüchsen in ihren Fahrrohren durch Druck- oder Saugluft, auf jeden

Rohrpostkarte aus Berlin (1886).
Sowohl die Aufgabe- als auch der Ankunftsstempel lassen in der Datumsangabe
die Uhrzeit erkennen. Stempel mit Zeitangaben von 0 bis 24 Uhr wurden erst 1927 eingeführt;
vorher hieß es 0–12 Uhr V(ormittags) bzw. 0–12 Uhr N(achmittags).

Fall aber pneumatisch bewegt wurden, brachte diesem Dienstzweig in Österreich den Namen »Pneumatische Post« ein, und viele Ganzsachen für die Wiener Rohrpost tragen die Bezeichnung »Correspondenz-Carte zur pneumatischen Expressbeförderung« (1879), und erst später (ab 1904) die schlichtere Version »Rohrpostkarte«. Andere Länder benutzen sprachlich ähnliche Ableitungen, Italien z. B. »Posta Pneumatica« (keine Ganzsachen) sowie Frankreich »tubes pneumatiques« (ab 1879). Nicht so leicht erkennen die meisten Philatelisten aus dem tschechischen Aufdruck »Potrubní poštou«, daß es sich um eine Karte für die Prager Rohrpost handelt (1920). Die Pariser Rohrpostkarten bieten in einigen Ausgaben den Service eingedruckter Pläne an, die die Entwicklung des Netzes darstellen.

Aus der Prüfungsarbeit eines Postlehrlings
Die Tagesstempel aus Metall sind vor Gebrauch in Petroleum
aufzuweichen.

Telegrammkarte (gleich Rohrpostkarte) aus Paris (1907).
Derartige Ganzsachen erschienen im Lauf der Zeit mit unterschiedlichen
farbigen Darstellungen zum Umfang des Pariser Rohrpostnetzes.
Wie aus dem links querstehenden Drucktext hervorgeht,
war der rötlich gekennzeichnete Bereich seit dem 1. 4. 1883
dem Rohrpostverkehr erschlossen.

Die Nachnahmekarte

»Erst die Ware, dann das Geld«, so lautet ein seit langem eingebürgerter Geschäftsgrundsatz. Bei Nachnahmesendungen, bei denen es im Prinzip um die Bezahlung einer Ware geht, verläuft diese Sache mit einem Zwischenschritt: Wenn der Postzusteller oder ein Postler am Ausgabeschalter eine solche Sendung mit einer Warenlieferung geringen Umfangs und Wertes aushändigen soll, muß der Empfänger zuerst das Geld hinlegen, bevor er den Brief, das Päckchen, das Paket oder auch eine Postkarte in Empfang nehmen kann. Hinsichtlich der Postkarten, die keinen gegenständlichen »Inhalt« (als gelieferte Ware, die nun bezahlt

werden soll) enthalten können, handelt es sich vielfach um vorgedruckte Exemplare mit entsprechenden Texten, die von Buchhandlungen oder Verlagen an Einzelbezieher bzw. -besteller von Büchern oder Zeitschriften gesandt werden. Diese Form ist heute selten geworden.

Allerdings geht so manche Nachnahmesendung an den Absender zurück, wenn der Warenempfänger sie wegen Zahlungsunfähigkeit oder -unwilligkeit nicht einlöst. Neben den Klebezetteln zur Kennzeichnung der Nachnahmekarten – die älteren in violett, auch mit der französischen Bezeichnung »Remboursement«, und die heute gültigen dreieckigen rot-weißen Zettel – trägt die Karte eventuell noch weitere mit der Angabe des Rücksende-Sachverhalts, z. B. »Verweigert«.

In Preußen wurde das Nachnahmeverfahren in Ablösung des früheren Postvorschußverfahrens mit Reglement vom 27. Mai 1856 und dann endgültig am 1. Oktober 1878 eingeführt. Hierbei bekommt der Absender sein Geld durch eine von ihm der Auftragssendung beigefügte Postanweisung übermittelt. Das Nachnahmeverfahren hat sich bis in unsere Tage be-

währt, und die Postkarte ist hierfür ebenso zugelassen wie Briefe, Päckchen usw.

Österreichische Post-Nachnahme-Karten (ab 15. Dezember 1871 eingeführt) gelangten als Ganzsachen mit eingedrucktem Wertstempel in den Postverkehr. Sie bestanden aus steifem rosafarbenem Papier. Das alte Österreich-Ungarn hat als Vielvölkerstaat die Post-Nachnahme-Karten je nach den verschiedenen territorialen Sprachgruppen zweisprachig aufgelegt. Außer einer ausschließlich deutschen Fassung gab es noch deutsch-böhmische (tschechische),

Die Nachnahmekarte
trägt einen violetten Klebezettel »Nachnahme / Remboursement«.
Bemerkenswert an der Karte sind der Einschreibnummernzettel
(noch mit rechtsstehendem R) und der grünumrandete Hinweiszettel »Ismeretlen / Inconnu«
(unbekannt, in Ungarisch und Französisch) als Erklärung für die Rücksendung
an den Absender. Der Versuch, eine Zeitungsabonnementsgebühr einzuziehen,
war gescheitert.

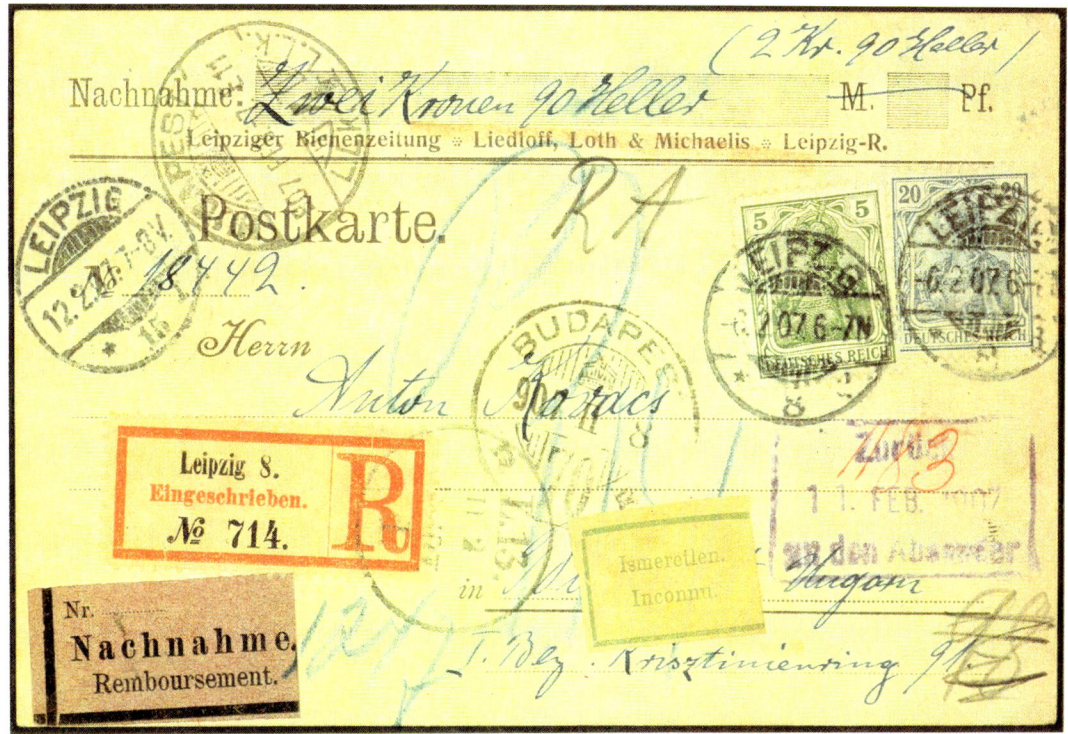

deutsch-italienische, deutsch-polnische, deutsch-ruthenische (mit kyrillischen Schriftzeichen), deutschslowenische und deutsch-illyrische Ausgaben. Diese Karten bestanden indessen ihre Bewährungsprobe nicht; denn zehn Jahre später ersetzte man sie durch Postauftragskarten ohne Wertstempeleindruck (auch in Umschlagform). Hierbei mußte der Gläubiger alle Unterlagen samt Postauftrag in einem verschlossenen Umschlag per Einschreiben an das Postamt übersenden, das den geschuldeten Betrag einziehen sollte. Gelang dies, erhielt er sein Geld per Postanweisung übermittelt. Der Betrag, auf den erstgenannten Karten im Wertstempel genannt, deckte jedoch nur die Grundtaxe. Für je 5 einzuziehende Gulden erhöhte sich die Gebühr um 3 Kreuzer, ab 50 Gulden dann um je 2 Kreuzer, zu entrichten in aufzuklebenden Postwertzeichen. Gebrauchte derartige Belege kann es also

ohne Zusatzfrankatur nicht geben, wobei häufig hochwertige Frankaturen vorkommen.

Ab 1913 entschloß sich die österreichisch-ungarische Post, erneut Postauftragskarten auszugeben, und zwar in Form von Doppelkarten. Sie trugen auf dem Vorderteil mit der Aufschrift »An das K. K. Postamt . . .« eingedruckte Wertstempel. Der Antwortteil diente als Postanweisung, mit der das einziehende Amt den Betrag an den Gläubiger sandte. Dieses Verfahren hielt sich mit einigen geringen Veränderungen bis in die siebziger Jahre, wobei 1946 noch Finanzamts-Postaufträge hinzugekommen waren, die sich durch Eindruck der Auftraggeberanschrift (Finanzämter) von den anderen unterschieden und vom Prinzip her nicht in Sammlerhände gelangen können. Ab 1978 setzten die Behörden dann andere Einzugsverfahren (über Computer) ein.

Der Rückschein

Dieses postkartengleiche Formular dient dazu, dem Absender einer eingeschriebenen Sendung »Mit Rückschein« (franz. Avis de réception, abgekürzt A.R.) die Gewißheit zu verschaffen, daß seine Sendung tatsächlich ihren Empfänger erreicht hat. Zu diesem Zweck wird das Formular mit leicht lösbaren Klebestreifen der Sendung angeheftet. Eine Freimachung des Rückscheins entfällt, da die Gebühr sogleich bei der Sendung mit verrechnet wird. Bevor der Zusteller die Sendung an den Empfänger aushändigt, trennt er den Rückschein ab und läßt ihn als Empfangsbestätigung unterschreiben. Danach gelangt diese Quittung als »Postsache« an den Absender zurück. Der Vermerk »Mit Rückschein« muß entweder handschriftlich oder – wenn es dafür Zettel in dem betreffenden Land gibt – durch einen (meist orangefarbenen) Klebezettel mit schwarzer Schrift auf der Sendung angebracht werden.

Seinen Ursprung hat der Rückschein in einem Verfahren, das zu Anfang des 19. Jahrhunderts (z. B. in

Preußen) üblich war. Hier wurden die Empfangsscheine (Ablieferungsscheine) für Einschreibsendungen, auf denen der Empfänger quittierte, daß er jene Sendung erhalten habe, an die Aufgabepostanstalt zurückgesandt, die sie dem Absender im Austausch gegen dessen Einlieferungsschein zustellte. Das Verfahren wurde dann nach dem Postreglement vom 21. Dezember 1860 im Sinne der heutigen Rückscheine (damals auch Retour-Recepisse genannt) verändert. Die endgültige Regelung brachte die deutsche Postordnung vom 6. November 1892, wobei sich analoge Verfahren in allen anderen Ländern finden und auch der zwischenstaatliche Verkehr nach den Weltpostvereinsverträgen seit dem 1. Januar 1875 so abläuft.

Lehnt der Empfänger die Unterschrift ab, so gilt das als Annahmeverweigerung, und die Sendung wird unzustellbar. Um in wichtigen Fällen eine solche Verweigerung auszuschließen, gibt es (natürlich nur für verschlossene Sendungen) noch die förmliche Zustellung bzw. den Postzustellungsauftrag. Hierfür wird

Rückschein, kombiniert mit einem Auszahlungsschein,
aus der Schweiz. Links und oben erkennt man Reste der Klebestreifen,
mit denen der Rückschein an seiner Sendung befestigt worden war.

eine Zustellungsurkunde – früher Insinuations-Dokument genannt – ausgefertigt, die nach Vollzug durch den Empfänger an den Absender zurückgelangt. Auch bei Unterschriftsverweigerung gilt hier die Sendung juristisch als zugestellt; sie wird auf dem Postamt aufbewahrt (»niedergelegt«).

Die Wurfsendung

Möchte z. B. eine Stadtverwaltung allen Bürgern eine Mitteilung zukommen lassen oder eine Firma in allen Haushaltungen für ihre Erzeugnisse werben, wird man sich der Wurfsendung (Postwurfsendung, Postwurfdrucksache) bedienen. Hierbei sind keine Einzelanschriften nötig, sondern der Zusteller »wirft« in jeden Wohnungs- oder Hausbriefkasten einfach ein Exemplar der Werbesache, der Mitteilung ein. Das ist al-

Probe-Bestellkarte!

$\frac{\text{Ich}}{\text{Wir}}$ möchte...... den Geldeingang verbessern und für 3 Pfg. Porto mahnen, senden Sie deshalb sofort, frei hier, zur Probe

300 Mahnkarten D. R. G. M.

unterteilt in

150 erste Mahnungen, mit höflicher Aufforderung und Konto-Auszug
100 zweite Mahnungen, mit Nachnahmeavis und Konto-Auszug
50 dritte Mahnungen, mit energischer Aufforderung.

mit untenstehendem Firmenaufdruck, frei hier,
ohne Nachnahme, das Hundert zum Preise von **Mk. 2.85**

$\frac{\text{Text mit ich, mir}}{\text{Text mit wir, uns}}$ Nichtzutreffendes bitte durchstreichen.

Der Firmenaufdruck soll lauten: (Bitte deutlich schreiben!)

Name: .... Branche: ....

Ort: .... Straße: ....

Postscheck Amt .... Postscheckkonto Nr. ....

Firmenstempel:

Ich freue mich, Ihnen mitteilen zu können, daß ich schon beim ersten Versuch mit Ihrem Mahnsystem einen ganz überraschenden Erfolg hatte.

Ich ermächtige Sie, mit meiner vollen Namensnennung hiervon Gebrauch zu machen und betone, daß diese ehrliche Anerkennung ohne jedes Zutun Ihrerseits erfolgt.

gez. Dr. Credé-Hoerder

Celle i. H., den 20.6.35
Gr. Plan 15

Wenn man so etwas liest,

An

alle Büros

(Postwurfsendung)

les. Bis in die ersten Jahre nach dem zweiten Weltkrieg räumte diese Sendungsart noch größere Variationsmöglichkeiten ein. Über verschiedenste Verteilerlisten bei der Post – alle Lebensmittelgeschäfte, alle Lehrer, alle Ärzte, alle Rechtsanwälte, alle Drogerien und Apotheken usw., es müssen an die 200 verschiedene gewesen sein – konnten auch bestimmte Zielgruppen mit Werbematerial beglückt werden. Das setzte allerdings einen höchst aufwendigen und mit schier endlosen Korrekturarbeiten beschäftigten Anschriftenerfassungsdienst voraus, damit die Listen wenigstens annähernd stimmten. Heute ist solche Filigranarbeit aus Kostengründen nicht mehr zu verwirklichen. Daher läßt die Post meist nur noch eine einzige Empfängergruppe für Wurfsendungen zu – alle Haushaltungen. Versandt werden auf diese Weise Drucksachen (z. B. als Falt- oder Klapp-Postkarten) oder kleine Warenproben. Die Wurfsendungen ähneln mitunter auf den ersten Blick frankierten Postsendungen, weil sie einen Stempel oder eine Briefmarke eingedruckt tragen – allerdings keine echten Postwertzeichen oder -stempel. Vielmehr handelt es sich hier um grafische Phantasiegebilde, für die die Philatelisten die hübsche Bezeichnung »Geistermarken« erfanden.

Die Werbeantwort

Sie wird – freundliche Geste einer Firma gegenüber dem möglichen Kunden – einem Brief beigelegt, der die Offerte jener Firma schildert und um einen entsprechenden Auftrag wirbt. Dieser soll dann mit der Werbeantwort – einer Postkarte, die entsprechende Aufdrucke enthält – erteilt werden. Sicher geht's in den Anpreisungen nicht um Millionengeschäfte, sondern um einen Handel geringeren Umfangs, meistens mit einem Kleinhändler, oft auch nur mit einem einzelnen Bürger als Abnehmer, dem man z. B. irgendein neues Haushaltsgerät verkaufen möchte. Anstelle der hier behandelten Postkarten-Form sind auch Briefe zulässig, natürlich als Drucksachen.

Unsere Aufmerksamkeit verdienen hier aber vor allem die in der rechten oberen Ecke der Werbeantwort anzubringenden Merkmale; denn Werbeantworten müssen nicht mit Postwertzeichen freigemacht werden; sie dürfen es aber. Vielfach bleiben sie für den Antwortenden gebührenfrei – das Porto zahlt der Empfänger. Dies sagt der Hinweis in der oberen rechten Ecke der Anschriftseite. Um dem Antwortenden für das Aufkleben einer Marke freie Wahl zu lassen, kann man textliche Hinweise wie die folgenden (in der Bundesrepublik Deutschland zugelassen) in das Markenfeld eindrucken lassen:
– »Gebühr zahlt Empfänger« – hier ist alles klar;
– ». . . Pf, falls Briefmarke zur Hand« – hier gibt es schon eine Alternative: Marke oder keine Marke;
– »Bitte mit . . . Pf freimachen«;
– »Bitte mit der Postkartengebühr freimachen«;
– »Bitte freimachen« – jetzt ist der Werbende etwas knauserig.

Postwurfsendung (1935) »An alle Büros«
mit einem Geisterstempel »Verteilt durch / die Deutsche / Reichspost«
als Werbung für vorgedruckte Mahnkarten
(erste Mahnung mit höflicher Aufforderung und Konto-Auszug,
zweite Mahnung mit Nachnahmeavis und Konto-Auszug,
dritte Mahnung mit energischer Aufforderung).
Links eine Käufermeinung zu diesen Karten

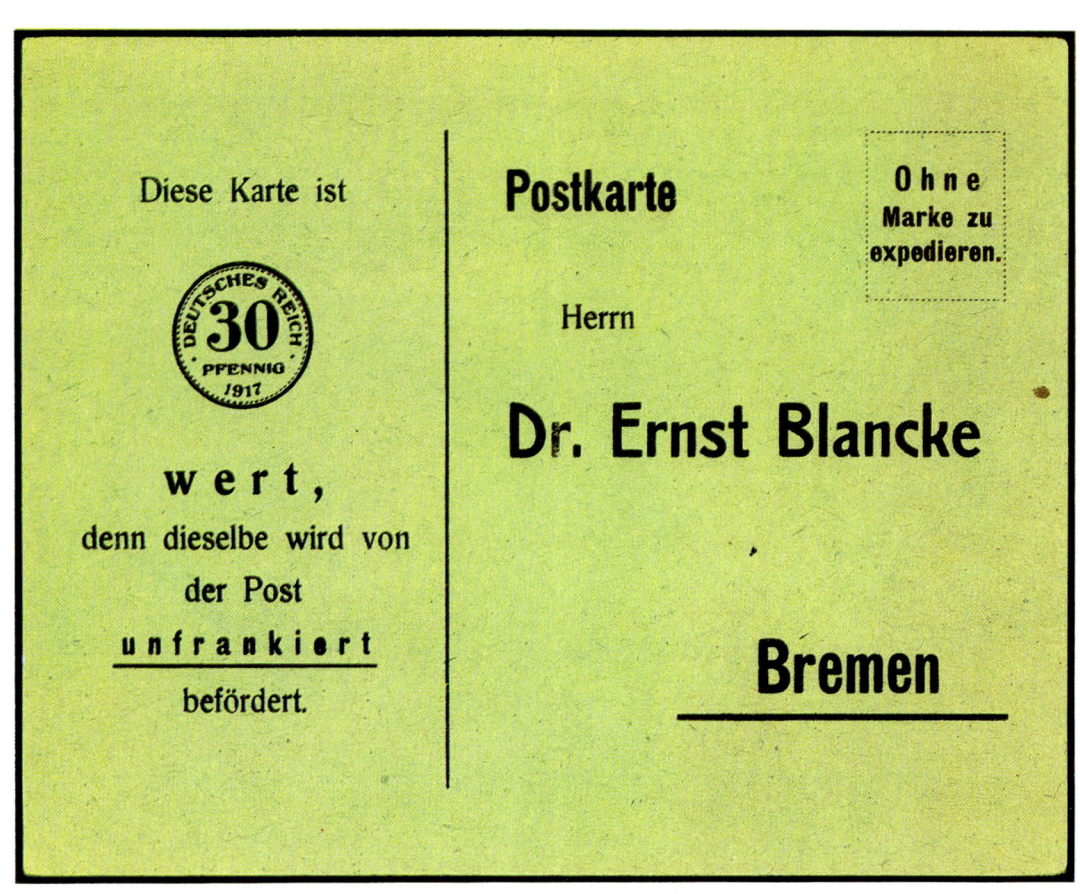

Werbeantwort (Postkarte), die leider keine Jahreszahl erkennen läßt.
Sie müßte aus der Zeit vom 6.5.1920 bis zum 31.3.1921 stammen,
weil damals eine Fernpostkarte 30 Pfennig Gebühr erforderte
(am 1.4.1921 auf 40 Pfennig erhöht).

Denn wenn die Karte freigemacht ist, erspart er sich das Porto und zudem die Kosten für die Werbeantwortgebühr, die er sonst als Entgelt dafür bezahlen muß, daß die Post von ihm das Kartenporto einzuziehen hat.

Werbeantworten gibt es nicht in allen Ländern, z. B. waren solche in der Deutschen Demokratischen Republik nur eine Zeitlang (von 1959 bis 1967) zugelassen.

Den Text im bedruckten Markenfeld können – zuerst wohl 1968 in Schweden – sogenannte Antwortporto-Marken ersetzen. Sie trugen dort die Aufschrift »Svars lösen« und sollten vom Absender der Werbeantwort aufgeklebt werden. Natürlich handelt es sich hier nicht um Briefmarken, sondern um Vignetten, die die Post veranlassen, nicht die übliche Nachgebühr (»Strafporto«) für die unfrankierte Postkarte einzuziehen, sondern eben die niedrigere Einziehungsgebühr für solche Sendungsart. Der genannten schwedischen Marken bediente sich nur die Zeitschrift »Det Bästa«

(»Das Beste«); sie kommen also nur auf deren Antwortkarten vor. Seit 1985 hat sich die Bundespost der Bundesrepublik Deutschland (mit Verfügung Nr. 384 vom 8. Mai) zu einem analogen Verfahren entschlossen, mit dem sie die Anfertigung und Nutzung ähnlicher Ersatzbriefmarken zuläßt.

Die porto- oder gebührenpflichtige Dienstsache

Wenn Behörden einem Bürger etwas mitzuteilen haben, bedienen sie sich häufig schlichter Postkarten. Seit einigen Jahren (in der Deutschen Demokratischen Republik seit 1. August 1959, in der Bundesrepublik Deutschland seit 1. März 1963) übernehmen sie die Postgebühren für solche Sendungen auch dann,

Der Magistrat der Stadt Halle benutzte damals
zum Kennzeichnen gebührenpflichtiger Dienstsachen einen blauen Klebezettel.
Die Sendung konnte 1939 nicht zugestellt werden, da der Empfänger »unbekannt verzogen« war.
Die einfache Nachgebühr (Stempel Nachgebühr 1) wurde nun vom Absender eingezogen.

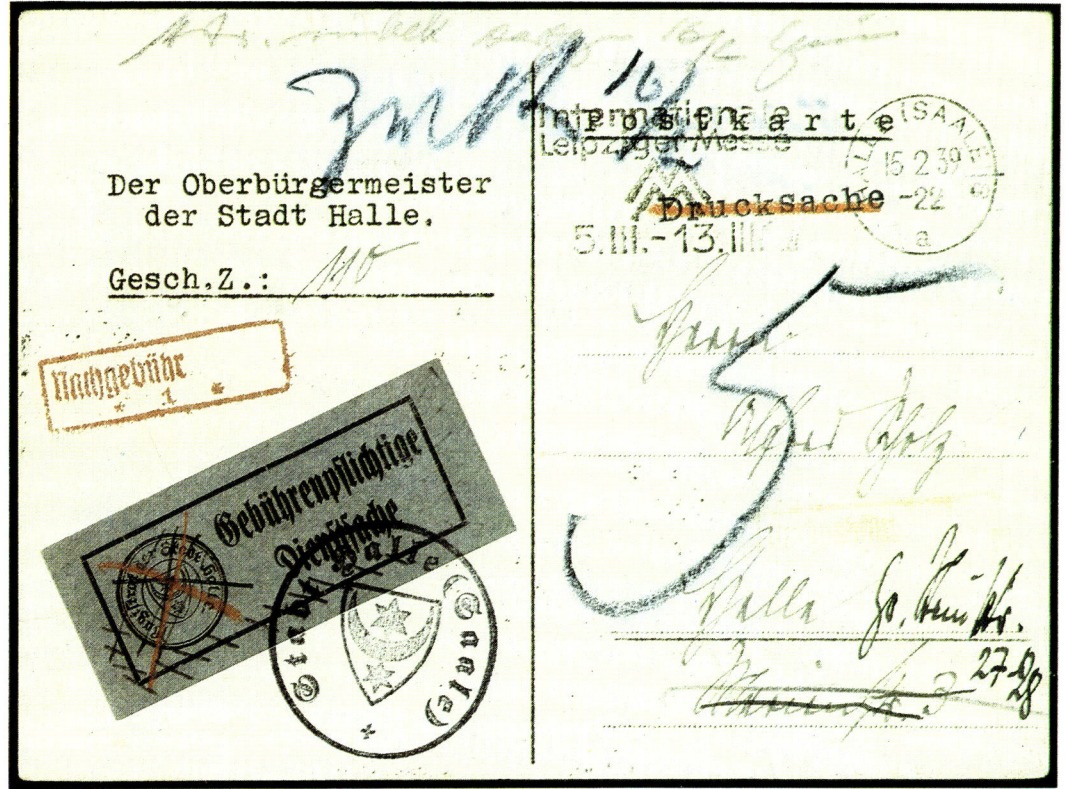

wenn die Angelegenheit – vielleicht eine Antwort auf eine einfache Anfrage – im überwiegenden Interesse des Bürgers liegt. So verfuhren die Behörden jedoch nicht immer. Daher findet man unter älteren derartigen Belegen einige, die einen Stempel, Klebezettel oder handschriftlichen Vermerk »Portopflichtige Dienstsache« bzw. (was dasselbe bedeutet) »Gebührenpflichtige Dienstsache« zeigen. Dazu ist auf die Sendung noch eine Zahl – der Betrag, der vom Empfänger einzuziehen ist – aufgeschrieben, und oft wurde noch ein Nebenstempel »Nachgebühr 0« oder auch »Nachgebühr 1« abgeschlagen. Bekanntlich erhebt die Post, wenn auf eine Sendung zu wenig Porto aufgeklebt wurde oder eine Freimachung ganz fehlt, in der Regel das 1,5fache der fehlenden Summe, im Auslandsverkehr mitunter auch das Doppelte, als Nachgebühr. Nicht so bei der porto- oder gebührenpflichtigen Dienstsache. Hier geht es nur um die einfache Gebühr (Nachgebühr 1) bzw. um keine Nachgebühr (Nachgebühr 0), denn es liegt ja kein Verschulden vor. Porto- oder gebührenpflichtige Dienstsachen wurden in Deutschland 1920 eingeführt. Sie gehören zu den markenlosen Sendungen, finden aber wegen der Stempel dennoch das Interesse der Philatelisten. Mit ihnen und anderen markenlosen Belegen (z.B. Feldpost, Postsache) läßt sich eine »Briefmarken«sammlung zusammenstellen, die nicht eine einzige Briefmarke enthält. Schon aus diesem Grunde möchten viele Briefmarkensammler als Philatelisten angesehen werden. Und sie verweisen auf die Begriffsdeutung: Das aus dem Griechischen abgeleitete Wort bedeutet soviel wie »Freund der Gebührenfreiheit(szeichen)«. Und das müssen durchaus nicht immer nur Briefmarken sein.

Die Portoablösungskarte

Die Problematik um diesen Begriff bildete einen Diskussionsgegenstand auf der Weimarer Nationalversammlung 1919 – ebenso wie die der Portofreiheiten. Ergebnis: Mit beidem wurde im Prinzip Schluß gemacht. Im Laufe des 19. Jahrhunderts wurde begonnen, bestehende Portofreiheiten rapide zurückzunehmen, und der Bundespostverwaltung des Norddeutschen Bundes war mit Gesetz vom 5. Juni 1869 im § 11 gestattet, mit jenen Staatsverwaltungen, die kein Recht auf Portofreiheit mehr besaßen, besondere Verträge zu schließen. Und zwar dergestalt, daß diese Behörden nunmehr ihre Postgebühren pauschal entrichten durften, was sich in Aversionalverträgen (Portoablösungsverträgen) niederschlug. Alle Abkommen fanden dann mit dem Gesetz über die Aufhebung der Gebührenfreiheiten im Post- und Telegraphenverkehr vom 29. April 1920 ihr (längst überfälliges) Ende. An ihre Stelle trat die Freimachung mit Dienstmarken, was sich in Bayern und Württemberg schon lange vorher bewährt hatte. Für amtliche Sendungen – das waren oft Postkarten –, deren Postgebühr der Empfänger schuldete, kamen die porto- bzw. gebührenpflichtigen Dienstsachen auf. Und für alle anderen behördlichen Sendungen entstand anstelle der Aversionalverträge eine neue pauschale Verrechnungsmöglichkeit. In der Zeit der Weimarer Republik schloß die Reichspost dazu einige Portoablösungsverträge ab, und zwar vor allem mit den Reichsbehörden allgemein (vom 1. Oktober 1923 bis 1945 mit dem Vermerk »Frei durch Ablösung Reich«). Zum Ermitteln der zutreffenden Ablösungssummen dienten 1903 in Preußen und 1905 in Baden besondere Zählmarken.

Die alten Aversionalvertrags-Sendungen waren ebenfalls gekennzeichnet, und zwar durch Stempel, Aufdrucke oder weiße bzw. farbige Zettel mit dem Text »Frei laut Avers Nr. . . . .« oder abgekürzt »Fr. lt. A. Nr. . . . .«. Mit Zetteln versehene Sendungen sind besonders gesuchtes Material, wie überhaupt die hier geschilderten Vorgänge bzw. deren postalisch-philatelistische »Kinder« Objekte speziellen sammle-

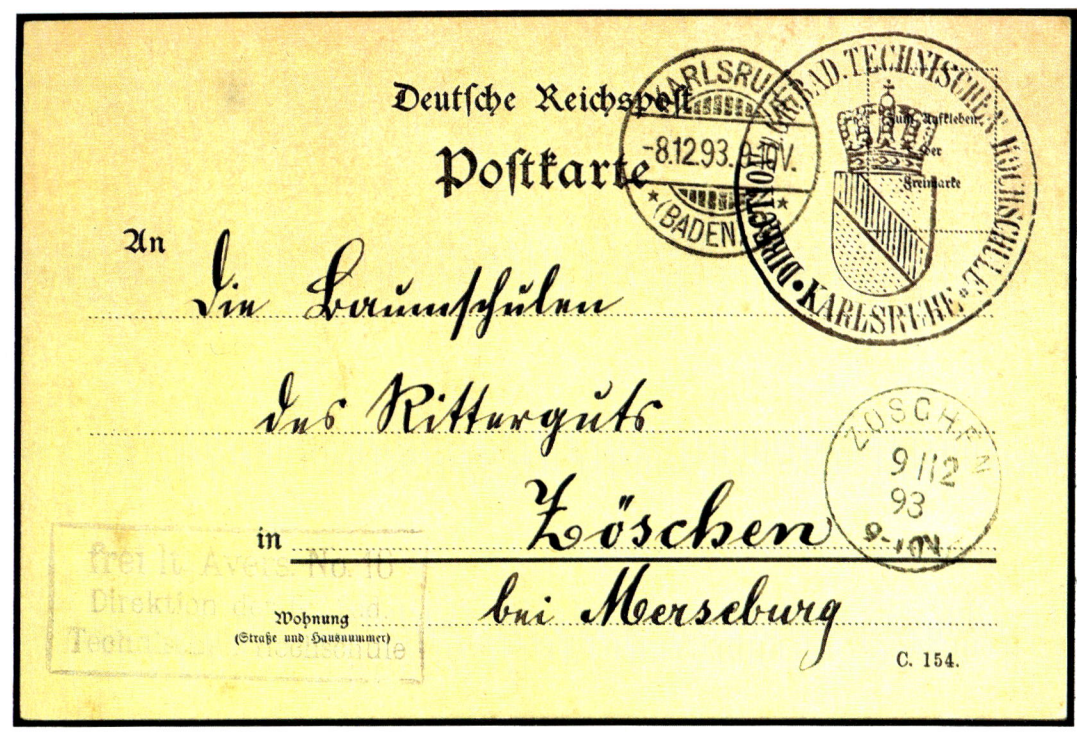

Die Gebühr für diese Dienstpostkarte
der Technischen Hochschule Karlsruhe (1893) wurde pauschal vereinnahmt.
Das weist der Frei-laut-Avers-Stempel unten links aus
(frei lt. Avers No. 16 / Direktion der Gr. [oßherzoglich] Bad. [ischen] / Technischen Hochschule).

rischen Strebens darstellen. Eine solche Kollektion, durch die sich aufschlußreiche Betrachtungen über den deutschen Partikularismus oder über Folgen des ersten Weltkrieges anbieten, läßt sich zeitlich bis 1945 (in Bayern gar bis 1953) ausgestalten. Danach liefen alle Abkommen aus.

Die unzustellbare
Karte

Als unzustellbar gelten Postsendungen – auch viele Postkarten –, wenn sich kein Empfänger ermitteln läßt, wenn Einlösung bzw. Annahme einer Nachnahmekarte oder einer gewöhnlichen Karte verweigert wird. Postlagernde Sendungen unterliegen dem gleichen Schicksal, wenn sie niemand abholt. Und noch ein Grund für Unzustellbarkeit ist einleuchtend: wenn der Zusteller die Wohnung des Empfängers auf gewöhnlichem Wege nicht erreichen kann. In allen diesen Fällen muß die Post die Sendung an den Absender

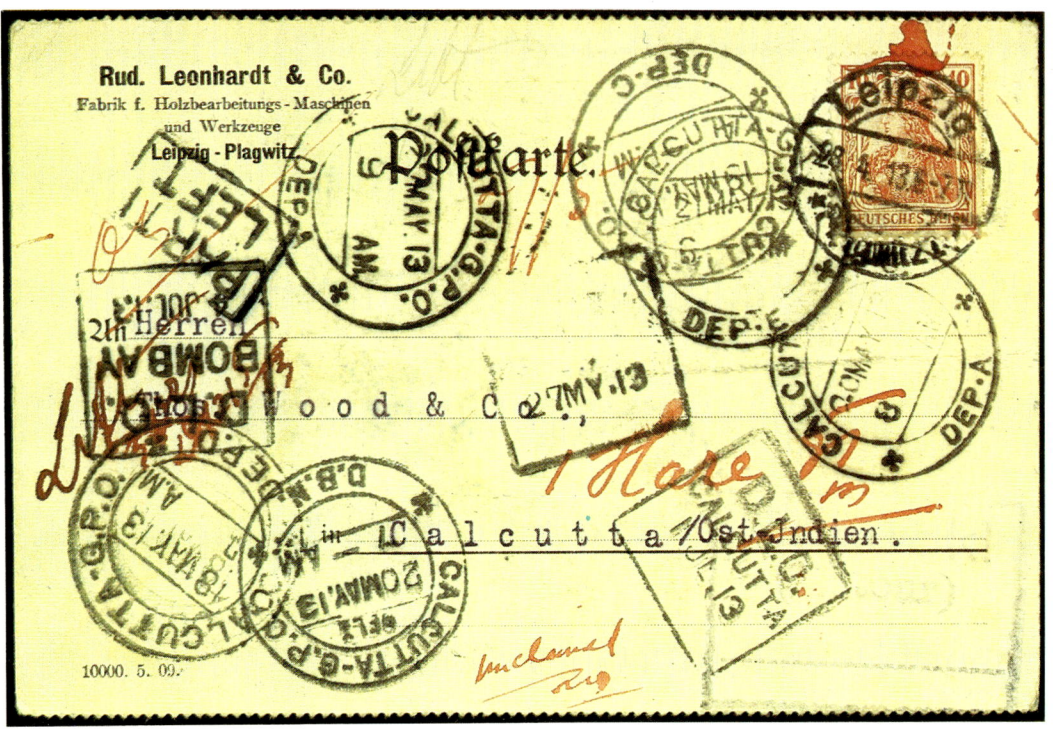

Die Postler von Calcutta (Indien) haben sich vergeblich bemüht,
den Empfänger ausfindig zu machen
(GPO: General Post Office, Hauptpostamt; D.L.O.: Dead letter office,
Nachforschungsstelle; Parti/Left: abgereist).

zurückbefördern. Diese Unzustellbaren haben der Post aller Zeiten viel Ärger bereitet. Fast jedes größere Postamt beschäftigt einen oder gar mehrere Experten, die sich im Ausdeuten unzulänglicher Anschriften schon oft bewährt haben. Es gehört zum Stolz berufsverbundener Postler, möglichst alle Sendungen – auch die »Faulen« – noch an den Mann zu bringen. Häufige Sorgenkinder sind heute:

– falsche Postleitzahlen, wenn es mehrere Orte gleichen Namens gibt (man denke nur an die vielen Arnsdorf, Beiersdorf, Falkenberg, Neustadt oder Neuendorf, die daher alle Zusätze erhielten, was leider nicht immer beachtet wird);

– Verdrehungen von Orts- und Straßennamen (A-Dorfer Straße in B-Stadt);

– Namensverstümmelungen;

– unklare Bezeichnungen (Einbahnstraße 17 oder »gleich neben der Polizeiwache«);

– fehlende Orts- oder Straßenbezeichnungen: Hier läßt sich wohl nur durch Zufall der Empfänger finden, wenn ein erfahrener Postler weiß, daß es eine Henning-Mörder-Straße nur in Stralsund, eine Ohe Chaussee nur in Norderstedt, eine Sudenburger Wuhne nur in Magdeburg, eine Berg-am-Laim-Straße nur in München und eine Milchinsel oder An der Querbreite nur in Leipzig gibt.

Die Gründe für Unzustellbarkeit können aber auch in ganz anderen Bereichen zu suchen sein, wenn Soldaten im Kriege verwundet oder vermißt sind, wenn sie gefallen sind oder in Kriegsgefangenschaft gerieten. Oder es handelt sich um Karten an Bürger, die unbekannt verzogen oder verstorben sind. Im Weltpostverkehr wurden daher Klebezettel eingeführt, die den Grund der Unzustellbarkeit angeben:

Cocher la mention utile (Zutreffenden Vermerk ankreuzen)
Retour (Zurück)
Refusé (Verweigert)
Non reclamé (Nicht abgeholt)

Parti (Unbekannt verzogen; Abgereist; Verreist)
Inconnu (Unbekannt)
Décédé (Verstorben)
Insuffisance d'adresse (Anschrift ungenügend)

Unzustellbare Karten werden durch ihre vielen Stempel und Hinweise häufig recht bemerkenswert. Was dem Postler verhaßt ist, findet umgekehrt den Riesenbeifall jenes Philatelisten, der sich für postbetriebliche Vorgänge interessiert und daher auch weiß, daß man unzustellbare Sendungen, die nicht an den Absender zurückgehen können, weil der beim besten Willen nicht zu ermitteln ist, als »unanbringlich« bezeichnet.

////////////////////////////////

Aus der Prüfungsarbeit eines Postlehrlings
Die Eilzustellung muß sorgfältig vorgenommen werden, sonst würden es sich die Postkunden überlegen, ob sie eine solche Karte mit der Post schicken oder sie nicht lieber gleich selbst hinbringen.

////////////////////////////////

5

DIE AUSSERGEWÖHNLICHEN

Die Geldkarte

Seit jeher gehört es zu den Aufgaben der Post, Geld und Geldeswerte von einem Ort zum anderen zu transportieren. Früher wurden Münzen oder Gold- bzw. Silberbarren vornehmlich in Fässern über Land befördert und oft genug geraubt. Derartige Transporte sind literarisch vielfach beschrieben und verfilmt worden. In eine Geldkarte kann man allerdings nichts »hineinlegen«, doch mit ihr lassen sich Geldbeträge weiterleiten – bargeldlos, versteht sich. Andere Verfahren sind vom Postvorschuß- oder dem weiter vorn behandelten Nachnahmedienst bekannt, desglei-

chen von Postanweisungen, und mit dem Scheckdienst weiteten sie sich dann gewaltig aus. Das erste deutsche Postscheckamt eröffnete 1909 seinen Betrieb, während z. B. Österreich diesen Dienst schon seit 1883 kannte. Um diese Zeit hat es aber auch nicht an noch anderen recht außergewöhnlichen Versuchen gefehlt, wenigstens kleine Beträge in unkomplizierter Weise übermitteln zu können. Mit der in Italien im Jahre 1890 herausgebrachten »Cartolina vaglia« (ital., Geldanweisungskarte) – einer Art Postanweisung – ist das seinerzeit recht gut gelungen. Sie er-

Italienische Geldkarte.
Der Wertstempel oben rechts ist eingedruckt, die beiden Marken unten sind aufgeklebt.

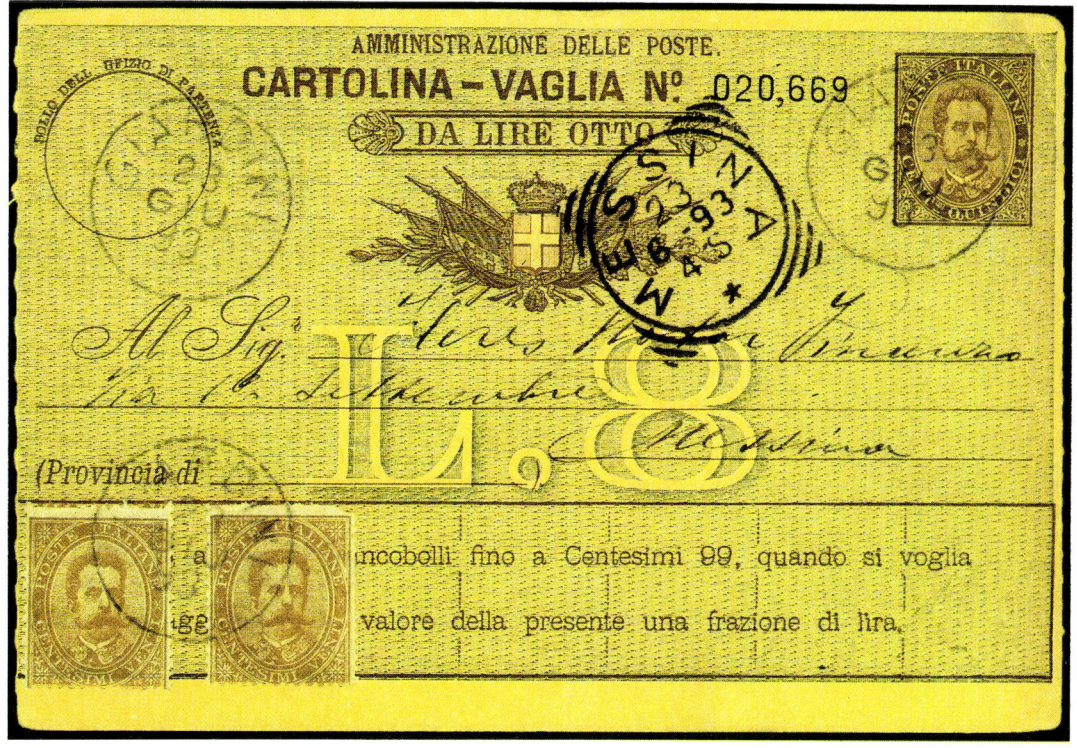

schien zunächst in den Wertstufen zu 1, 2, 3, 5, 10, 15 und 20 Lire. Man kaufte sie zu diesem Betrag plus Porto auf dem Postamt, hatte sie mit der Anschrift des Geldempfängers zu versehen und in den nächsten Briefkasten einzuwerfen. Zuvor trennte man einen rechts an der Geldkarte befindlichen (in unserer Abbildung fehlenden) Quittungsstreifen ab, dem die gleiche Nummer eingedruckt war wie dem Hauptteil. Nur für Beträge unter 1 Lira gab es Karten ohne diesen Quittungsabschnitt. Bei ihnen klebte der Absender die zu übermittelnde Summe in Postwertzeichen auf die Karte; gleiches galt für Teilbeträge, die die genannten vollen Lira-Wertstufen überschritten. Waren also z. B. 5,35 Lire zu zahlen, erwarb der Kunde eine 5-Lire-Karte und klebte noch 35 Centesimi in Marken hinzu. Ging die Karte beim Empfänger ein, ließ er sich den entsprechenden Betrag auf dem Postamt auszahlen. Ein weiterer, diesmal links an der Karte befindlicher – in der abgebildeten gebrauchten Karte logischerweise gleichfalls fehlender – Abschnitt diente als

Empfangsbeleg und wurde vom Empfänger einbehalten, zumal seine Rückseite Mitteilungen des Absenders enthalten durfte. Den Hauptteil der Karte behielt die Post. Hier war auf der Rückseite der Geldempfang zu quittieren. Jenes denkbar einfache Verfahren hat sich jahrelang gut bewährt.

In den Vereinigten Staaten von Amerika startete die Post noch vor der Jahrhundertwende einen ähnlichen Versuch, kleine Geldbeträge auf ganz simple Weise – noch einfacher als durch Postanweisungen (dort damals »post money orders« genannt) – zu übermitteln. Gemeint sind »postal notes«. Man konnte sie auf einem Postamt erwerben, wo der eingezahlte Betrag handschriftlich auf solch einem Vordruck eingetragen wurde. Diesen Beleg – eine Art Karte – sandte man seinem Schuldner in einem Brief zu, der ihn dann auf jenem Postamt, das in der »postal note« ausdrücklich anzugeben war, zur Auszahlung vorlegte. Die Gebühren sollen für Beträge unter 10 Dollar 8 Cent und unter 5 Dollar gar nur 3 Cent betragen haben.

Die Inflationskarte

Wenn wir in die Reihe außergewöhnlicher Postkartenarten auch die Inflationskarte einbeziehen, dann deshalb, weil zum Erkennen ihrer Exklusivität selbst dem Laien ein sekundenschneller Blick genügt; denn viele Exemplare dieser Kategorie – vor allem aus der Zeit einer Hochinflation – zeichnen sich durch eine Anzahl aufgeklebter Marken aus, die weit über das normale Maß hinausgeht. Zwar trägt nicht jede Inflationskarte – ebenso wie nicht jeder derartige Brief – stets und in allen Fällen eine solche Flut an Postwertzeichen, so z. B., wenn für eine neu eingeführte hohe Portostufe auch zeitgleich ein neues Wertzeichen mit entsprechend hohem Nennwert an die Postschalter kam, doch das trifft nur gelegentlich zu. Die während einer Inflation verwendete Karte mußte einfach eine ganze Anzahl an Briefmarken erhalten, damit sie portorichtig frankiert war, was bei Karten wegen der zur Verfü-

gung stehenden kleineren Fläche ungleich mehr Schwierigkeiten bereitete als bei Briefen. Auch Ganzsachen dürften in Zeiten einer Hochinflation fehlen, weil die Gebührenerhöhungen so rasch aufeinanderfolgten, daß der Druck derartiger postalischer Emissionen zu lange gedauert hätte. Eine »Inflationskarte« kann in allen Ländern entstanden sein, die einmal einen bemerkenswerten Währungsverfall zu verzeichnen hatten. Wir möchten uns hier auf die deutsche Inflation von 1920 bis 1923 beschränken und auf die Entwicklung des Postkartenportos während dieser deprimierenden Zeit, da Löhne und Gehälter bereits häufig am Abend des Zahltages für den Kauf von Waren kaum noch ausreichten.

In der nachfolgenden Übersicht ist zwischen dem Ortsverkehr (erstgenannt) und Fernverkehr zu unterscheiden:

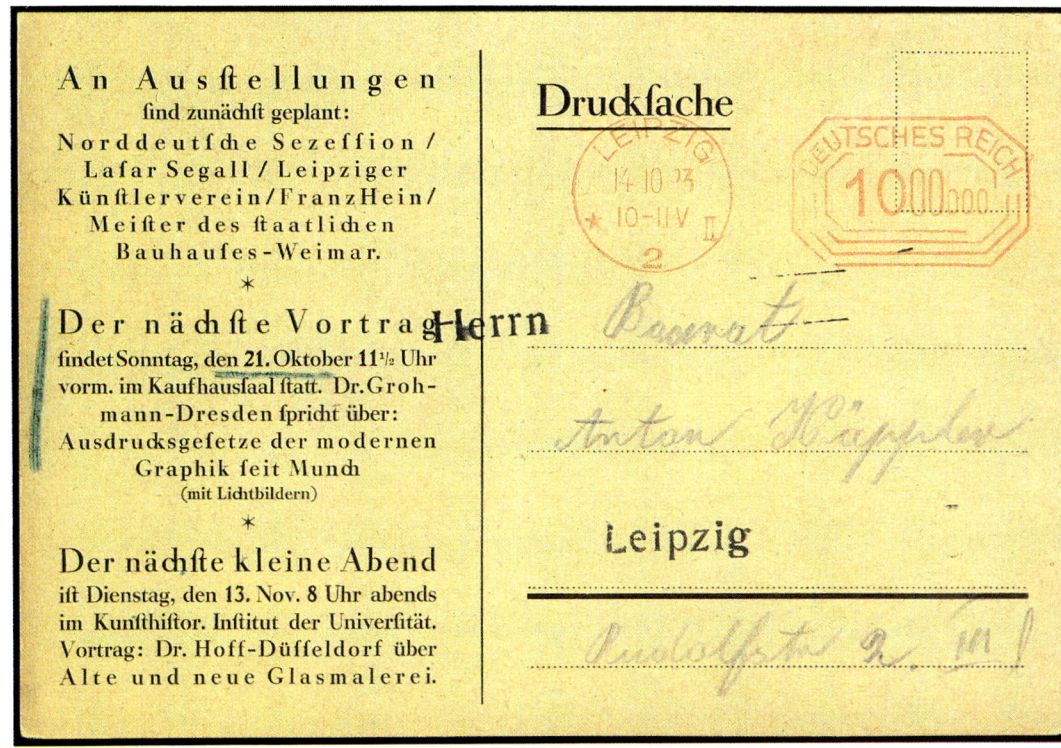

An Ausstellungen
sind zunächst geplant:
Norddeutsche Sezession /
Lasar Segall / Leipziger
Künstlerverein / Franz Hein /
Meister des staatlichen
Bauhauses-Weimar.

∗

Der nächste Vortrag
findet Sonntag, den 21. Oktober 11½ Uhr
vorm. im Kaufhaussaal statt. Dr. Groh-
mann-Dresden spricht über:
Ausdrucksgesetze der modernen
Graphik seit Munch
(mit Lichtbildern)

∗

Der nächste kleine Abend
ist Dienstag, den 13. Nov. 8 Uhr abends
im Kunsthistor. Institut der Universität.
Vortrag: Dr. Hoff-Düsseldorf über
Alte und neue Glasmalerei.

Drucksache

DEUTSCHES REICH
1000000

Herrn Baurat

Anton Kügeler

Leipzig

Rudolfstr. 2 III

Postfreistempel aus der Zeit der deutschen Hochinflation:
im Wertstempel eine 1 mit sechs Nullen (diese in drei unterschiedlichen Formen).
Also betrug das Porto damals 1 Million Mark für eine schlichte Drucksache.

Das Postkartenporto betrug
am 1. Juli 1906: 5 Pfennig für beide Tarifstufen
ab 1. August 1916: $7\frac{1}{2}$ Pfennig für beide Tarifstufen
ab 1. Oktober 1918: $7\frac{1}{2}$ Pfennig und 10 Pfennig
ab 1. Oktober 1919: 10 Pfennig und 15 Pfennig
ab 6. Mai 1920: 30 Pfennig für beide Tarifstufen
ab 1. April 1921: 30 Pfennig und 40 Pfennig
ab 1. Januar 1922: 75 Pfennig und 1,25 Mark
ab 1. Juli: 75 Pfennig und 1,50 Mark
ab 1. Oktober: 1,50 Mark und 3 Mark
ab 15. November: 3 Mark und 6 Mark
ab 15. Dezember: 5 Mark und 15 Mark
ab 15. Januar 1923: 10 Mark und 25 Mark
ab 1. März: 20 Mark und 40 Mark.

In der Zeit vom 1. Januar 1922 bis zum 30. Juni 1923 gab es in Deutschland auch eine besondere Porto-stufe für Ansichtskarten:

ab 1. Januar 1922: 40 Pfennig
ab 1. Juli: 50 Pfennig
ab 1. Oktober: 1 Mark
ab 15. November: 2 Mark
ab 15. Dezember: 5 Mark
ab 15. Januar 1923: 10 Mark
ab 1. März: 20 Mark.

Nach dem 30. Juni 1923 fiel dieser Extratarif wieder weg, und die Postbenutzer hatten auch für Ansichtskarten wieder die gerade gültigen Postkarten- oder

Drucksachengebühren zu entrichten. Doch zurück zur weiteren Entwicklung der Portosätze für Postkarten:

ab 1. Juli 1923: 60 Mark und 120 Mark
ab 1. August: 200 Mark und 400 Mark
ab 24. August: 4000 Mark und 8000 Mark
ab 1. September: 15 000 Mark und 30 000 Mark
ab 20. September: 50 000 Mark und 100 000 Mark
ab 1. Oktober: 400 000 Mark und 800 000 Mark
ab 10. Oktober: 1 Million Mark und 2 Millionen Mark
ab 20. Oktober: 2 Millionen Mark und 4 Millionen Mark
ab 1. November: 20 Millionen Mark und 40 Millionen Mark
ab 5. November: 200 Millionen Mark und 400 Millionen Mark
ab 12. November: 2 Milliarden Mark und 5 Milliarden Mark
ab 20. November: 4 Milliarden Mark und 10 Milliarden Mark
ab 26. November: 16 Milliarden Mark und 40 Milliarden Mark
ab 1. Dezember: 30 Milliarden Mark und 50 Milliarden Mark.

Dann fand endlich die Inflation ihr Ende, und ab 1. Dezember gelangten neue Postwertzeichen in Rentenmark-Währung zum Verkauf. Die Postkartengebühr machte nun 3 bzw. 5 Pfennig aus. Allerdings konnte man die alten Marken zum Satz, der am 1. Dezember gültig war, noch während des ganzen Dezembers aufbrauchen. Solche nachverwendeten Karten (und Briefe) nennt der Philatelist Dezemberkarten (bzw. -briefe). Auch Mischfrankaturen zwischen alten und neuen Marken kommen vor und sind besonders gesucht.

Da in den letzten Novembertagen die Druckereien einerseits mit dem Markendruck nicht mehr Schritt halten konnten und andererseits bereits die neuen Marken in Rentenwährung hergestellt wurden, hat die Post die Marken in den letzten fünf Novembertagen (26. bis 30. November 1923) zum Vierfachen ihres Nennwertes verkauft; auf diese Weise freigemachte Sendungen klassifiziert der Philatelist als Novemberfrankaturen bzw. Novemberbriefe und -karten. Anstelle von Marken findet man auch Postfreistempel auf Karten und Briefen, wobei hier öfters eigentümliche Zahlenformen zu beobachten sind, die jenen an sich so nüchternen Stempeln einen unbestreitbaren Reiz verleihen.

Die Reklamekarte

Reklame – Warenwerbung, hier durch die Post, und zwar durch Postkarten! Zwei Arten lassen sich grundsätzlich dabei unterscheiden: einmal Karten (in gleicher Weise auch Briefumschläge, Faltbriefe und Kartenbriefe), die eine ganze Anzahl verschiedener Reklametexte und -bildchen von mehreren Auftraggebern zeigen, und Karten, die auf der linken Hälfte der Anschriftseite in Form einer Bildpostkarte für eine einzige Sache Reklame machen.

Von der erstgenannten Sorte kamen – im Gegensatz zur Flut an Reklame- oder Anzeigen-Briefumschlägen, -Faltbriefen oder -Kartenbriefen, die vor dem er-

sten Weltkrieg in Umlauf waren – nur ganz wenige Stücke in den Verkehr. So ist eine Anzeigenpostkarte bekannt, die auf der Anschriftseite eine Werbung enthält und auf der Rückseite für acht Firmen wirbt. Andere Karten tragen seitliche Reklame-Anhängsel. Vertrieben wurden solche graphischen Erzeugnisse von Firmen, die Anzeigenaufträge einholten, die Karten (amtliche Ganzsachen der Post oder Kundenganzsachen) damit bedruckten und diese dann an die Anzeigenauftraggeber oft sogar *unter* Postpreis verkauften – ihr Gewinn lag in der Anzeigengebühr.

Kartengemäßer ist wohl die zweite, Bildpostkarten

ähnelnde Art von Reklamekarten. Ihre Gestaltung wird z.B. durch die Publibel-Karte aus Belgien deutlich. Deren Herausgeber ist die »Agence *Belge* de *Publicité*«. Sie läßt solche Stücke mit verschiedensten Werbungen in Bogen drucken. Danach bringt sie die Druckbogen in das postamtliche Atelier du Timbre in Mecheln, wo die Publibel-Karten den Wertstempel (Postwertzeichen) eingedruckt bekommen. Da Belgien ein zweisprachiges Land ist, erscheint die Beschriftung entweder in Französisch (Carte Postale) oder in Niederländisch (Postkaart) oder auch in beiden Sprachen.

Ganze Serien von Werbekarten gab die sowjetische Post in den dreißiger Jahren heraus, der Wirtschafts-werbung wie politischen Anliegen gewidmet, z.B. für internationale Hilfsorganisationen, vor allem für die MOPR (Rote Hilfe), wobei die Texte oft originell illustriert sind. Für den Philatelisten eröffnen solche Darstellungen willkommene zusätzliche Möglichkeiten bei der Interpretation bestimmter Themengruppen, aus denen sich zahlreiche kulturelle und politische, sportliche und historische Fakten und Meinungen herauslesen lassen; sie bereichern das philatelistische Sammelgut beträchtlich. Als Herausgeber der Reklamebelege fungieren zumeist nicht die Postministerien selbst, sondern mit ihnen liierte Betriebe, die man global als »Postreklame-Gesellschaften« bezeichnen kann.

Belgische Publibel-Karte (1939) – eine Hut-Reklame
(der Vermerk Publibel ist ganz unten links zu erkennen)

Sowjetische Reklamepostkarte (1932) für die Automobilindustrie

---

Die Funklotteriekarte

In den Jahren 1949 bis 1959, als die Folgen des zweiten Weltkrieges in verstärktem Maße beseitigt wurden, veranstaltete eine Deutsche Hilfsgemeinschaft in der Bundesrepublik Deutschland eine Funklotterie, und die Bundespost verkaufte an ihren Schaltern Funklotteriekarten. Der Preis betrug zunächst 70, dann 65 Pfennig. Unter Abzug ihrer Unkosten leitete die Post anfangs 50, später 55 und seit 1952 dann wieder 50 Pfennig an die genannte Hilfsgemeinschaft weiter. Fachphilatelistisch sind diese Funklotterie-Postkarten

recht außergewöhnliche Kundenganzsachen, die nacheinander verschiedene Wertstempel (Bauten, Ziffern, Bundespräsident Heuß) und auf der Vorderseite eine breite farbige Umrandung erhielten. Bestände der Karten, die nach herabgesetzten Preisen noch vorrätig waren, wurden meist ohne Veränderungen zum neuen Preis abgegeben. Viele Belege zeigen handgestempelte oder -geschriebene neue Preise.

Bei der Deutschen Post der Deutschen Demokratischen Republik kamen 1952 Karten mit dem Adresseneindruck »Aufbau-Lotterie im Funk« zum Verkauf. Ihr Preis betrug 65 Pfennig. Die Belege erhielten den Wertstempel Präsident Wilhelm Pieck und links einen bildlichen Zudruck, der das Anliegen der Aufbau-Lotterie erkennen ließ: Mittel für Neubauten in der (heutigen) Karl-Marx-Allee zu beschaffen.

Aus der Deutschen Demokratischen Republik sind noch weitere Belege im Zusammenhang mit Rundfunk und Lotterie bekannt. Hier ließen sich auch jene Belege von 1972/73 mit einreihen, die anläßlich eines Preisausschreibens der DDR-Jugendzeitung »Junge Welt« in Verbindung mit Jugendradio DT 64 zu den X. Weltfestspielen der Jugend und Studenten entstanden. Die »Karten« bestanden allerdings oft nur aus Zeitungspapier, d.h., die Vordrucke waren zum Ge-

brauch aus Presseerzeugnissen auszuschneiden. Ebenso wie bei den genannten anderen Funklotteriekarten mußte man auf der Rückseite Fragen durch Ankreuzen beantworten. Als »Frankatur« dienten Spendenmarken, die es in den Farben Orange und Violett gab. Ein Teilbetrag wurde als Beförderungsgebühr an die Post abgeführt. Die spätere Ausgabe ist von der Post der DDR ohne Gebühr befördert worden. In manchen Ämtern erhielten diese Vignetten wie Briefmarken vorschriftswidrig den Tagesstempel. Die Tipscheine sind nach Auswertung an Philatelisten abgegeben worden und fanden so in den Sammlungen (und auch Kataloge) Aufnahme, während die vorher genannten Aufbau-Lotterie-Ganzsachen gebraucht nicht in Sammlerhände gelangen konnten.

Funklotteriekarte aus dem Jahre 1953 (Ganzsache mit Zusatzfrankatur zu 5 Pfennig)

»Good evening, dear old man!« (GE DR OM). So könnte ein Gespräch beginnen, das Kurzwellen-Funkamateure über Hunderte, ja Tausende von Kilometern hinweg drahtlos miteinander führen. Auch Satelliten dienen bereits dem Amateurfunk. Alles wird von der internationalen Amateurradiounion (IARU) koordiniert. Ein QSO (Gespräch) wird unter anderem mit Q-Gruppen, von denen jede ihre internationale Bedeutung besitzt, abgewickelt. QRA z. B. bedeutet »Wie ist der Name Ihrer Funkstelle?«. Handelt es sich nicht um Morsefunk, sondern um Sprechfunk, werden die Buchstaben einzeln ausgesprochen, und an Stelle des Fragezeichens steht ein RQ als Symbol für die Anfrage. Yes für ja sowie no für nein sind gleichfalls gebräuchlich.

Nach der Ankündigung QSO folgt das Rufzeichen, das jeder Funkamateur von seiner Landesorganisation zugeteilt erhält und das demzufolge auch nur einmal existiert. Sich selbst bezeichnen die Amateurfunker als DXer – DX ist abgeleitet von »distant ex-

QSL-Karte aus der Tschechoslowakei

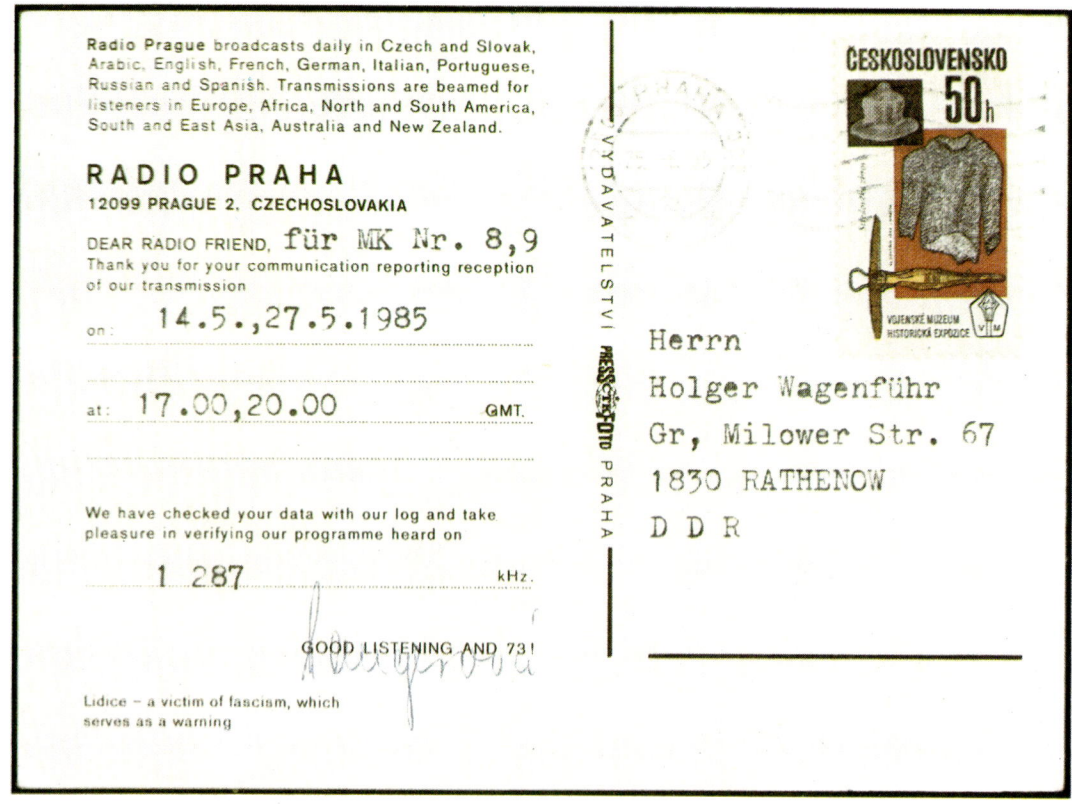

change« (Weit-Austausch). Von ihnen gibt es entsprechend ihren Betätigungsbereichen zwei Gruppen. Die einen DXer besitzen eine Amateurfunklizenz und sind berechtigt, nicht nur fremde Sendungen dieser Art zu empfangen, sondern vor allem auch zu senden. In ihrer »Funkerbude« stehen meist umfangreiche Apparaturen – Sender, Empfänger oder Kombinationen beider (Transceiver) – mit den zugehörigen Meßgeräten; denn auf die Einhaltung der zugewiesenen Sendefrequenzen muß genau geachtet werden, damit die ohnehin schon überlasteten Frequenzbänder nicht durch »Wellensalat« für einen erbaulichen Funkverkehr unbrauchbar werden. Gelingt es einem DXer, mit einem fernen Funkamateurfreund eine Verbindung herzustellen und abzuwickeln, dann senden sich beide als schriftliche Bestätigung über ihren Verkehr QSL-Karten (QSL: Ich gebe Ihnen Empfangsbestätigung) zu – bunte, nett und individuell gestaltete Belege, die als markantestes Merkmal das Rufzeichen ihres Absenders erkennen lassen. Sollte der Funker außerdem noch Philatelist und daher doppelter Hobby-Genießer sein, wird ihn von einer Karte aus einem fremden Land auch die Anschriftseite beglücken. Den Funker interessieren natürlich in erster Linie die technischen und betrieblichen Angaben, z. B. die folgenden:

– Lautstärke (Signal strength): QSA von 5 (ausgezeichnet) bis 1 (kaum hörbar);
– Interferenz (Störung durch andere Stationen, interference): QRM von 5 (keine) bis 1 (sehr starke);
– Geräusch (Noise); QRN von 5 (keine) bis 1 (sehr starke);
– Schwund (Fading, Propagation disturbance): QSB von 5 (keiner) bis 1 (sehr starker);
– Gesamtbewertung (Overall merit): QRK von 5 (ausgezeichnet) bis 1 (unbrauchbar).

Gleiches gilt für DXer, die keine Sendelizenz – überhaupt keine besondere Zulassung – benötigen, weil ihr Sport oder Spaß darin besteht, ferne Sender aller Wellenbereiche »nur« zu empfangen, diese Tatsache dem von ihnen definierten Sender schriftlich mitzuteilen und von diesem eine Bestätigung zu erhoffen. Meist erhält der Einsender als freundliche Geste der fernen Station eine QSL-Karte allgemeiner Art oder ein anderes Souvenir.

Die Privatpostkarte

Als die heutigen Großstädte noch in ihren Kinderschuhen steckten und das bebaute Territorium nur geringe Außmaße besaß, bedeutete es für die Einwohner keinen großen Aufwand, eine Nachricht zu überbringen. Noch im Postgesetz des Deutschen Reiches vom 28. Oktober 1871 ist daher die innerstädtische Postbeförderung durch die Post nicht zwingend vorgeschrieben. Als sich jedoch mit der wirtschaftlichen Entwicklung in den Gründerjahren die Städte vergrößerten und der Postverkehr ihrer schier explodierenden Bevölkerungsanzahl wesentlich stieg, entdeckten findige Privatunternehmer eine Marktlücke: Angesichts der wachsenden Anzahl der Postkunden in städtischen Bereichen ließe sich – so meinten sie – der Postdienst für diese Kreise doch billiger abwickeln als bei der Reichspost. Und so sprangen in etwa 165 Städten Deutschlands tatsächlich Privatposten in die Bresche, und zwar zu niedrigeren Tarifen als die staatliche Post. In manchen Städten betätigten sich sogar mehrere dieser Anstalten. Aus heutiger Sicht eingeschätzt: Trotz aller Tarif-Unterbietung überwiegen aus dieser Zeit bei weitem die durch die Reichspost beförderten Sendungen.

Die Privatposten emittierten Marken, Ganzsachen, auch Postkarten; auf den Marken erschienen bislang ungebräuchliche Motive, z. B. Landschaften, Gebäude oder andere Darstellungen als die staatlichen Allegorien oder Herrscherköpfe, und z. T. recht at-

Bedarfsmäßig verwendete Gedenkkarte,
die von der privaten Dresdner Verkehrsanstalt »Hansa« anläßlich des »Sedantags« 1895 ausgegeben wurde.
(Am »Sedantag« wurde der im Deutsch-Französischen Krieg 1870/71
von den deutschen Truppen siegreich beendeten Schlacht
von Sedan am 2.9.1870 gedacht.)

traktiv gestaltete Postkarten. Unter ihnen befanden sich besonders viele mit patriotischen Darstellungen, z.B. im Gedenken an die Ereignisse des Deutsch-Französischen Krieges 1870/71 oder die Befreiungskriege 1812/13 (Völkerschlacht, Theodor Körner). Auch die diversen Jubiläen damaliger Landesherren wurden gebührend »verewigt« – alles in allem Produkte, wie man sie bei der staatlichen Post nicht kaufen konnte. Die Karten fanden willige Abnehmer, zumal in den neunziger Jahren das Sammeln von Ansichtskarten – besonders mit Bildern aus den Herrscherfamilien – beliebt war und die Privatpostkarten

ähnlichen Genres die Sammlungen trefflich ergänzten.

Obgleich die Sammler in der Fülle an derlei Emissionen einen Angriff auf ihren Geldbeutel witterten, arbeiteten doch die meisten Unternehmen – zu ihrer Ehre sei's gesagt – ehrlich und bildeten sogar mehr und mehr eine harte Konkurrenz zur Reichspost, die sie dann folgerichtig am 31. März 1900 kurzerhand verbot. Insgesamt mußte die Reichspost eine Abfindung von 7,5 Millionen Goldmark zahlen, von denen die Berliner Packetfahrt allein ein Drittel erhielt. Auch ermäßigte die Reichspost den Ortstarif, und die erste deutsche 2-Pfennig-Marke sowie eine 2-Pfennig-Post-karte (Ganzsache) erschienen. Ab 1. Juli 1906 stieg freilich das Postkartenporto wieder auf 5 Pfennig an.

Nach dieser gestrafften Schilderung des Entstehens privater Postbeförderungsanstalten, ihres Wirkens und schließlich ihrer Götterdämmerung bleibt noch die Aufgabe, jener wehmütig-rührseligen Ansichtskar-ten, Abschiedskarten genannt, zu gedenken, die mit dem Ende der Privat»posten« herauskamen. Da das Privatpoststerben für viele Postbenutzer in den gro-ßen Städten einige Mehrausgaben mit sich brachte, herrschte bei diesen Leuten verständlicher Unwille,

um nicht zu sagen Trauer. Das nutzte so mancher Pri-vatpostinhaber zu einem letzten Coup: Sie präsentier-ten Abschiedskarten mit schwarzumflortem einge-drucktem Wertstempel, andere zeigten im Bild eine trauernde Witwe neben einem mit gesenktem Schweif danebenstehenden Löwen, dem Wappentier der An-stalt. In einem erklärenden Text, der die stets lautere Gesinnung der gewesenen Privatpostbesitzer betonen sollte, hieß es z. B.: »Der größte Theil des Ueberschus-ses aus diesen Karten soll den Boten der Hammonia zu Gute kommen.« (Hammonia war der Name einer Braunschweiger Privatpostanstalt.)

Scherzganzsache der »Kölner Funkenpost« von 1897 mit »Wert«stempel ohne Wertangabe,
für den rheinischen Fasching präsentiert vom »Privatbriefverkehr«,
einer Privat(post)anstalt im Besitz der Herren August Kirchhoffer
und Heinrich Schneider, Köln

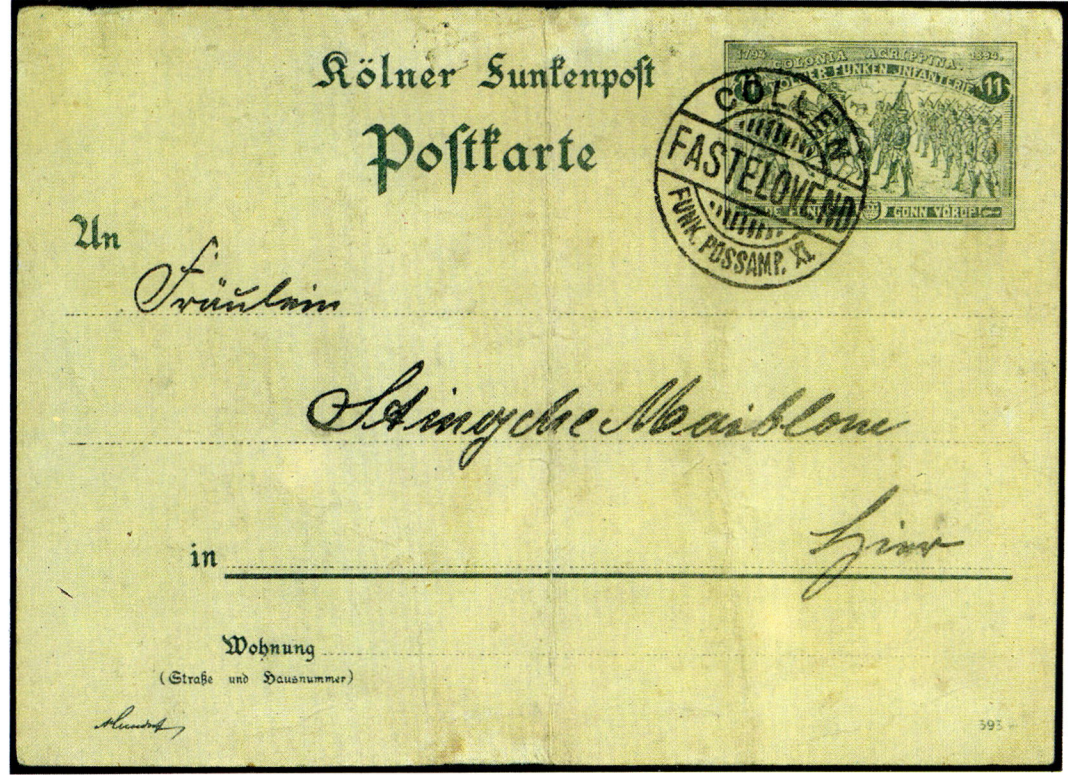

Abschiedskarte
der Leipziger Privat(post)anstalt »Lipsia«.
Rechts erkennt man das Alte Rathaus
auf dem Leipziger Marktplatz.

Die Eisenbahndienstkarte

Die staatlichen und auch die privaten Eisenbahngesellschaften aller Länder sind in sich geschlossene Verkehrsbetriebe und somit berechtigt, innerhalb ihres Bereiches Nachrichten auszutauschen. Dabei verletzen sie nicht das Postregal, das alleinige Recht der Post, Nachrichten zwischen verschiedenen Orten zu befördern. In deutschen Landen werden derartige Sendungen als Eisenbahndienstsachen (EDS) bezeichnet. Sie zählen nicht zum philatelistischen Sammelgut, wer aber heimatgeschichtliche Objekte pflegt, wird sicher nicht eines allzu groben Verstoßes gegen die Regeln bezichtigt, wenn er in knappem Umfang den örtlichen EDS ein klein wenig Raum gewährt – vielleicht im gleichen Maße wie den Ausgaben von Privatbeförderungsanstalten aus der Zeit bis zur Jahrhundertwende.

Eisenbahndienstkarte.
Der Berechtigungsstreifen (links) wurde mit einem
dreieckigen Stempel entwertet.

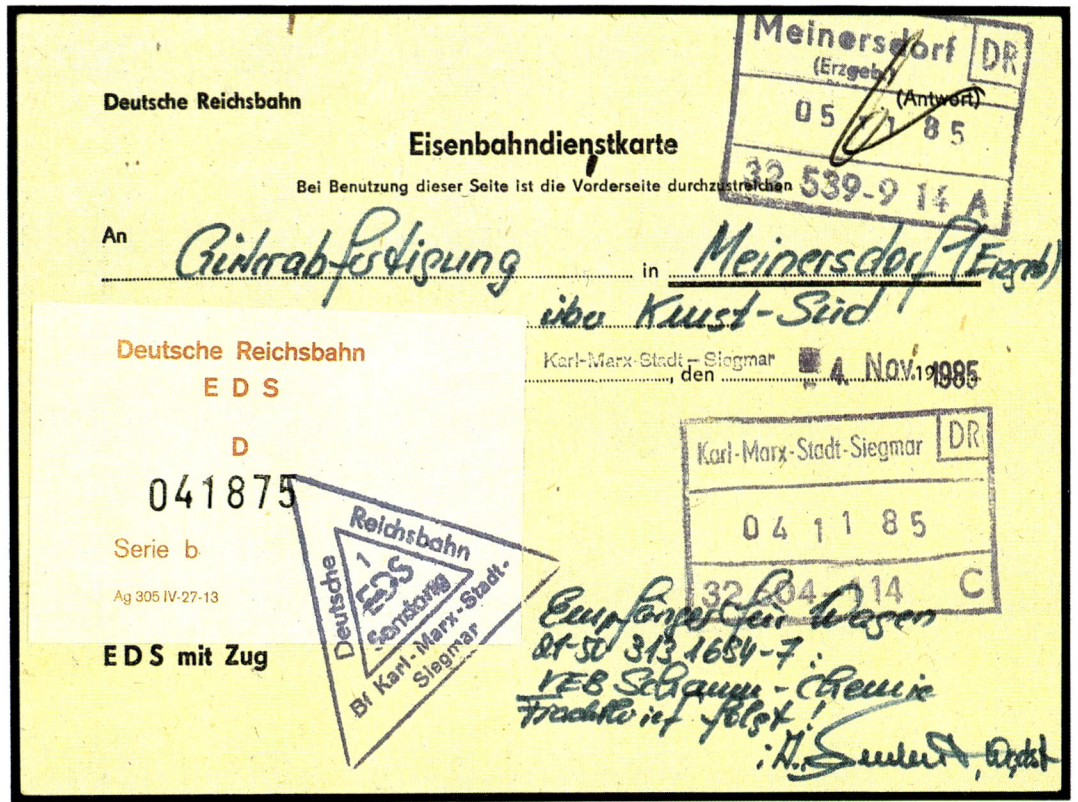

EDS, im wesentlichen Briefe, die dienstliches Schriftgut enthalten, werden nicht zugeklebt, sondern mit EDS-Berechtigungsmarken bzw. EDS-Berechtigungsstreifen verschlossen. Deren Bestände sind wie Briefmarken nachzuweisen und erhalten meist dreieckige EDS-Stempel.

Eisenbahndienstkarten werden im Eisenbahndienstverkehr relativ selten verwendet, meist nur für kurze Mitteilungen zu einem konkreten Sachverhalt. Auch hier wird eine Berechtigungsmarke aufgeklebt (wie eine Briefmarke) und gestempelt. Die EDS-Karte ist zweiseitig verwendbar – die eine Seite für die Anfrage, die andere für die Antwort. Da bei ihr nichts »geöffnet« wird, wie beim Briefumschlag, wobei die genannten Verschlußmarken zerreißen, bleibt die auf-

geklebte Marke bzw. der Berechtigungsstreifen unverletzt erhalten, durchaus eine Besonderheit.

Eisenbahndienstsachen (-karten) sind auch im zwischenstaatlichen Verkehr möglich. Fremde Bahnverwaltungen benutzen sie gleichfalls, darunter spezielle Postkarten, wie die Schweizerische Bundesbahn (SBB). Ihre Dienstpostkarten werden verwendet, um dem Empfänger den Eingang von Expreß- und anderem Bahngut bekanntzumachen und sie aufzufordern, die Stücke abzuholen. Gleiches gilt für belgische Eisenbahn-Paket-Empfangsbestätigungskarten von 1897 bzw. 1920. »Eisenbahnkarten« im weiteren Sinne sind ferner die z. B. von den »Danske Statsbaner«, den dänischen Staatsbahnen, bei der Post bezogenen, eigens gedruckten Kundenganzsachen.

Die Feldpostkarte

Bedrückend groß ist die Fülle an Belegen aus Kriegszeiten, von denen die Menschheit wünscht, daß sie nie wiederkehren. Schon auf den ersten Seiten dieses Buches waren wir genötigt, über diese Form der Nachrichtenübermittlung zu berichten, weil die 1869 gerade erst eingeführten Correspondenzkarten fast sogleich auch als Feldpost-Correspondenzkarten dienen mußten. Für den Schriftverkehr zwischen militärischen Dienststellen und Truppenteilen eigneten sich dagegen seit jeher wohl nur verschlossene Briefe – aber auch deren Zahl ist Legion, in vielen Exemplaren bis heute bewahrt von Sammlern zahlreicher Länder.

Feldpostkarten bekamen nicht selten – wie schon bei den ersten Correspondenzkarten demonstriert – variantenreiche Truppenschemata sowie bunte Embleme, vor allem Fahnen und Wappen, aufgedruckt. Das größte sammlerische Interesse aber beanspruchen die so formenreichen Feldpoststempel. Diese sowie die meist in violetter Farbe angebrachten Truppenstempel (Gummistempel) enthielten im ersten Weltkrieg bis 1917 noch militärische Bezeichnungen, was danach aus Geheimhaltungsgründen unterblei-

ben mußte, und die Stempel nurmehr die Feldpostnummern nannten. Auch alle anderen Stempel, aus denen sich Standorte, Stärke oder Bewaffnungsarten militärischer Einheiten erkennen ließen, fielen nun weg. So war es auch nicht mehr möglich, anhand dieser postalischen Zeugen Rückschlüsse auf die Entwicklung der Kriegsmaschinerie zu ziehen, wie dies aus Bezeichnungen von Flieger- oder Ballonabteilungen, Kraftfahrtruppen oder Licht- und Schallmeßtruppen bis zu einem gewissen Grade gelang. Schauder kann einen Feldpoststempelsammler ergreifen, wenn er beispielsweise die Bezeichnung »Gräberoffizier« liest. Dieser Mann hatte sich um die Registrierung der Grabstätten Gefallener zu kümmern.

Auch die zahllosen Zensurstempel finden lebhaftes Sammlerinteresse. Obwohl Postkarten offene Sendungen sind, blieb es doch nicht ausgeschlossen, daß militärisch Geheimzuhaltendes herauszulesen war. So durchforsteten Zensoren gelegentlich auch diese Sendungen. Die Anzahl der Zensurstellen ging während der zwei Weltkriege in die Hunderte; sie sind von forschenden Philatelisten an Hand der Stempelfor-

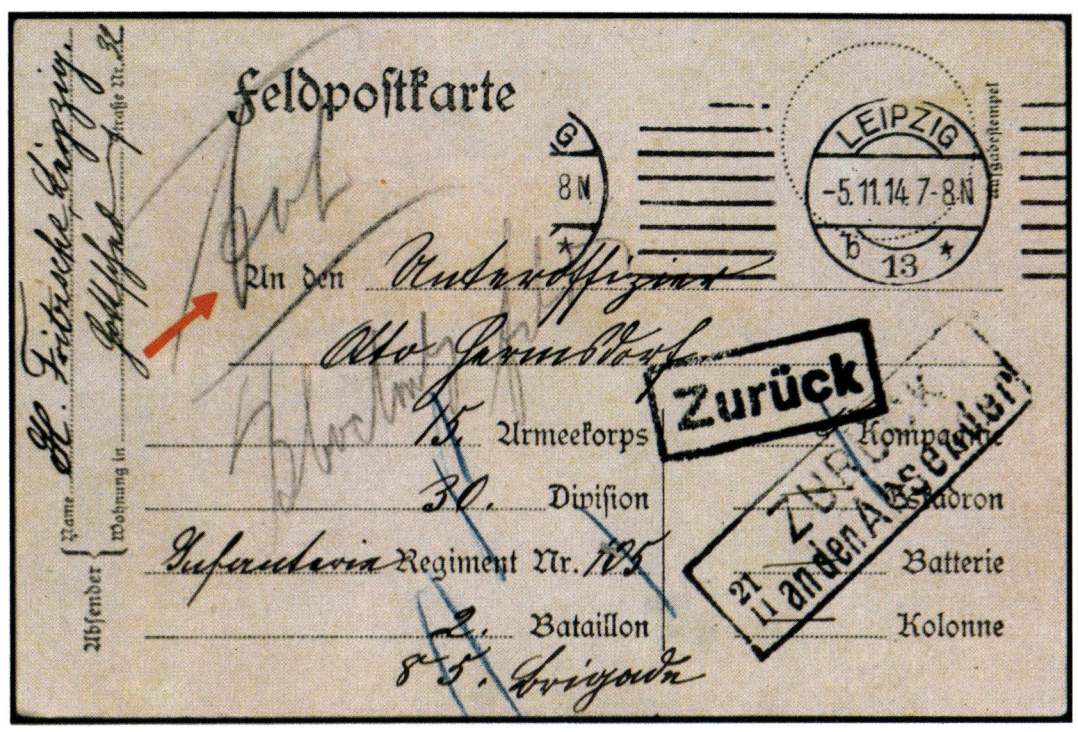

Deutsche Feldpostkarte aus dem ersten Weltkriegsjahr 1914,
die an den Absender zurückging –
Zeugnis für ein individuelles Schicksal,
das Millionen teilen mußten.

men vielfach sogar lokalisiert worden. Häufig tragen Postkarten aber nur deshalb einen Zensurstempel, weil sie als oberste Stücke in Postbeutel eingelegt wurden und kennzeichnen sollten, daß deren gesamter Inhalt – dabei viele Briefe – durchgesehen war, oder daß jene Sendungen als nicht zensurwürdig galten oder daß überhaupt keine Zeit geblieben war, sie zu zensurieren.

Die Geschichte der Feldposten ist notwendigerweise eine Geschichte der Kriege, wobei jedoch die Feldposten bei Manövern (»Übungsfeldpost«) oder z. B. beim Einsatz von UNO-Truppen in Krisensituationen zur Entflechtung sich feindlich gegenüberstehender Streitkräfte hierbei Ausnahmen darstellen.

Stets fanden dabei auch Postkarten für die Korrespondenz zwischen den Soldaten und ihren Angehörigen Verwendung, wenngleich, vor allem im zweiten Weltkrieg, dann außer gewöhnlichen Briefen vor allem Faltbriefe in Gebrauch kamen. Sie galten nämlich als besonders schwer zensurierbar, was sich daraus erklärte, daß sie lediglich aus einem gefalteten Blatt Papier bestanden, das an den drei offenen Seiten einen Kleberand besaß. So ließ sich solch eine Sendung leicht verschließen, aber nur unter Zerstörung des Papiers öffnen. Ihr Vorläufer, der 1871 erfundene Kartenbrief, hatte sich auf die Dauer nicht bewährt, erlebte jedoch im Faltbrief seine Auferstehung. Kartenbriefe bestehen aus Postkartenkarton und werden

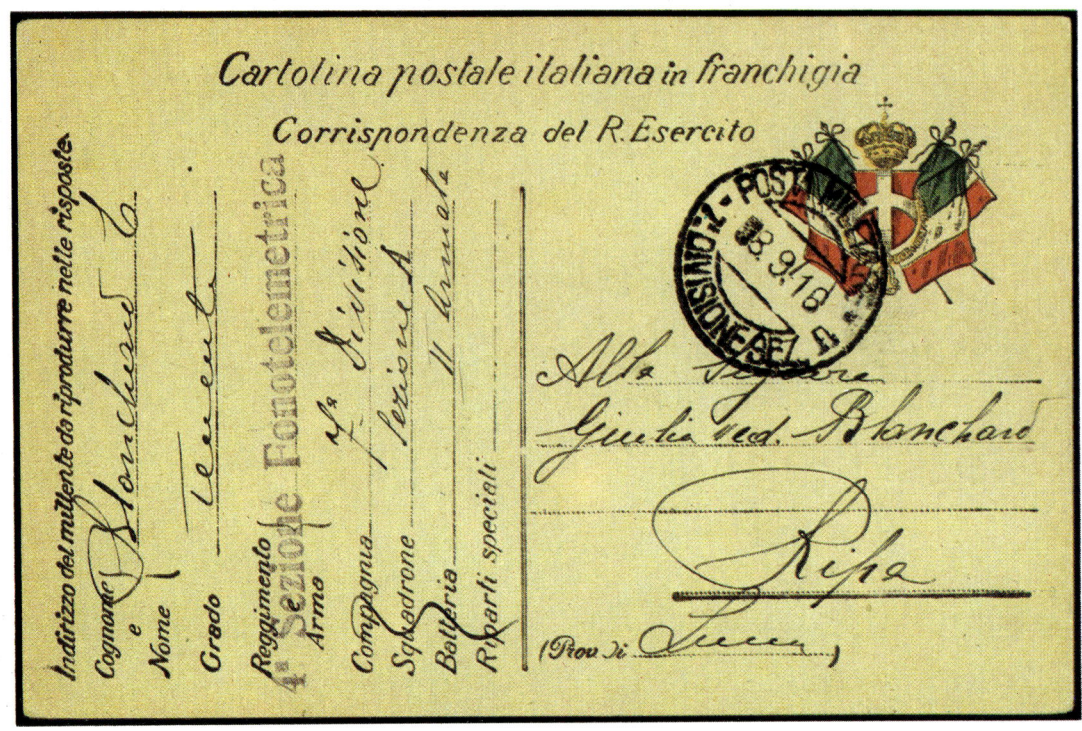

Italienische Feldpostkarte mit buntem Fahnenemblem
und Tagesstempel »Posta Militare«. In das Truppenschema (links)
wurde die Bezeichnung einer Spezialeinheit (14. Schallmeßabteilung) eingestempelt.

ebenfalls gefaltet und an ihren drei offenen Seiten zugeklebt. Deren Ränder sind perforiert, so daß sich die
Sendung leicht öffnen läßt.

Daß Feldpostsendungen – wenn auch nicht immer –
gebührenfrei befördert werden, ist wohl fast jedermann bekannt. Doch gilt dies nur für Kriegszeiten
und bei folgender Ausnahmeregelung: Die staatlichen
Behörden hatten innerhalb eines Gesetzes über Portofreiheiten vom 5. Juni 1869 die Bestimmung erlassen,
daß gewöhnliche Briefe und Postkarten an »Personen
des Soldatenstandes des Landheeres und der Kriegs-
marine bis zum Feldwebel, Wachtmeister usw. auf-
wärts« in persönlichen Angelegenheiten gebührenfrei
zu befördern seien. Dazu mußte der Absender den
Hinweis »Soldatenbrief – eigene Angelegenheit des

Empfängers« handschriftlich auf den sonst für die
Briefmarken vorgesehenen Platz schreiben. Er konnte
ebenso eine mit diesem Text versehene Vignette aufkleben, die man meist in Kasernenkantinen feilbot,
weshalb sie auch Kantinenmarken genannt werden.
Als ihr »Erfinder« gilt der Buchbinder und Briefmarkenhändler H.-J. Dauth (1846–1903) aus Frankfurt
am Main, der außerdem die ersten Klebefalze (»Mar-
ken-Charnire«) auf den Markt brachte. Restbestände
der in einigen Varianten bekannten Kantinenmarken
kamen noch bis Ende 1914 in Umlauf. Die Post hat sie
oft mit abgestempelt, obwohl es keine Postwertzeichen
sind.

Ähnliche Marken sind ebenfalls aus anderen Ländern bekannt, wobei z. T. amtliche Postwertzeichen –

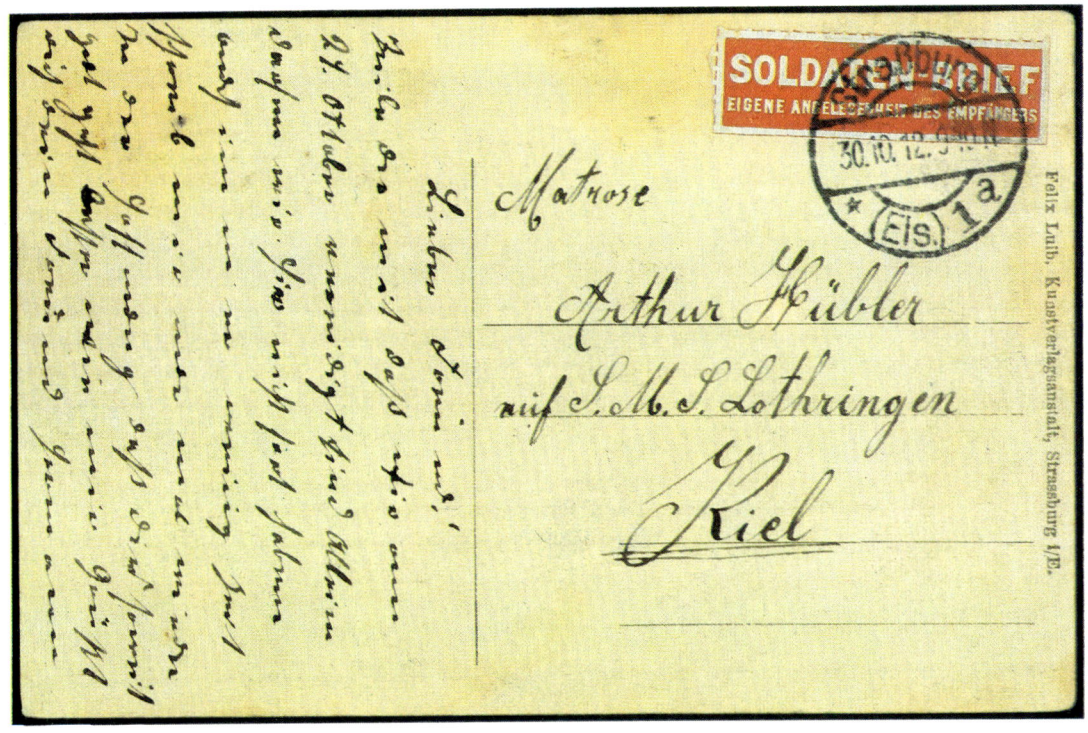

Mit einer Klebemarke (Kantinenmarke) versehene Karte
an einen Soldaten (Matrosen)

dann als Soldatenbriefmarken bezeichnet – zweckverändert wurden, wie von 1901 bis 1907 in Frankreich durch den Aufdruck F. M. (Franchise Militaire, Portofreiheit für Militär) und später mit eigenen Mustern. Dänemark emittierte ab 1917 Wertzeichen mit dem Aufdruck SF (Soldater Frimarke). Die Soldatenmarken Brasiliens 1865 bis 1870 trugen als Zettel ohne Wertangabe nur die Inschrift: Exercito em Operacoes contra o Paraguay (Heer im Krieg gegen Paraguay); Belege mit der Bezeichnung Armada (Flotte) statt Exercito (Heer) stammten dabei von Marineangehörigen. Schließlich sei noch an die Militärfreimarken für die 1870 auf Schweizer Gebiet übergetretenen französischen Soldaten erinnert, die, schwarz auf rosa Papier gedruckt, folgenden Text zeigen: Militaires français

internés en Suisse gratis (also Interniertenmarken). So manche dieser Stücke können auf Postkarten aus der Zeit nach 1870 gefunden werden.

Mit dem Ausbruch des ersten Weltkrieges verlagerte sich das Schwergewicht des Postverkehrs der Soldaten noch stärker auf Postkartenbenutzung. So wirkten sich die Strapazen der kämpfenden Truppen aus, deren Angehörige in den kostbaren Stunden der Ruhe wenig Neigung verspürten, längere Briefe zu verfassen und sich damit begnügten, nur kurze Lebenszeichen zu versenden. Viele jener Karten trugen eingedruckte Bezeichnungen wie »Feldpostkarte«; französische Belege kennzeichnet »Correspondance Militaire – Carte Postale« oder »Correspondance des Armées de la Republique« mit dem Gebührenfreiheitszusatz »Carte en Franchise«; Karten österreichisch-ungarischer Herkunft sind durch den Aufdruck »Feldpostkarte / Tábori-Levelezölap« erkennbar.

Dem Bestreben der Soldaten, nur knappe Nachrichten zu versenden, kamen die schon 1914 zahlreich auftauchenden Feldpost-Ansichtskarten entgegen. Geschäftstüchtige Fotografen und Verleger hatten damals sogleich begonnen, am Kriegsschauplatz zu fotografieren und Ansichtskarten für die Soldaten anzufertigen. Ein Beispiel, geschrieben am 3. 12. 1914 (mit Weihnachtsgrüßen): »Westlicher Kriegsschauplatz / Longwy-Haut«. Dargestellt ist die total zerstörte Stadt mit zerschossener, ausgebrannter Kirche. Als

Bildautor firmiert die Photogr. Kunstanstalt von N. Engel, Diedenhofen [heute Thionville, Frankreich], & W. Engel, Heringen. Derartige Karten, aus dem ersten Weltkrieg weitaus häufiger bekannt als aus dem zweiten, umfassen die ganze Palette möglicher Gestaltungsarten, wobei neben Belegen im Dienste der Kriegspropaganda auch peinlich kitschige Weihnachtskarten aufgelegt wurden sowie Ansichts- oder Bildpostkarten mit den Porträts der gekrönten Häupter bzw. Heerführer, versehen mit diversen Zitaten zum Kriegsgeschehen. Weitere Bildpostkarten (Balkanansichtskarten genannt) stammen vom »Kolonialkriegerdank e. V., Berlin W 35«, versehen mit Porträts der Militärs vom südosteuropäischen Kriegsschau-

Österreichische Feldpostkorrespondenzkarte (1916)
mit Tagesstempel »k. u. k. Feldpostamt«, einem Truppenstempel
in Zeilenform »k. u. k. Feldradiostation Nr. 22« sowie zwei Zensurstempeln
»Zensuriert zur Beförderung geeignet« und (schräg) »k. u. k. Militärzensur Feldpost 603«,
wobei der letztere offenbar aus einem Kinderdruckkasten hergestellt wurde

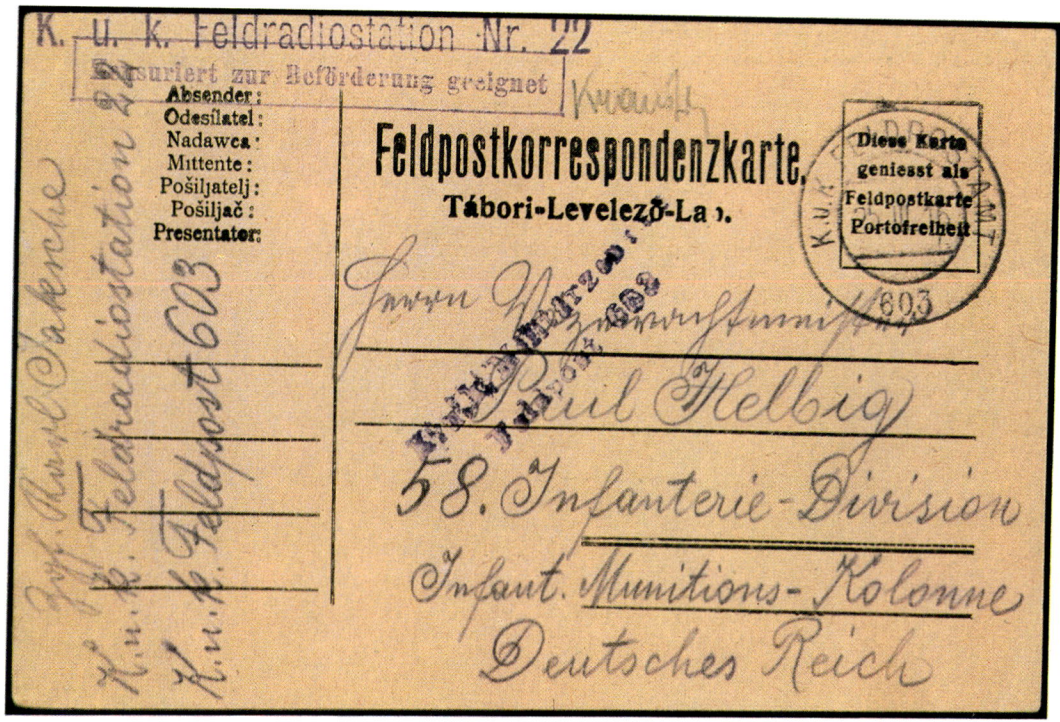

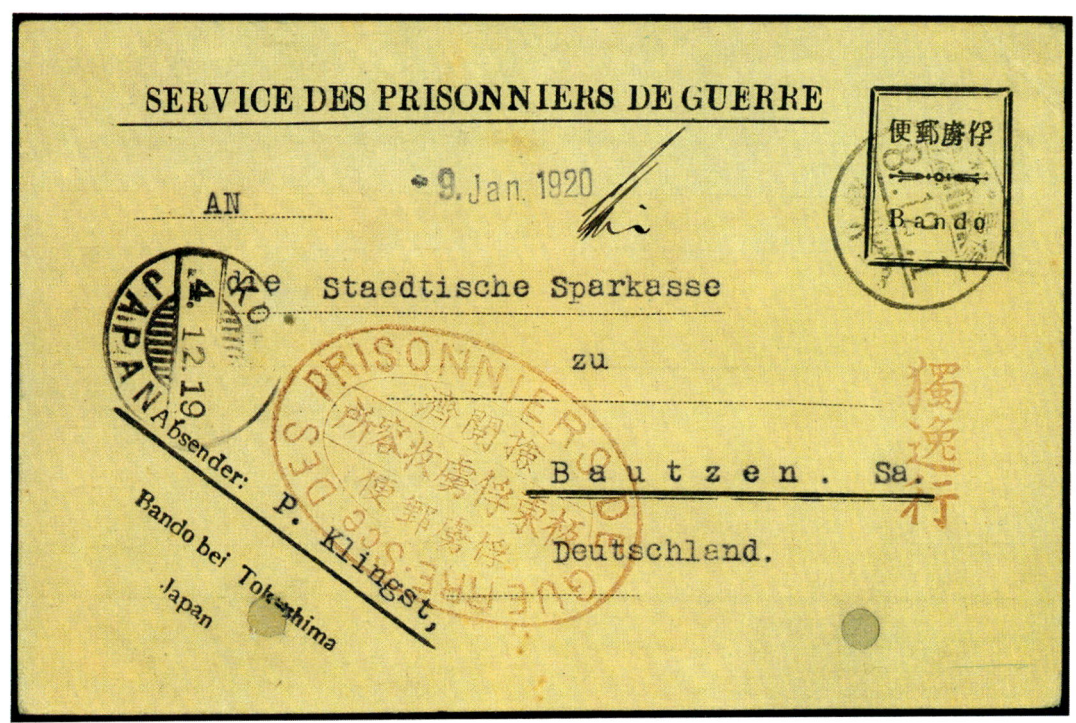

Kriegsgefangenenpost wird ebenfalls gebührenfrei befördert.
Unser Beispiel aus dem ersten Weltkrieg
stammt von einem deutschen Kriegsgefangenen aus dem japanischen Lager Bando bei Tokoshima.
Die deutschsprachigen Angaben auf dieser in Japan gedruckten Karte erklären sich
aus der großen Anzahl der dort gefangengehaltenen deutschen Soldaten.

platz (z.B. vom türkischen Kriegsminister Enver Pascha oder vom Generalfeldmarschall Freiherr C. v. d. Goltz-Pascha). Die Ansichtsseiten zeigen Gemäldewiedergaben reizvoller türkischer Landschaften; die Karten selbst sind mit türkischen Marken freigemacht. Weitere Ansichtskarten – oft abermals chauvinistischen Inhalts – verraten in ihren Texten zweifellos ungewollt die »Lösung« von Finanzierungsproblemen:

– Von seiner Exzellenz dem Ersten Generalquartiermeister Ludendorff zum Vertrieb zu Gunsten der »Schwesternspende« bestimmt;
– Im Großen Hauptquartier – Von Seiner Majestät

dem Kaiser zur Verbreitung für Kriegswohlfahrtszwecke bestimmt;
– Rotes Kreuz – der Ertrag wird zum Besten hilfsbedürftiger kranker Veteranen verwendet;
– Wohlfahrtskarte des Reichsverbandes zur Unterstützung deutscher Veteranen e. V. und der Kriegsteilnehmer des Heeres und der Marine.

Die Aufzählung weiterer Feldpostbelege in Kartenform könnte mühelos fortgesetzt werden; denn wir haben hier solche Sachzeugen aus dem zweiten Weltkrieg oder aus fremden Ländern sowie Kriegsgefangenenkarten, Interniertenpostsendungen, Zivilarbeiterkarten, Postkarten von und an Zwangsarbeiter oder

Häftlinge in Konzentrationslagern, Überlebenskarten oder Funknachrichtenkarten von eingeschlossenen Festungen oder Truppenteilen nicht speziell dargestellt, da deren Behandlung angesichts der ungewöhnlichen Materialfülle einem Spezialwerk vorbehalten bleiben sollte.

Die Heimkehrerpostkarte

Einige Zeit nach dem Ende des zweiten Weltkrieges wird so manche deutsche Familie eine schlichte Post- oder Ansichtskarte empfangen haben, die anstelle einer Briefmarke den Eindruck oder Stempel »Heimkehrerpost« trug: Ein Familienangehöriger teilte seine sehr bald zu erwartende Rückkehr aus Kriegsgefangenschaft mit, und wenige Tage danach war ein Mensch wieder zu Hause – wenn es dieses Zuhause

Ein Heimkehrer aus Kriegsgefangenschaft
meldet mit dieser Postkarte aus dem Lager Gronenfelde bei Frankfurt (Oder)
sein baldiges Eintreffen daheim. Oben rechts der zweizeilige Stempel
»Heimkehrerpost / Gebührenfrei«

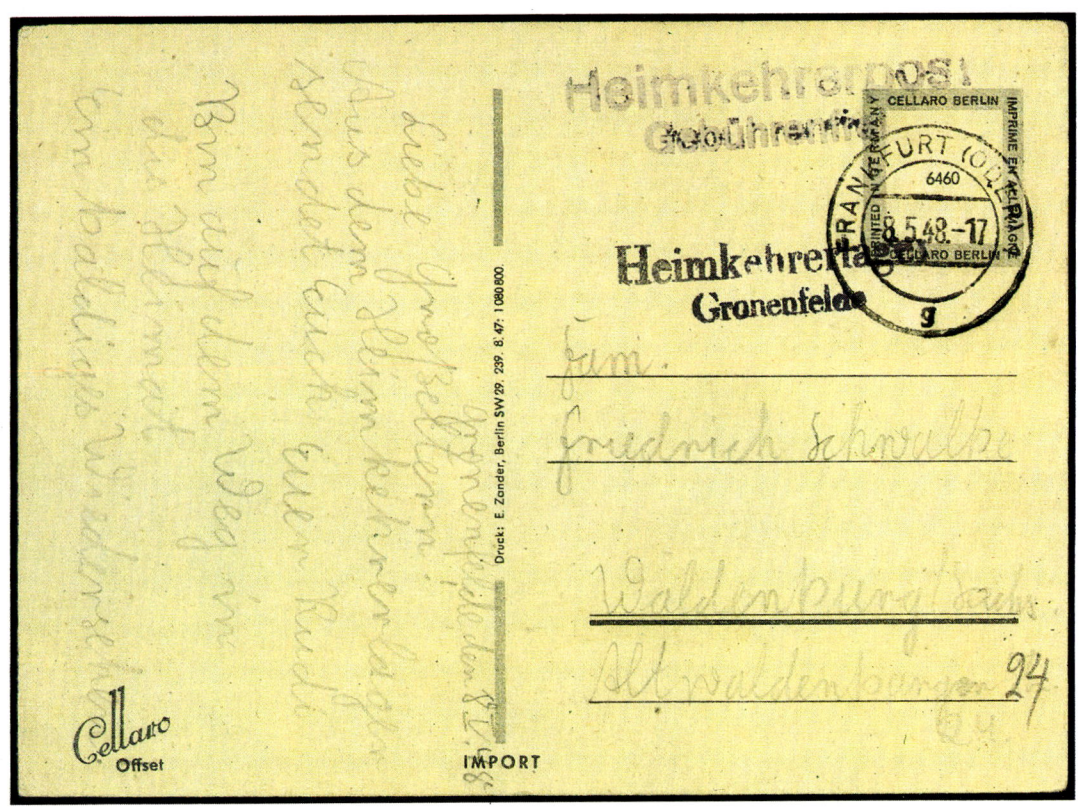

überhaupt noch gab. In vielen Kunstwerken, seien es Bücher, Theaterstücke, Filme oder Fernsehspiele, ist dieses erschütternde Wiedersehen von Menschen aus fast allen Weltteilen bewegend und einfühlsam gestaltet.

Auch philatelistisch-postalisch wird an solch individuelles Heimkehrerschicksal erinnert, betrachtet man eine Karte mit dem Vermerk oder Stempel »Heimkehrerpost«, häufig mit dem Vermerk »Gebührenfrei« gekennzeichnet; meist ist auch das Lager vermerkt oder eingestempelt, in dem der Heimgekehrte zunächst Unterkunft fand, um dann nach Registrierung in den gewünschten Ort entlassen zu werden, wo ihn oftmals nur eine zerstörte Straße, ein ausgebranntes Haus oder die Nachricht vom Tode der Familienangehörigen erwartete. Niemand vermag sich daher der Eindrücke zu entziehen, die derartige Postsendungen vermitteln, zumal dann, wenn Karten zunächst als unzustellbar galten und zurückkamen, was durch die entsprechenden Vermerke auf der Karte erkennbar ist. In Fällen, wo ein Heimkehrer überhaupt keine Verwandtenanschrift mehr besaß, konnte er sich mit Hilfe einer Vordruckkarte auch an Organisationen, wie den »Suchdienst für vermißte Deutsche in der sowjetischen Besatzungszone Deutschlands«, wenden. Diese Suchdienstkarten trugen oben im Anschriftfeld ebenfalls den Eindruck »Heimkehrerpost – Gebührenfrei«.

Der Eilauftrag und die Eilnachricht

Die vollständige Bezeichnung der erstgenannten Postkartenart lautet »Eilauftrag zur Prüfung einer Postanschrift«. Dieser wurde nach dem Muster der Anschriftenprüfungsbelege der Reichspost gestaltet und diente – vor allem im zweiten Weltkrieg – zur Anfrage an ein Postamt, ob eine bestimmte Postanschrift noch zutreffe. Ausgelöst wurden solche Eilaufträge wohl dadurch, daß ein Bürger eine Sendung zurückerhalten hatte, ohne den Grund dafür zu kennen. Das Postamt, an das der – gebührenfrei beförderte – Eilauftrag gerichtet war, hatte die auf die Rückseite gedruckte Frage zu beantworten: Ist folgende Anschrift richtig? (Diese war handschriftlich einzutragen.) Innerhalb des vorgedruckten Antwortschemas besaß das Postamt folgende Auskunftsmöglichkeiten:

– Ja! Eine Änderung ist dem Postamt nicht bekannt;
– Nein, sie muß lauten: (neue Anschrift);
– Nein, andere kann aber nicht angegeben werden.

Benutzte Exemplare enthalten auf der Vorder- bzw. Rückseite die Tagesstempel beider beteiligter Postämter. Die Karten trugen eine breite violette Umrandung, und auch der Text war in der gleichen Farbe gedruckt.

Als Eilnachricht bezeichnete, in Rot gedruckte Formulare sollten, in höchstens zehn Worten, »Lebenszeichen« unter der Zivilbevölkerung vor allem nach schweren Luftangriffen ermöglichen. Völlig in grünem Druck gehaltene Karten dienten im gleichen Sinne zur Versendung an Soldaten, deren Adresse lediglich als Feldpostnummer bekannt war.

Für zivile Zwecke gab es den Anschriftenprüfdienst schon vor dem zweiten Weltkrieg, und dergestalt wird er noch heute in der Bundesrepublik Deutschland benutzt. Mit seiner Hilfe läßt sich die vielleicht veränderte Postanschrift eines Korrespondenzpartners erfahren. Diese Karten zur Anschriftenprüfung sind portopflichtig. In der Deutschen Demokratischen Republik unterhielt die Post einen gleichen Dienst vom 15. 10. 1947 bis März 1959. Da Auskünfte über Anschriften von den Meldestellen der Volkspolizei erteilt werden, bestand für ihn keine Notwendigkeit mehr.

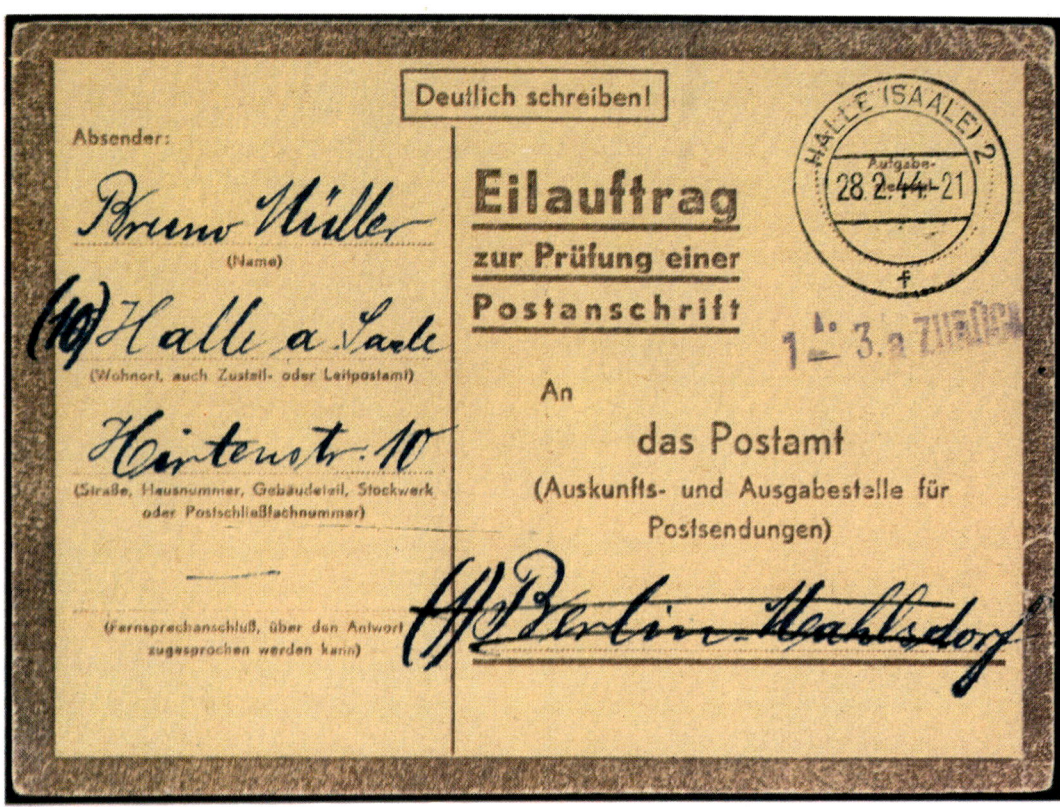

Eilauftrag zur Prüfung einer Postanschrift aus dem Kriegsjahr 1944

Die Suchdienstkarte

Noch einmal müssen wir uns jener schweren Zeit nach dem zweiten Weltkrieg zuwenden. Überall in Europa begann die Suche nach verschollenen und vermißten Angehörigen, die von Suchdiensten, privaten wie amtlichen, vom Roten Kreuz, von karitativen Einrichtungen und Behörden unterstützt wurde. Als Unterlagen dienten selbstgefertigte Kartenvordrucke, die zumeist gleich als Karteibeleg nutzbar waren. In besonders perfekter Weise gelangen die Nachforschungen dem »Anschriftensuchdienst der Deutschen Post«, der

beim Postamt Leipzig C 1 zwischen 1946 und 1948 eingerichtet war, vor allem aber dem »Suchdienst für vermißte Deutsche in der sowjetischen Besatzungszone Deutschlands« (1946–1951), der Postkarten mit Antwortteil zu einer Gebühr von 2,- Reichsmark, ab der zweiten Ausgabe mit Wertstempeleindruck, herausgab. Derartige Karten sind im allgemeinen nur unbenutzt in Sammlerhände gelangt, da die gebrauchten beim Suchdienst nach Auswertung vernichtet wurden. Philatelistisch gesehen, sind folgende Varianten zu beachten: Bei einem Teil der Karten ist die Bruchlinie perforiert. Der Anschrifttext und auch der Wertstempel wurden nach Gründung der Deutschen Demokratischen Republik entsprechend verändert. Von den wenigen nach außen gelangten gebrauchten Karten existieren infolge der Währungsreform von 1948 Exemplare, deren Wertstempel mit Hilfe eines Bezirksstempels (wie die entsprechenden Briefmarken) auf die neue Währung umgestellt wurden. Mitunter sind Belege auch 1:10 abgewertet und mit einer Ergänzungsfrankatur von 1,80 Deutscher Mark der Deutschen Notenbank wieder auf die Höhe von 2,– Deutsche Mark gebracht worden. In einigen Fällen hat die Post den Wertstempel als »Ungültig« gekennzeichnet und die einfache Postkartengebühr in Marken und die Suchdienstgebühr mit einem Gummizusatzstempel »1 RM Behörden-/suchgebühr bezahlt« verrechnet.

Außer diesen sozusagen amtlichen Suchdienstkarten lassen sich natürlich auch alle anderen Postkarten, die Suchzwecken dienen, hier anfügen. Sie sind aber wegen ihres nicht gekennzeichneten Äußeren oft erst dann zu identifizieren, wenn der Sammler den Inhalt auswertet. So gelten Karten an Rundfunksender, mit denen um Durchsage einer Suchmeldung gebeten wurde, ebenfalls als Such(dienst)karten; verschiedene Sender unterhielten derartige humanitäre Programmpunkte mit großer Regelmäßigkeit.

In seinem Absenderfreistempel führte der »Suchdienst für vermißte Deutsche in der sowjetischen Besatzungszone Deutschlands« den Text »Das Haus der Hoffnung hilft auch Dir«.

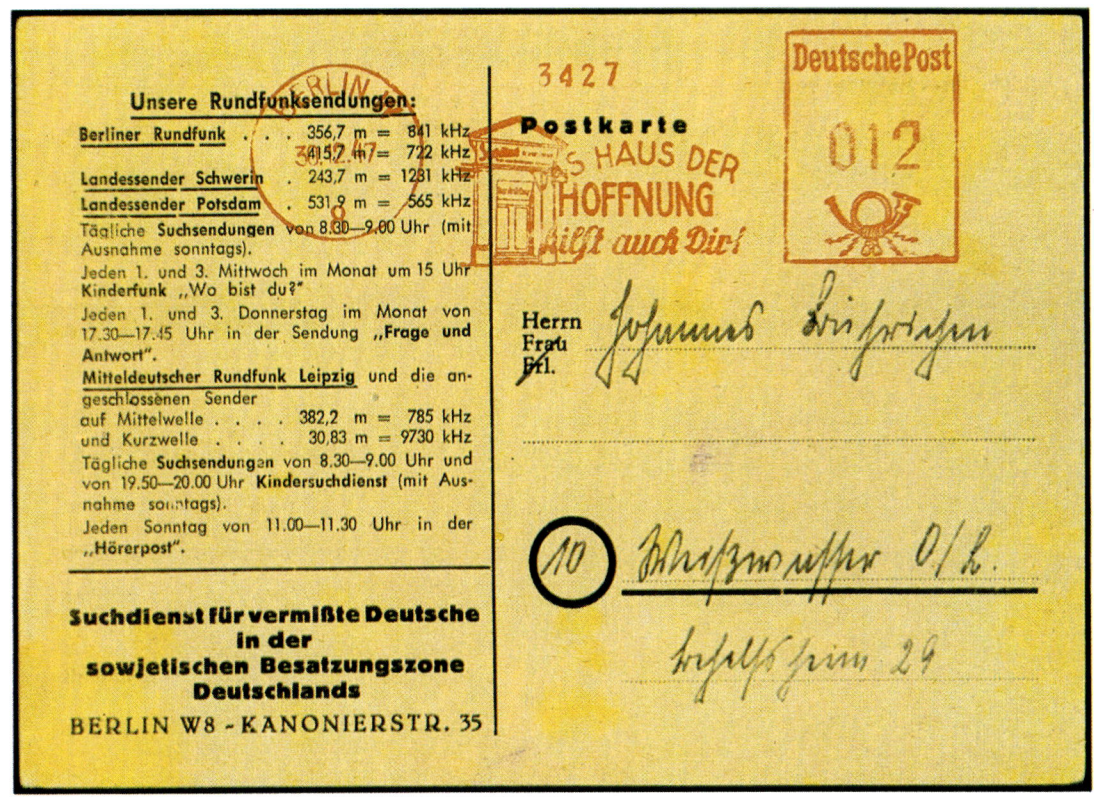

Die Provisorien

Für die Zuordnung eines Sammelstücks in die Kategorie »Provisorium« gibt es mehrere Möglichkeiten. Sie ist immer dann gerechtfertigt, wenn der ursprüngliche Beleg – aus welchen Gründen auch immer – amtlich (sprich: postamtlich) verändert wurde: durch ein neues Wertzeichen, durch einen Gebührenstempel neben dem bisherigen Wertzeichen u. a. m. In allen diesen Fällen sind Bezeichnungen wie »Ganzsache mit Zusatzfrankatur«, »Aufbrauchausgabe« oder auch »Not- und Behelfsausgabe« berechtigt; es bestehen dabei nur geringe begriffliche Nuancen. Die Anzahl solcher Ausgaben ist Legion, speziell auch aus der

Diese Karte läßt sich mehreren philatelistischen Kategorien zuordnen:
Sie ist erstens zweifellos ein Provisorium, zweitens eine Behelfs- oder Notausgabe,
und drittens verdient sie – da die veraltete Ausgabe mit russischem Text überdruckt
und weiterbenutzt wurde – die Bezeichnung »Aufbrauchausgabe«.
Die lokale Ausgabe entstand nach Wechsel der Besatzungsmacht
in Westmecklenburg am 1. 7. 1945.

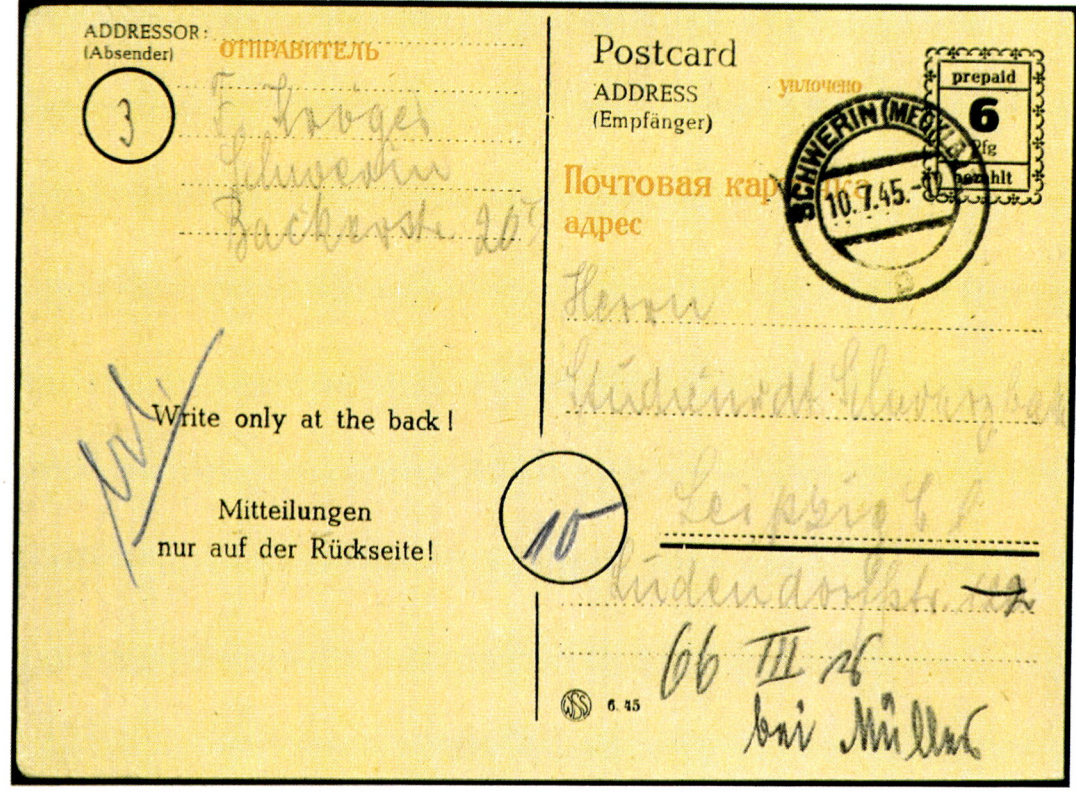

ersten Zeit nach Ende des zweiten Weltkrieges in Deutschland, als nicht mehr verwendbare Ganzsachen aus den Jahren zwischen 1933 und 1945 auf unterschiedlichste Weise zum Weitergebrauch hergerichtet wurden. Die Postverwaltungen haben z. B. den Wertstempel ausgestanzt und den Text, der sich auf dem linken Kartenteil befand, mit einem schwarzen Rechteck überdruckt oder den Wertstempel durch mehrere dicke Balken unkenntlich gemacht – alles in vielen Varianten und Formen. Auch verzeichnen Spezialkataloge über diese Ausgaben Exemplare, auf denen eine neue Gebühr links neben dem alten Wertstempel zu lesen ist (z. B. »5 Pf. bezahlt«). Behelfsausgaben oder Provisorien (hier liegt die Betonung mehr auf dem erstgenannten Begriff) zeigen auch neue, oft allerdings recht primitive Wertstempel mit Texten wie »Freigebühr vorausbezahlt 6 Pfennig«. Daneben hat eine Postdienststelle manchmal noch ihren Dienststempel abgeschlagen (aptierte Formen dabei), was den postamtlichen Charakter dieser Behelfsausgaben bestätigen sollte.

Die Portoerhöhung am 1. März 1946 in deutschen Landen fügte den schon vorhandenen Schwierigkeiten beim Bereitstellen eines ausreichenden Postkartenvorrates neue Probleme hinzu. Eine Methode, dem bisherigen Wertstempel einen Gebühr-bezahlt-Stempel von Hand hinzuzusetzen, schilderten wir schon. Nun erschienen als weitere provisorische Formen noch andere Zudrucke: markengroße Kästchen neben dem Wertstempel (in der britischen Besatzungszone Deutschlands z. B. in zweisprachiger Ausführung: »Postage / Prepaid – 7 Rpf – Gebühr bezahlt«), oder Handstempel mit dem Text »6 Rpf / Gebühr bezahlt / Postamt Köln«.

Provisorien entstehen ferner, wenn als Folge eines Krieges oder einer Volksabstimmung Gebietsteile ihre Staatszugehörigkeit verändern. Dann werden Briefmarken ebenso wie Wertstempel von Ganzsachen (meist sind dies Postkarten) mit der neuen Landesbezeichnung und der entsprechenden anderen Währung überdruckt. Daß bei all diesen meist in großer Eile vollzogenen Veränderungen viele ungewollte Ungenauigkeiten entstehen, dürfte verständlich sein. Sie bilden indessen begehrte Ziele sammlerischen Fleißes, wobei sich allerdings gar nicht so selten herausstellt, daß bei diesen Abweichungen gewinnsüchtige Leute ihre Hände im Spiel hatten, was dann wieder den berechtigten Ärger der Sammler nach sich zog.

6

DIE PHILATELISTISCHEN

Solch Druckerzeugnis besitzt rein philatelistisches Gepräge, da es sich um eine typische Sammlerkarte handelt. In der Definition dem Ersttagsbrief gleichzusetzen, wird dieser Beleg am ersten Tag der Gültigkeit eines neuen Postwertzeichens entweder »gefälligkeits«-gestempelt oder mit einem Stempel von eben diesem »Ersttag« (Datums-, Sonder- bzw. spezieller Ersttagsstempel) versehen auf seine postalische Reise geschickt. Dies gilt grundsätzlich für jede Sendung, also auch für jene, die nicht extra für diesen Zweck graphisch gestaltet ist. Bei Postkarten wird also auch eine ganz gewöhnliche, am Postschalter erhältliche Ganzsache zu einer Ersttagskarte, wenn sie am ersten Tag der Verwendung jener Ganzsachentype gestempelt ist. Speziell als Ersttagskarten graphisch gestaltete Ganzsachen gibt es nur relativ wenige, z.B. in den USA (FDC-cards).

Jedoch sei hier auf eine Besonderheit bei Ganzsachen aufmerksam gemacht. Diese – sofern sie amtlich verausgabt werden – zeigen in der Regel im Wertstem-

Ersttagskarte der Postverwaltung der Vereinigten Staaten von Amerika
(s. Vermerk »First Day of Issue« über dem runden Stempel und im Zeilenstempel rechts;
engl., »Erster Tag der Verwendung«).
Unser Beispiel – hier eine Ausgabe als Karte mit Rückantwort –
ist gefälligkeitsgestempelt, postalisch also nicht befördert.

Ganzsache aus Brasilien:
Auf der Vorderseite ein 50-Reis-Wertstempel,
versehen mit Poststempel vom 21. 7. 1908,
dem Ersttag der Sonderkarte zur Nationalausstellung des Landes,
der sich ebenfalls die hier vorgestellte
bildliche Symbolik auf der Kartenrückseite widmet.

pel ein Bild aus der entsprechenden Marken-Dauerserie. Wertstempel mit dem Bild eines (auch als Marke existierenden) *Sonder*postwertzeichens dagegen werden schon seltener aufgelegt. Geschieht dies dennoch, läßt sich auch für die Verwendung dieses Markenmotivs auf der Ganzsache ein Ersttag ermitteln, ebenso für jene Ganzsachen, deren Wertstempel es bildgleich als Marke nicht gibt. Hinsichtlich dieser Möglichkeit zeichnen sich z. B. die Postverwaltungen Polens und der Sowjetunion aus. Da bei den Ganzsachen mit eigens für sie entworfenem Wertstempel – sozusagen dem Exklusivmotiv – zumeist auch die linke Kartenhälfte noch aus gegebenem Anlaß besonders ausgestaltet wird, entstehen durch die Entwertung am ersten Tag – eventuell sogar mit dem dazugehörigen Sonderstempel – attraktive Ersttagsbelege. Tragen Ganzsachen den Eindruck »Ersttagskarte« (in der Landessprache), sollte der Philatelist bei der Klassifizierung auf die Verwendung am tatsächlichen »Ersttag« achten – spätere Daten werten *diese* Karten für den Sammler erheblich ab, da sie falsche Tatsachen vorspiegeln.

Die Karte
mit Sonderpostbeförderung

Nur in wenigen Städten möglich:
Sonderpostbeförderung mit einer Untergrundbahn

»Mit Schachtpost« 400 m unter dem Meeresspiegel befördert

Steht eine Sonderpost auf irgendeinem Festprogramm, haben gewiß die Philatelisten ihre Hand im Spiel. Hierbei erhalten Postkarten den Vorrang, auch wenn gelegentlich Briefumschläge mitbefördert werden: mit einer Postkutsche oder einem Postreiter, auch per Pony (Ponypost), mit einer Eisenbahn oder einer Straßenbahn, einer Schwebe-, Seil- oder U-Bahn, mit einem Fallschirmspringer oder einem Skifahrer, einem Schiff, einem Flugzeug oder Segelflugzeug oder Hubschrauber, mit einem Fahrrad oder durch einen Fußboten. Und sogar ein simpler Schlitten, ein Taxi, ein Floß, eine Flaschenpost oder eine Postboje und was sonst noch alles möglich ist – wie eine Untertage-Schacht-Beförderung z.B. – haben schon als Transport- bzw. Postlagermittel dienen

müssen. Alles – versteht sich – extra für eine meist nur einmalige, philatelistisch inspirierte Show organisiert. Die begehrten Belege sind das Ergebnis eifriger Bemühungen philatelistischer Funktionäre, in Zusammenarbeit mit Postdienststellen aus Anlaß von Ausstellungen, Kongressen oder Jubiläen etwas Besonderes zu bieten. Andererseits muß man sie als Ausdruck beinahe kindlicher Gemütswallungen oder spielerischer Nostalgieschwärmerei bezeichnen, was aber wegen ihrer Antistreßwirkung durchaus positiv zu bewerten ist. Schöne Stempel, gelegentlich auch Vignetten, sollen beweisen, daß die Karten ein paar Kilometer von dem betreffenden Transportmittel mitgenommen und alsdann der staatlichen Post zugeführt worden sind. Der ganze Zauber der Philatelie zeigt sich für viele in solchen Dingen, die doch eigentlich nur dazu organisiert wurden, um die für die betreffende Veranstaltung anfallenden Kosten abdecken zu helfen. Dafür arbeiten Postler in Sonderpostämtern bis in die Nacht an den Abstempelungen und der Weiterbeförderung, opfern Philateliehelfer und -funktionäre viele Stunden ihrer Freizeit, um vielleicht Cachets (Bilder-Zusatzstempel) anzubringen – welch ein köstlicher Spaß, der sich in jedem Jahr vielerorts erneuert. Die Produkte

zeigt jedermann gern vor, obwohl sie im allgemeinen nur ideellen Wert besitzen. Was manche allerdings nicht gern wahrhaben wollen ... Und daher sollte man über diese Sonderpostbeförderungen nicht allzu streng urteilen und sie auch nicht als »Mache« bezeichnen. Der Zweck heiligt hierbei sicher die Mittel, wenngleich natürlich auch nicht der Zügellosigkeit das Wort geredet werden soll. Eine gewisse Seriosität der Angelegenheit muß schon gewahrt bleiben.

Die Karten
der Vereinten Nationen

»Blaue Karte« der UNPA Genf
(United Nations Postal Administration,
Postverwaltung der Vereinten Nationen)

Die Vereinten Nationen sind zweifellos keine philatelistische Organisation, obwohl sie auch postalische Ambitionen besitzen, Postwertzeichen verausgaben und in New York, Genf und Wien eigene Postämter unterhalten. So werden die Marken gesammelt, als wären die UN (United Nations, Vereinte Nationen) ein Land.

Erstmals anläßlich der Weltbriefmarkenausstellung IBRA in München gab die UN-Post Genf ab 11. Mai 1973 »Blaue Karten« aus, in Blau gehaltene, mit Bildern versehene Postkarten, die auf der Bildseite noch ein Postwertzeichen der UN tragen. Diesem Brauch schloß sich die UN-Post Wien an, indem sie am 5. April 1980 erstmalig »Weiße Karten« anbot, und zwar in Buchen (Bundesrepublik Deutschland) anläßlich der Ausstellung »BUCHEN 80«. Beide Kartenarten werden von den jeweiligen Postverwaltungen mit dem betreffenden UN-Ausstellungsstempel neben der Marke versehen, während man die Marke mit einem Tages- oder Sonderstempel (Datum des ersten Tages der Veranstaltung) entwertet. Seit 1984 existieren die »Weißen Karten« auch mit einem auf das betreffende Ereignis hinweisenden blauen Zudruck. Die ersten dieser Karten gelangten vom 19. bis zum 26. Juni 1984 auf dem Salon der Philatelisten beim XIX. Weltpostkongreß Hamburg zum Verkauf. Inzwischen aufgetauchte »Grüne Karten« sind private Erzeugnisse, ähneln aber in der Gestaltung den beiden UN-Ausgaben.

Karten wie die genannten wurden auch von anderen Herstellern produziert. So brachte die UNICEF (United Nations International Children's Emergency Fund, UN-Hilfsfonds für kranke und hungernde Kinder) Kunstpostkarten mit Gemälden berühmter Meister heraus, erstmalig zur Briefmarkenmesse Essen 1980 (Bundesrepublik Deutschland) in drei Frankaturvarianten (UNO-Wien, UNO-Genf und Sondermarke der Bundespost mit Sonderstempel »Tag der UNO«). Oder wir nennen »WWF-Grußkarten« (World Wildlife Fund): Mit dem Erlös dieser Karten, die sich zu einem Tierlexikon zusammenstellen lassen, soll der bedrohten Tierwelt geholfen werden, indem Hilfsorganisationen Geldmittel zugeführt bekommen. Die Karten ähneln Maximumkarten.

Die Gedenkkarten und -blätter

Unter dem Sammelbegriff »Gedenkkarten« lassen sich all jene zahlreichen (fast zahllosen) Karten zusammenfassen, die aus Anlaß irgendwelcher Ereignisse – von einem Staatsbesuch höchsten Ranges bis hin zum 20jährigen Jubiläum einer Kleingartensparte – herausgegeben werden. Es handelt sich dabei aber nicht um Ganzsachen mit eingedruckten Wertstempeln, vielmehr sind es schlichte Kartonpapiere im Kartenformat, die mit Bildern und Texten ausgestaltet wurden und das Anschriftfeld einer Postkarte aufweisen. Ihre Ausführung kann mitunter höchsten künstlerischen Ansprüchen genügen, ebenso von extremer Trivialität sein – alle Zwischenstufen einbezogen. Diese Art erlangt mitunter eine gewisse Bedeutung für das Gestalten philatelistischer Objekte, falls sie postalisch befördert wurden und einem thematischen Anliegen entsprechen.

Nun möchten wir im Zusammenhang mit Gedenkkarten – weil eng mit diesen verwandt – noch die Ministerklappkarten der Bundesrepublik Deutschland erwähnen. Man charakterisiert sie als »Kontaktgaben«, mit deren Hilfe sich in schicklicher Weise gesellschaftlich-berufliche Verbindungen erleichtern lassen. Sie tragen ein oder mehrere Postwertzeichen aufgeklebt und sind meist mit einem Sonderstempel entwertet; hinzu kommt, neben einem Text, noch die faksimilierte Unterschrift des amtierenden Bundespostministers. Ministerklappkarten besitzen verschiedene Formate, meist A 6 quer oder – z. B. für Blocks – A 5 hoch. Sie gelangen in Sammlerhände, wenn eine mit solchem Souvenir bedachte Persönlichkeit das Stück abgibt, es verkauft oder verschenkt, wie das ebenfalls bei den französischen Ministerblocks nicht anders ist.

Die Reihe der »Für-Sammler«-Belege in Kartenform läßt sich unter anderem noch durch »Erinnerungskarten« (der Deutschen Bundespost) fortsetzen. Sie werden auch als Ausstellungskarten oder (in den Vereinigten Staaten von Amerika) als »show cards« bezeichnet. Ebenfalls hoch- oder querformatig (Postkartengröße), tragen sie gleichfalls ein Postwertzeichen aufgeklebt, dazu im Anschriftfeld sowie auf der Rückseite erläuternde Texte und schließlich als Blickfang noch eine bildliche Darstellung. Die Karten dienen den Postverwaltungen für Werbezwecke, z. B. mit

Texten wie »Der Sammler-Service der Post begrüßt Sie auf der Internationalen Postwertzeichen-Messe in Köln vom 8. bis 10. November 1985«. Oder sie werden aus Anlaß der Inbetriebnahme einer neuen postalischen Einrichtung (Postamt, Briefverteilanlage o. ä.) ausgegeben. Derartige Produkte sind wiederum reine Souvenirs. Ihr »Erinnerungswert« besitzt doppelten Charakter: Sie sollen an das Ereignis erinnern, zu dem sie erschienen, und sie sollen die ausgebende Institution in günstiges Licht rücken.

Auch Gedenkblätter tummeln sich in den vielfältigsten Gestalten auf dem philatelistischen Markt – mit irgendwelchen Darstellungen bedruckte, oft etwa postkartengroße, postkartenähnliche Blätter, die mit

Gedenkkarte an das 100jährige Bestehen der Donaudampfschiffahrt in Österreich
(DDSG: Donaudampfschiffahrtsgesellschaft)

155

Tages- oder Sonderstempeln entwertete Postwertzeichen aufgeklebt tragen. Allerdings geschieht dies in anderer Form als bei Postkarten; auch fehlt stets das Anschriftfeld. Seltener begegnen uns Gedenkblätter, die einen vom Originaldruckstock der Marke abgenommenen Abdruck zeigen, wie dies z. B. bei den französischen Ministerblocks der Fall ist. Ähnliche Produkte, wie Ersttagsblätter, Seiten aus Jahrbüchern oder Jahressammlungen, philatelistische Dokumente, können Originalmarken und/oder Originalabdrucke von amtlichen Postwertzeichen – letztere oft in abweichender Farbe – erhalten.

Da für die Herausgabe von Gedenkblättern meist ganz konkrete Anlässe bestimmend sind, besitzen solche Stücke mitunter nicht lediglich Souvenircharakter, sondern können vielleicht in einer heimatgeschichtlich orientierten Sammlung über einen bestimmten Ort (aber nur diesen) dokumentarischen Wert erlangen. Wenn z. B. ein solches nach dem zweiten Weltkrieg aufgelegtes Blatt dazu diente, aus seinem Erlös örtliche Not zu lindern, kann der Sammler den Beleg – wenn sich nicht mehrere häufen – durchaus in sein philatelistisches Exponat einreihen. Ob er dies auch mit den in Mode gekommenen Blättern aus Jahressammlungen tun will, bleibe hier offen.

Manche Gedenkblätter sind numeriert, um eine

Gedenkkarte an den »Elbetag«, jenen 25. 4. 1945,
als sich sowjetische und amerikanische Truppen in Torgau
als Sieger im zweiten Weltkrieg begeistert begegneten

Gedenk-Faltblatt aus Kampuchea
mit aufgeklebtem Markenblock, der eine Funkstation darstellt

Kontrolle der bekanntgemachten Auflage zu ermöglichen. Andererseits sollten Numerierungen niemanden dazu verleiten, in solchen Stücken etwa Raritäten zu vermuten. Nicht als Gedenkblätter gelten Vignettenbogen, die – mit philatelistischen Motiven, vor allem seltenen Marken bedruckt – zur Erlangung von Geldmitteln, z. B. für Ausstellungen, herausgebracht wurden. Sie gehören in die Kategorie der Vignetten und zum Sammelgebiet der Erinnophilie (Werbemarken usw.).

Die Eintrittskarte
in Postkartenform

Einerseits wirken solche Stücke als überaus gelungenes philateliegerechtes Attribut einer Ausstellung oder einer Briefmarkenbörse, andererseits verbindet sich mit ihnen ein kleiner, harmloser, doch budgetverbessernder Trick: So mancher Besucher der jeweiligen Veranstaltung wird nämlich noch eine zweite Eintrittskarte kaufen, um ein Exemplar als unverletzten Beleg bewahren zu können, da der Kontrollteil ja beim Betreten der Ausstellung abgerissen wird. Die

übrigbleibende Karte kann der Besucher mit einer Marke freimachen und sie über das Ausstellungs-Sonderpostamt sich selbst oder einem Freund zusenden. Ein Zudruck auf der linken Kartenhälfte ermöglicht es dem Veranstalter, ein von ihm gewünschtes Anliegen zu propagieren und zugleich einen sammelnswerten Beleg zu schaffen, der – wiederum vielleicht in einem heimatgeschichtlich orientierten Objekt – einen Fakt erläutert, der sonst weder durch Stempel noch durch

Als Eintrittskarte gestaltete Postkarte mit bildlichem Zudruck
(keine Ganzsache, Marken sind aufgeklebt)

Briefmarken bzw. Ganzsachen demonstrierbar gewesen wäre.

Solch eine Eintrittskarte ist auf jeden Fall mindestens ebenso philateliegerecht wie z. B. Schmuckumschläge oder -karten, denen man anmerkt, daß sie nur zur Erlangung von Geldmitteln zwecks Deckung der Ausstellungskosten dienen sollen. Zwar muß jede Ausstellungsleitung um diese Frage besorgt sein, doch kann sie dies – wie man sieht – auch in einer Weise tun, die den Sammlern ein nicht alltägliches Stück beschert. Hierfür immer wieder neue Formen zu finden sollte angestrengten Nachdenkens wohl wert sein.

Die Maximumkarte

Sie ist ein reines Sammelstück und soll nach ganz bestimmten, *sehr* strengen Regeln »maximale« Wirkung erreichen. Die Maximumkarte wird in »maximaler« Übereinstimmung von einem Ansichtskartenmotiv mit einer bildgleichen Briefmarke und einem möglichst bildgleichen, auf jeden Fall aber anlaß- und/oder ortsgerechten Sonder- oder Tagesstempel »realisiert«. (Letzteres – sprachlich wenig schönes – »neudeutsches« Modewort ist der Fachausdruck für die Herstellung solcher Karten.) Die »Realisierung« bereitet viel Mühe und erfordert oft einen hohen Aufwand an Zeit und Nerven. Die Maximaphilie hat mit der traditionellen Philatelie nichts gemein, und nur thematische Sammlungen könnten allenfalls durch zwei, drei Maximumkarten angereichert werden. Im allgemeinen bleibt den Maximumkarten eine eigene Ausstellungsklasse vorbehalten, seitdem im November 1985 die FIP für sie ein spezielles Reglement beschlossen hat. Jedem Anhänger dieses Sammelgebiets sei daher empfohlen, sich in dieses diffizile Reglement gründlich einzuarbeiten. Kurz die wichtigsten Bestimmungen:

Die Briefmarke
– Sie muß auf der Bildseite einer Ansichtskarte aufgeklebt sein.
– Die Bildmotive von Briefmarke und Ansichtskarte sollen möglichst genau übereinstimmen.
– Die Briefmarke, weder beschädigt noch beschmutzt, muß zum Zeitpunkt der Abstempelung frankaturgültig (gewesen) sein. Man darf nur Marken aufkleben, die für den allgemeinen Postverkehr zugelassen sind, also nicht die Porto-, Dienst-, Paket- oder Zwangszuschlagsmarken, ebenso nicht Vorausentwertungen.

Die Ansichtskarte
– Vorrang haben Ansichtskarten, die aus einem Verlag stammen; aber es dürfen auch privat hergestellte Karten verwendet werden.
– Ihre Ansicht muß etwas zeigen, was bereits vor Herausgabe der Briefmarke vorhanden war, was ausschließt, daß die Ansicht die Briefmarke (bzw. ihren Entwurf) vergrößert darstellt; gleiches gilt für Collagen oder Montagen.
– Erlaubt ist auch die Verwendung von Karten, die nach dem Erscheinen der Marke gedruckt wurden.
– Im Format muß die Ansichtskarte den heutigen Standards entsprechen, ausgenommen hiervon sind ältere Karten, doch sie müssen rechteckig sein.
– Das Bild auf der Karte muß mindestens drei Viertel (75 Prozent) der Kartenfläche einnehmen. Doch gelten Karten als hochwertiger, die vom Bild voll ausgefüllt sind.
– Mehrfachmotive auf einer Karte, von denen eines mit der Marke und dem Stempel übereinstimmen muß, sind zwar zugelassen, doch sollte der Sammler derartige Karten nach Möglichkeit meiden.
– Umgekehrt gilt: Wenn eine Marke mehrere Motive enthält, kann eine Karte verwendet werden, die nur eines dieser Motive zeigt. Somit sind auch hier mehrere Möglichkeiten gegeben.

Maximumkarte aus der Sowjetunion.
Sie zeigt das Forschungsschiff »Akademiemitglied Sergej Koroljow«
auf dem Sonderpostwertzeichen und auf der Ansichtskarte.
Gestempelt wurde mit einem Schwarzmeer-Schiffspoststempel
der Linie Batumi–Odessa.

Der Stempel
– Zulässig sind nur postalische Stempel. Ihr Abschlag muß deutlich lesbar sein.
– Die Beziehung des Stempelortes zum Marken- und Kartenmotiv ist äußerst wichtig. Bei einer gewürdigten Person muß er vom Geburts-, Sterbe- oder Wirkungsort stammen. Bei einem Bauwerk (Denkmal, Bahnhof, Brücke) ist nur der betreffende Ortsstempel zulässig. Handelt es sich um eine Landschaft oder einen Berg, kommt das nächstgelegene Postamt in Frage.

– Der Stempel muß ein Datum innerhalb der Zeitspanne tragen, in der die Marke gültig war.
– Der Stempel muß von einem Postamt des Ausgabelandes der Marke stammen.
– Nutzbar sind Tagesstempel, Sonderstempel, Maschinenwerbestempel oder Handrollstempel, nicht aber Post- und Absenderfreistempel, da diese, selbst Wertzeichen, nicht für die Markenentwertung bestimmt sind. Das gilt nicht für Absenderstempel, wie sie z. B. zur Markenentwertung von Massendrucksachen eingesetzt werden.

Eine zum Tag der Briefmarke 1985 in Frankreich aufgelegte Karte.
Da es sich hier eindeutig um eine Nachzeichnung handelt,
kann sie nicht als Maximumkarte gelten.
(Die hier und auf dem Frontispiz dargestellte Stempelmaschine
wurde 1881 zum Patent Nr. 143 668 angemeldet und war von 1884
bis zum 28. Juli 1967 – zuletzt beim Postamt in l'Epine,
Dep. Marne – in Gebrauch.)

Die erste in Österreich erschienene amtliche Maximumkarte
mit dem Gemälde »Abendsonne über dem Burgenland«
von Gottfried Kumpf, das speziell für die Briefmarke
entworfen wurde; die Marke erhielt 1983 den Premio Asiago,
den internationalen Preis für künstlerisches Briefmarkenschaffen;
dazu der entsprechende Stempel

– Besonders hochwertig (»maximal«) sind alle Stempel, die auch in ihrer eventuell vorhandenen bildlichen Darstellung mit dem Marken- und Kartenmotiv übereinstimmen.

Zum Abschluß dieser wirklich nicht leicht einzuhaltenden Bestimmungen noch eine Erschwernis: Befindet sich der auf Marke und Karte dargestellte Gegenstand im Ausland, läßt sich von »daheim« aus wegen unmöglicher Stempel-Ort-Übereinstimmung keine Maximumkarte »realisieren«.

Maximumkarten können postamtlich herausgegeben sein. Die erste erschien 1978 in Liechtenstein. Auch kommerzielle Unternehmen befassen sich mit der Produktion dieser Sammelgegenstände. Am gesuchtesten sind die individuell gefertigten. Hier existieren dann meist nur wenige Stücke, die ein einzelner Sammler herstellt und an seine Sammlerfreunde in der Absicht schickt, deren individuelle Karten im Tausch zu erhalten, zumal diese Variante in ausgestellten Sammlungen sicher mehr Reiz ausübt.

Die philatelistischen
Kuriosa

13mal die Sieben in einem Stempel – eine originelle Zahlenspielerei.
Möglicherweise gibt es auch ein Exemplar, das im Einschreibnummernzettel
diese Ziffer nicht nur in der Postleitzahl, sondern auch noch
in der laufenden Numerierung (hier 995) vorweisen kann.

Fünf-Länder-Frankatur –
eine postalisch wie philatelistisch mehr als fragwürdige Angelegenheit.
Wie der Ankunftsstempel beweist, hat die Post
aber ein Auge zugedrückt.

Daß Stempeldaten sich gut für Spielereien eignen, ist bekannt. Beliebter Tummelplatz sind die Ansichtskarten, weil sich mit der Ansichtsseite gute Verbindungen zu einer originellen Datumsangabe oder zu Zahlenspielereien mit der Postleitzahl herstellen lassen, so z. B. mit 7. 7. 77 7–8 bei den Postämtern 7000 Stuttgart, desgleichen 7000 Bundesgartenschau, 7700 Singen, 7770 Überlingen oder gar 7777 Salem. Königstreue Bayern sahen im Stempeldatum 12. 3. 11 8–9 PA München 47 eine historische Kostbarkeit: Der auf Bayernmarken von 1911 abgebildete Prinzregent Luitpold beging an diesem Tag seinen 90. Geburtstag, was sich so widerspiegelt: 12+3+11+8+9+47 = 90. Ja,

mehr noch: Die Summe 1+2+3+1+1+8+9 = 25 nennt die Anzahl seiner Regierungsjahre. Wenn das keine Rechenkünstler waren . . .

Philatelistisch bedenklicher werten möchte man Spielereien mit Briefmarken. Denn es gibt noch immer Sammler, die in dem Irrglauben leben, sie besäßen mit solchen Belegen Wertgegenstände. Wer jedoch eine Karte (oder hier wohl besser einen Brief) mit sämtlichen Werten einer Dauerserie beklebt, ist, selbst wenn der Portosatz stimmen sollte, philatelistisch nicht ernst zu nehmen. Ebenso kritisch, weil die philatelistisch-postalischen Spielregeln und Bestimmungen arg verletzend, ist derjenige anzusehen, der konstruierte Frankaturen fabriziert. So gab es z. B. vor dem ersten Weltkrieg eine sogenannte Dreikaiserecke im Oberschlesischen, wo die Herrschaftsbereiche dreier Monarchen zusammenstießen: Deutschland, Österreich-Ungarn und Rußland. Bei Ansichtskarten, die eben diese Gegend und oft dazu die Porträts der drei hochgeborenen Herren wiedergaben, finden wir auf der Anschriftseite je eine Marke der drei Länder aufgeklebt und mit Stempeln von Kattowitz (heute Katowice), auch Beuthen (heute Bytom) oder Myslowitz (heute Mysłowice) für die deutsche Marke, von Szczakowa für Österreich-Ungarn und Graniza (Grenze) für Rußland entwertet. Solche Machwerke stellen kein echtes philatelistisches Pendant zum tat-

sächlichen politischen Geschehen dar; hier zu den von Bismarck inspirierten »Dreikaiserabsprachen« zwischen den genannten Monarchen im Jahre 1873 und ihre Erneuerung 1881, die gefürchtete Koalitionen für den Kriegsfall verhindern sollten.

Auf ähnlicher Ebene entstanden Fünfländerfrankaturen auf dem Bodensee. Dieses große Binnengewässer grenzte bis zum Ende des ersten Weltkrieges an fünf Länder: an das Deutsche Reich, an Bayern, an Württemberg (beide besaßen bis dahin eigene Posthoheit), an Österreich-Ungarn und an die Schweiz. Entwertet sind jene Spielerei-Frankaturen zumeist mit einem Schiffspoststempel.

Etwas schwerer als vorgetäuschte Rarität zu durch-

Die Karte zum Gedenken an die »letzte Christnacht des XIX. Jahrhunderts«
wurde von der Internationalen Ansichtskartengesellschaft Berlin herausgebracht.
Sehr kritisch muß man den linken Stempel Betléem werten –
trotz seiner amtlichen Billigung.

Diese Weltumsegelungskarte
ging per Einschreiben von einem Mitglied der Postkartensammlervereinigung aus.
Als Etappen-Anschriften hat dieser Max Franke
auf der Rückseite nur die Mitgliedsnummern angegeben.
Daß die Karte richtig ihren Weg nahm, wird durch die vielen Marken
und Einschreibnummernzettel bewiesen, die allerdings
nun viele Zwischenanschriften verdecken.

schauen ist eine Karte, die »Zur Erinnerung an die letzte hl. [heilige] Christnacht des XIX. Jahrhunderts« produziert wurde und die religiöse Gefühle ansprechen sollte. Unsere hier ins Licht gerückte Karte gehört dazu. Was sie nun als »filoutelistisches« Stück klassifiziert, sind die auf der Anschriftseite angebrachten seltsamen Stempel von »heiligen Orten«. Die Karten wurden seinerzeit in Berlin gedruckt. Interessenten konnten sie z. B. in Wien bestellen, und sie erhielten die Karte dann aus dem »Heiligen Land« zugesandt. Die meisten Karten wurden aber kommerziell nach Berlin W 64 gerichtet. Unten links findet man

daher vielfach den Bestellt-Stempel (zugestellt) von diesem Postamt. Die Briefmarke erhielt einen Stempel des österreichischen Postamtes in Jerusalem. Um den Beleg auch religionsgeschichtlich »aufzumotzen«, druckte man noch einen Stempel BETLÉEM ab. Als Strichstempel gestaltet, ähnelt er einem achteckigen österreichischen Postablagestempel (Poststellenstempel). Nun gab es aber in Bethlehem keine österreichische Poststelle. Mithin kann es sich hier nur um einen nachträglich angebrachten privaten Abschlag handeln. In der Tat: Ein schräg aufgebrachter weiterer Stempeltext erklärt in französischer Sprache: »Der

Stempel dieser Sendung wurde der Internationalen Ansichtskartengesellschaft mit Erlaß des österreichischen Handelsministeriums Nr. 62 854 genehmigt.« Somit konnte die Karte auch zum Postkartenporto befördert werden. Ohne diese Sondergenehmigung hätte sie Briefporto erfordert, denn wenn Postkarten auf dem Feld für die Anschrift (und seinerzeit war ja noch die gesamte Vorderfläche dafür reserviert) etwas anderes zeigten als die Adresse, erforderte die Sendung das höhere Briefporto. Bei diesem Beleg handelt es sich also eindeutig um eine (leider amtlich geduldete) Pseudo-Rarität.

Alle hier beschriebenen Stücke könnte man in einem als »philatelistisches Gruselkabinett« bezeichneten Objekt ausstellen. Es trüge gewiß zur humorvollen Aufklärung manches Sammlers bei. Dabei wäre es strittig, ob man auch die nachfolgend beschriebene Angelegenheit mit in dieses »Kabinett« aufnehmen sollte. »Gemacht« ist die Sache schon – aber sie will uns dennoch seriöser erscheinen.

Im Jahre 1878 gab ein gewisser Ludwig Ploß in Chemnitz (heute Karl-Marx-Stadt) eine Postkarte auf, die er – so wie die Karte ihren Weg um die Erde nehmen sollte – mit sechs Adressen versah. Hatte die Sendung den ersten Adressaten erreicht, so sollte er seine Anschrift durchstreichen und die Karte an das nächstgenannte Ziel weiterleiten. Die jeweiligen Leute machten den Spaß mit und schrieben sogar die Ein- und Abgangszeiten getreulich in die vorgezeichnete Tabelle ein, klebten neue Postwertzeichen auf und schickten die Karte schnellstmöglich auf die Weiterreise. Und das Ergebnis?

Nach 117 Tagen traf sie wieder bei ihrem ersten Absender ein, bei Herrn Ploß. Die ganze Angelegenheit ist in dem bekannten »Buch von der Weltpost« minutiös genau mit allen Zwischenzeiten beschrieben, und einer hat sogar ausgerechnet, daß die Karte, wenn sie nur eine Stunde früher aufgeliefert worden wäre, dank günstigerer Anschlüsse zwischen den verschiedenen benutzten Verkehrsmitteln ihre Reiseroute schon in 96 Tagen bewältigt hätte. Eine zweite Berechnung ergab sogar die noch kürzere Zeitspanne von 82 Tagen. Alles in allem eine originale Sache, mit der Ploß beweisen wollte, wie sehr die Länder durch die »modernen« Verkehrsmittel einander nähergekommen waren. Die Ploßsche Weltumsegelungskarte erlangte Berühmtheit durch die Tatsache, daß sie im Postmuseum zu Berlin ausgestellt wurde; sie fand auch ihre Nachahmer, und zwar so viele, daß die Postverwaltungen solche Karten alsbald kurzerhand verboten. Dennoch schlüpften auch später noch einige durch; sie werden von ihren heutigen Besitzern gern einer staunenden oder auch kopfschüttelnden Mitwelt vorgezeigt.

Die philatelistische Künstlerpostkarte

In der Zeit vor der Jahrhundertwende bis zum Beginn des ersten Weltkrieges wurde die Sammlerschar durch eine Anzahl »philatelistischer Künstler-Postkarten« beglückt. In einer Anzeige aus dem Jahre 1911 heißt es dazu: »Wenn man bedenkt, daß von diesen Karten in der kurzen Zeit ihrer Einführung bereits Tausende abgesetzt wurden, kann man wohl behaupten, daß die denselben zugrunde liegende Idee sich allgemeinen Beifalls erfreut und dieser Artikel einem wirklichen Bedürfnis entspricht.« (In: Ill. Briefmarken-Journal der Gebr. Senf, Leipzig, Nr. 1/1911). Wie sahen diese Karten aus, von denen behauptet wurde, daß sie eine Marktlücke ausfüllen?

Als erstes wären hier die »philatelistischen Kunstbilder« zu nennen. Nach – wie es hieß – Entwürfen von Künstlerhand wurden »aus echten Briefmarken«, die man sich zurechtschnitt, Bilder gestaltet, meist »im humoristischen oder Karikaturengenre«. Einige Bildertitel lauteten: Modedame – Balletteuse – Stabsoffizier – Ulanenfähnrich – Agrarier – Sennerin – Tennis-

Das Thema dieser Karte lautet: »Japan mit Corea spielend.«
Der politische Hintergrund: 1894 löste Japan
einen Krieg gegen China aus,
um das bis dahin gemeinsam ausgeübte Protektorat
über Korea zu beenden.
Japan siegte, und im Friedensvertrag zu Schimonoseki (1895)
fiel Korea an Japan.

spielerin – Engländerin – Automobilist – Knecht Ruprecht – Preisboxer und so weiter und so fort. Jedes dieser Bilder, Größe 220 mm × 230 mm, aus Originalmarken zusammengefügt, kostete gerahmt 4,– Mark (Goldmark, versteht sich). Es gab 68 verschiedene. Von diesen Bildern wurden dann Postkartenreproduktionen angefertigt, die allerdings 1911 noch nicht in allen Mustern vorlagen. Immerhin gab es aber bereits fünf Serien zu je fünf Karten für 55 Pfennig, Porto war gesondert zu entrichten.

Älter als die vorstehend beschriebenen »Kulturprodukte« sind die »Philatelistischen Künstler-Postkarten«, wie sie unter anderem der Verlag Feodor Reinboth, Leipzig (Druck Louis Glaser, Leipzig) herausbrachte. Teile dieser Serien widerspiegeln – mitunter recht fragwürdig – politische Sachverhalte. Insgesamt sollen 35 verschiedene herausgekommen sein. Überaus begehrt wegen ihrer drucktechnischen Qualität, entstanden diese Lithographien als mehrfarbige Steindrucke und sind von dieser Seite her den unter Ansichtskartensammlern bekannten »Gruß-aus-. . .-Karten« verwandt.

In die Gruppe der hier behandelten Karten gehören auch die noch heute produzierten Stücke, die eine Anzahl Marken wiedergeben. Als Neujahrsglückwunschkarten werben sie – mit Marken vieler Länder versehen – für das freundschaftliche Miteinander der Völker. Ältere Karten aus der Zeit vor dem ersten Weltkrieg feiern hingegen oftmals die militärische Macht des Staates. Man schaue sich solche Karten, wenn man ihnen einmal irgendwo begegnet, daraufhin etwas genauer an.

Schließlich tauchen gelegentlich noch Karten mit der originellen Briefmarkensprache auf. Die Ansichtsseite zeigt hierbei diverse Markenreproduktionen in den verschiedensten Anordnungen – quer oder kopfstehend, schräg oder in unterschiedlich kombinierten Paaren. Dazu wird jeweils erklärt, was das bedeutet – natürlich hat's amourösen Inhalt. Der Absender kann nun seinem Partner durch entsprechend aufgeklebte Postwertzeichen verschlüsselt, aber dennoch deutlich sagen, welche Gefühle er für ihn hegt. Diese nette Briefmarkenspielerei und recht eigenwillige Kommunikation ist seit Jahrzehnten üblich, und mancher ältere Philatelist hütet sorgfältig Kartenexemplare, die schon mit Markenbildern z. B. aus der Germania-Marken-Zeit vor dem ersten Weltkrieg existieren.

Im übrigen gilt aber erneut: Auch diese Karten, die so viele Briefmarkenreproduktionen wiedergeben, haben in Ausstellungsobjekten nichts zu suchen, wenn sie bildseitig gezeigt werden sollen und wenn es sich um eine Wettbewerbsausstellung handelt.

Die Ausstellungs- und Museumskarte

Seit langem ist es guter Brauch, daß die Leitungen großer philatelistischer Ausstellungen für ihre Schau eine besondere Ausstellungskarte auflegen lassen. Gemeint sind hier Druckerzeugnisse, die man als Ansichtskarten bezeichnen muß, weil ihre bildliche Darstellung auf die Kartenrückseite gedruckt wurde. Die Anschriftseite kann entweder als Formular gestaltet sein, so daß eine Marke aufzukleben ist, wenn die Karte verwendet werden soll, oder als Ganzsache. Erhält solch eine Ganzsache ihren Stempel am Erscheinungstag, zählt sie zu den Ersttagskarten.

Auch Museen, speziell Postmuseen, haben in den letzten Jahrzehnten ganze Serien bunter Ansichtskarten mit Motiven von postalischen Vorgängen herausgebracht. Was gibt es da nicht alles zu sehen: buntgekleidete Postillione, städtische Postsammelstellen aus dem 19. Jahrhundert und Briefkästen in schmuckvollen Ausführungen, Posthausschilder und Poststuben. Auch allerlei Utensilien aus alten Tagen, angefangen vom amtlichen Posthorn bis hin zum privaten Schreibzeug, begegnen uns als Motive auf diesen Serienkarten. Dazu immer wieder Postkutschen in ihren

Eine Postmuseumskarte aus Schweden
mit einer Szene aus der Zeit um 1880.
Mit der Kutsche wurden Passagiere und Postsendungen befördert.

unterschiedlichen Bauarten, verbunden mit Erläuterungen, auf welchen Postkursen dieses oder jenes Fahrzeug verkehrte. Gemäldewiedergaben zeigen romantisch verklärte Szenen von Begrüßungen ankommender Reisender bis zum rührseligen Abschied der Liebespärchen. Mitunter sind auch blumengeschmückte Pferde vor Postkutschen zu sehen, und in der Bilderklärung erfahren wir, daß hier deren letzte Fahrt wiedergegeben ist; die Eisenbahn hatte den Postkurs überflüssig gemacht. Nicht zuletzt sei auf Porträtkarten hingewiesen, mit denen Persönlichkeiten gewürdigt werden, die sich um die Entwicklung eines geregelten, zuverlässigen Postwesens verdient

gemacht haben. Dabei halfen ihnen in der Praxis die in bunten Uniformen steckenden Bediensteten zu Fuß, zu Pferd, auf dem Kutschbock oder in der Amtsstube. Doch geben die Postmuseen und andere Stellen keineswegs nur Karten heraus, die frühere Zeiten ins Blickfeld rücken, sondern Postgeschichte reicht ja stets bis zum gestrigen Tag. So sehen wir auf diesen Ansichtskarten auch moderne Kraftfahrzeuge im Postdienst, neuerrichtete Postämter sowie die hier installierten supermodernen Verladeeinrichtungen, Aufstell- und Verteilanlagen mit Codierplätzen und Transportbändern, Schalterterminals oder Markenautomaten.

Die Philatelistentagskarte

In der Geschichte der deutschen Philatelistentage wäre zuerst der Altmeister der deutschen Philatelie, Dr. Alfred Moschkau (1848–1912), Oybin, zu nennen, der die Anhänger des Vereinsgedankens aufforderte, sich zu einer ersten »Generalversammlung« in Hempel's Restaurant am Dresdener Altmarkt einzufinden, und zwar am 14. Juli 1872. Leider erschien außer ihm selbst nur noch ein Berliner Sammler. Dagegen kamen zu dem für denselben Tag einberufenen ersten deutschen »Philatelistenkongreß« in Lübeck immerhin 30 Leute. Sie beschlossen, den nächsten Kongreß in Bremen abzuhalten und ihre Liebhaberei, vom griechischen Wort »philos«, Freund, abgeleitet, als Philotelie zu bezeichnen.

Karte »in Sachen Philatelie« vom 22.6.1896,
unten ein Organisationsstempel mit Hinweis für den Empfänger der Karte.
Die Anschriftseite bekam den Aufdruck »Dampfer-Post des Bundes
deutscher und oesterreichischer Philatelisten-Vereine« sowie einen runden Stempel mit gleichem Wortlaut.

Der genannte zweite (Bremer) Kongreß wurde indessen abgesagt. 1888 tauchte die Idee eines »Philatelistischen Schutz- und Trutzbündnisses« wiederum auf, das einen Zusammenschluß der damaligen größten Vereine zum Ziel haben sollte, bis dann ein Dr. Rudolf Fischer in Senf's »Illustriertem Briefmarken-Journal«, Nr. 5/1889, S. 68, erneut einen philatelistischen Kongreß vorschlug (s. auch Nr. 13/1913, S. 325, derselben Zeitschrift). Der Premierleutnant Hans Wagner (1852–1940), Schriftführer im Verein für Briefmarkenkunde zu Mainz, vertrat ebenfalls den Philatelistentags-Gedanken, was dann am 18. August 1889 in der Stadthalle unter der Bezeichnung »Rheinischer Philatelistentag zu Mainz« in die Tat umgesetzt wurde und als »1. Deutscher Philatelistenkongreß« in die Philateliehistorie einging. Seither folgten die Philatelistentage in mehr oder weniger regelmäßigen Abständen (z. B. 2. »Tag« 1890 in Frankfurt am Main, 3. »Tag« 1891 in Dresden, 4. »Tag« 1892 in Prag). Da es nach Gründung des »Bundes Deutscher und Österreichischer Philatelisten-Vereine« auch für diese Gruppe Verbandstage gab, die man jedoch klugerweise mit den vorher genannten zusammenlegte, und da nach Bildung einer weiteren Vereinigung, des »Germaniaringes«, auch noch Kongresse (»Ringtage«) dieser Sammlerschaft vorgesehen waren, die ihre Organisatoren gleichfalls (aber nicht immer) mit den Philatelistentagen vereinigten, kommt es zu verschiedenen Numerierungen, auf die wir, weil sie in Sonderstempeln häufig genannt sind, ausdrücklich aufmerksam machen.

Die Philatelistentage wurden nach dem zweiten Weltkrieg ab 1947 vom Bund Deutscher Philatelisten (BDPh) in der Bundesrepublik Deutschland bis in unsere Tage weiter veranstaltet und – mit 1 beginnend – numeriert. Gleichzeitig ist nebenher auch die alte Zählung weitergeführt worden.

In der Deutschen Demokratischen Republik findet, allerdings ohne Numerierung, in jedem Jahr der »Tag der Philatelisten« statt, und zwar im Oktober. Er löste – um den sammelnden Menschen mehr in den Mittelpunkt zu rücken – den bis dahin üblichen »Tag der Briefmarke« ab, der von dem bekannten Philatelisten Hans von Rudolphi (1884–1944) im Jahre 1935 vorgeschlagen und von der internationalen Philatelieorganisation FIP (Fédération Internationale de Philatélie) anläßlich ihres 11. Kongresses aufgegriffen und allen FIP-Mitgliedern zur Einführung empfohlen worden war. Er fand im Dezember 1935 erstmalig statt, und zwar in Österreich. Deutschland folgte am 7. Januar 1936, dem Geburtstag Heinrich von Stephans.

Diese kurzgefaßte Schilderung, die unausgesprochen zumindest für die älteren Zeiten auch eine Geschichte der deutschen Versammlungsfreudigkeit, um nicht zu sagen Vereinsmeierei, in sich birgt, sollte das Interesse für die philatelistischen Belege jener zahlreichen Veranstaltungen wecken, die diesem Abschnitt die Überschrift liehen. Die Philatelistentagskarten bilden ein eigenes Sammelgebiet. Oft befinden sich Ansichtskarten mit für die Philateliegeschichte relevanten Darstellungen darunter, ergänzt durch anlaßgerechte Sonderstempel und mitunter auch Vignetten. Gelegentlich spiegeln die Karten Exklusivveranstaltungen wider, z. B. eine Dampferfahrt oder einen separaten Kongreß für eine Spezialistengruppe.

In einem philatelistischen Exponat ist von diesen Karten selbstverständlich nur die »philatelistische« Seite, die Anschriftseite, vorzeigbar. Wer auch die Ansichtsseite präsentieren möchte, vielleicht sogar – falls er zwei gleiche Stücke besitzt – beide Seiten, darf dies nur in einem außer Wettbewerb liegenden Schauobjekt tun, das der Philateliegeschichte gewidmet ist und daher bestimmt viele Interessenten findet. Wenngleich es ohne Medaille bleiben muß.

////////////////////////////////////

Kuriose Anschrift
An den Wirth zum goldenen Lewen, der vor acht Tagen einen
neuen Schwantz gekriegt hat

////////////////////////////////////

Die Humorkarte

Allgemein gesehen, ist das hier abgebildete Stück natürlich ein Druckerzeugnis, als Gattung eine Ansichtskarte und unter zeichnerischem Aspekt eine Karikatur, eine Humorkarte. Setzen wir uns jedoch über alle diese profanen Definitionen hinweg und behaupten kühn: Vor uns liegt ein Spiegel.

Sieh da, schon stimmt uns einer unserer Leser eifrig zu; denn er hat sich selbst in der Schar der Philatelisten entdeckt, die dicht gedrängt anstehen, damit ihre Postsendungen alsbald der Ausstellungs-Sonderstempel schmückt: Halblinks von der Dame mit dem flotten Hütchen im Vordergrund ist er der zweite, leicht an seinem Halbrundhut (respektlos »Eiersieder« genannt) zu erkennen. Schrittchen für Schrittchen nur vorrückend, harrt er nun schon geschlagene drei Stunden eingekeilt zwischen den vielen Sammelmenschen aus. Er hat selbstverständlich von Zeit zu Zeit kräftig mitgeschimpft und seinem Herzen Luft gemacht über

Die »ausdrucksvollen« Gesichtszüge der beiden stempelnden Postler
sollten so manchem Stempelfan zu denken geben . . .

Der Ausstellungsstempel:
Die Freude des Markensammlers,
der Schrecken der Postbeamten.

die vergeudete Zeit und sich Sekunden darauf innerlich selbst bemitleidet, daß er seinem Hobby solch hohen Tribut zollt. Dann schwor er, eine derartige Ansteherei nie wieder mitzumachen. Doch jetzt keimt Hoffnung – nur noch wenige Minuten, das ist abzusehen, dann wird er seine für die lieben Freunde vorbereiteten Sammlersendungen den schwitzenden Postlern endlich vorlegen können. Falls diese bis dahin immer noch genug Kraft aufbringen, ihre Arbeit fortzusetzen. Jeder im »Stempelgeschäft« (so heißt das tatsächlich bei Postens) Arbeitende wird bestätigen, daß er Schwerstarbeit leistet. Und man merkt es den beiden auf dem »Spiegel« ja auch deutlich an, mit welcher Inbrunst sie sich bemühen, der Sendungsflut Herr zu werden. Doch das kann noch Stunden dauern angesichts der nur langsam vorrückenden Menge.

Es ist wie verhext: Je mehr Schalter die Postverwaltungen in Sonderpostämtern auf Briefmarkenausstellungen einrichten, desto länger werden die Warteschlangen. Ist's ein Zeichen für die wachsende Beliebtheit der Philatelie? Oder hängt's mit dem umfangreicheren Angebot an philatelistischem Sammelgut zusammen? Oder steigt lediglich die Anzahl jener, die glauben, ohne die meist anerkanntermaßen hübschen Sonderstempel und andere postalische Produkte nicht glücklich sein zu können? Dabei kräht nach vielen von ihnen einige Monate später kein Hahn mehr. Doch trotz dieser von erfahrenen Philatelisten immer erneut bestätigten Meinung: Vielleicht wird unter Umständen eventuell möglicherweise – man kann ja nie wissen – der eine oder andere Beleg gerade dieser Ausstellung eine Rarität? Und man könnte es sich ein Leben lang nicht verzeihen, so dicht am »großen Glück« vorbeigeschlittert zu sein, nur weil man eine körperliche Strapaze scheute. So harrt jeder aus, und wenn ihm der Magen noch so knurrt (oder ist's die wartende Gattin?) – der Stempel, der Sonder-Einschreibnummernzettel, die Sonderganzsache müssen her! Nicht umsonst hat man so zahlreiche Karten und Briefumschläge an Freunde und auch an sich selbst vorbereitet. Daß die Ausstellungsleitung auch Briefkästen anbrachte, an denen sogar gekennzeichnet ist – falls mehrere verschiedene Sonderstempel im Einsatz

sind –, welche Abschläge die eingeworfenen Belege erhalten (sogar per Einschreiben geht das!), wird von vielen ignoriert. »Hä«, sagt der Mann mit dem Rundhut, »ich will genau sehen, wie exakt die Postleute stempeln und muß ihnen auch zeigen, an welchen Stellen die Stempel die Marken treffen sollen. Und dann wünsche ich bestimmte Zusammendrucke zu erwerben und . . . und . . . und . . .«

Mehr nun nicht zu diesem Thema, jetzt kommt's darauf an, sich auf die entscheidenden Minuten dieses Tages zu konzentrieren und dem individuellen Affen Zucker zu geben . . .

Na ja, nobody is perfect, aber ein bißchen Organisation, ein bißchen Nachdenken, wie sich Notwendiges mit Erfreulichem verbinden läßt, dürfte nie von Schaden sein. Und somit gelangen wir auch zur Frage aller Fragen: Wie kommt man nur an all die netten Leute heran, die ebenfalls sammeln und möglicherweise zum Tausch bereit wären? Dieser Herr Rampacher hatte eigentlich eine tolle Idee. Als Stratege mit Humor machte er auf geniale Weise für sich selbst Reklame, entwarf eine Karte zu eigenem Nutz und Frommen. Natürlich fällt sein Opus in die Kategorie »Fehlliste«; aber dennoch, es gibt zu denken. Man müßte entsprechende Karten drucken lassen und die eigenen Sammelgebiete im einzelnen nennen. Einer, warum nicht Sie, könnte schreiben: »Suche Frankreich – Vorphilatelie, vor allem Départementsstempel der besetzten Gebiete (Départements conquis) ab Nr. 90, Stempel nach dem Revolutionskalender, besonders die der Ergänzungstage, Ortsstempel von anläßlich der Revolution umbenannten Orten und deren Rückbenennung.«

Die Dame mit dem flotten Hütchen hingegen – sie hat es uns angetan – sammelt unter heimatgeschichtlichem Aspekt. Man könnte ihr doch folgenden »Werbetext« empfehlen: »Suche für meine Sammlung Leipzig Stempel der Vororte, ggf. schon aus der Sachsenzeit, solange die Namen im Stempel enthalten sind: Connewitz, Gohlis (hier besonders Gohlis 2) . . . Stünz (zahle Liebhaberpreis für diesen).«

Solche Karten kann man sich anfertigen lassen, exquisit gestaltet, auf schönem Papier, elegantes For-

Prosit 1938!

Bitte gedenken Sie meiner Sammlung!
N'oubliez pas ma collection s'il vous plait!
Please do remember my collection!

Paul de Rampacher

Eine individuell gefertigte, humorig gestaltete,
aber überaus ernstgemeinte Neujahrskarte.
Ob sie Herrn Rampacher – einem einst bekannten ungarischen Philatelisten –
wohl Erfolg brachte?

mat, und sowohl als frankierte Postkarte oder auch als Beilagekarte versenden. (Und sehr guten Freunden sollte man gleich mehrere Exemplare geben, damit diese noch unbekannte »Quellen« erreichen.)

Apropos, Quellenforschung: Es ist kaum zu glauben, welch trächtige Fundstätten auch so mancher »gestandene« Philatelist achtlos links liegenläßt oder verächtlich abtut, vor allem, wenn es sich um den Papierkorb handelt. Obgleich schnöde mißachtet, läßt sich oft aus seinem Inhalt die eigene Sammlung interessant bereichern, denn was da so alles an Belegen mit attraktiven Post- und Absenderfreistempeln oder

Der Schatz im Papierkorb
„So etwas kann auch nur einem Laien passieren!"

Ein Beispiel aus der Humorkarten-Serie von Will Halle

Frankaturvarianten mit Marken einer Dauerserie zum Vorschein kommt! Der Zeichner Will Halle hat in einer Serie von 8 humoristischen Postkarten, die sämtlich den »philatelistischen Untugenden« gewidmet sind, unter anderem auch diese Art philatelistischer Goldwäsche aufs Korn genommen.

Unser Kreis schließt sich. Die Überschrift zu dieser Art der Postkarten versprach Humor – wir haben, dem Thema des Buches folgend, nur den speziell auf Philatelie bezogenen Spaß vorgestellt, obwohl die Fülle an Karten mit humoristischen, allen Sphären des Alltags gewidmeten Zeichnungen auf der Ansichtsseite schier unermeßlich ist. Und gerade diese Art wurde eigens geschaffen, um einen Mitmenschen zum Schmunzeln zu bringen, so daß auch hier unser Motto wieder stimmt: Postkarte genügt.

Ratschläge
für Ganzsachen-Sammler

Ein früher sehr bedeutender und angesehener Postwertzeichenkatalog, der 1890 erstmals zum Verkauf gelangte, stellte zuerst nicht die Briefmarken, sondern die Ganzsachen vor. (Sie wissen es bereits – das sind Postkarten und Briefumschläge, Streifbänder und postalische Vordrucke mit *eingedruckten* Wertstempeln.) Damals war es Usus, die Wertstempel der Ganzsachen auszuschneiden und zusammen mit den Marken ins Album einzukleben; Vordruckalben sahen – das klingt heute unglaublich – Felder dafür vor. Diese philatelistische Tragödie setzte sich fort, als die Freunde der Postwertzeichen zu der Überzeugung kamen, daß solches Tun wenig sinnvoll und die Ganzsache doch wohl nur als ganzes Stück sammelnswert sei. Weil aber die Verleger von Markenalben folgerichtig nun die Vordruckfelder für Ausschnitte wegließen, begannen die meisten Sammler nicht nur die Ausschnitte auszumerzen, sondern Ganzsachen generell zu verachten. Sie schütteten sozusagen das Kind mit dem Bade aus – so stark war die Enttäuschung über eine fehlorientierte Sammelrichtung und vor allem über sinnlos getätigte Anschaffungen oder, profan ausgedrückt, über hinausgeworfenes Geld. Was leider beträchtliche Mengen an Ganzsachen aller Art von der Bewahrung ausschloß.

Nur bei einer kleinen Sammlerschar erlahmte das Interesse nicht, und diese Treue wurde belohnt. Von den sechziger Jahren unseres Jahrhunderts an, als die Zuneigung zu Ganzsachen lawinenartig anwuchs, erlangten ältere Sammlerfreunde oder deren Nachkommen großes Ansehen, die historische Ganzsachen ausstellen oder im Tausch jene begehrten Stücke aus ihren Dubletten abgeben konnten.

In der Tat – mit dem Erblühen unserer heutigen Sammelauffassung, die sich dem Gestalten eines irgendwie signifikanten Themenkreises mit philatelistischen Mitteln widmet, erwiesen sich Ganzsachen als höchst willkommenes, die Markenkollektionen ergän-

zendes, auflockerndes Sammelgut. Gleiches gilt natürlich auch für Ganz*stücke* anderer Art, also für Karten, Briefe und weitere Belege mit *aufgeklebten* Postwertzeichen. So finden sich hier auch Exemplare, die einen Ganzsachenausschnitt als »Marke« aufgeklebt tragen, was – wie wir vorn gesehen haben – in manchen Ländern durchaus zulässig ist. So weit – so gut; hierzu wurde Wesentliches schon gesagt. Und was die philatelistisch-inhaltlichen Aspekte des Sammelns anbelangt, sollte der entsprechende Artikel unseres Buches zu Rate gezogen werden.

Lassen sich Ganzsachen aber nicht auch noch anders zusammentragen als nur in einzelnen Exemplaren innerhalb einer der genannten zum Ausstellen bestimmten Objekte? Eindrucksvoller für fremde Betrachter sicher nicht, wohl aber »kompakter«, wenn man das der ursprünglichen Philatelieauffassung wesenseigene Vollständigkeitsprinzip anwendet. Hier kommt es darauf an, sämtliche von den Postverwaltungen herausgegebenen Ganzsachen (die amtlichen Ganzsachen) lückenlos zu erwerben. Die Anzahl dieser Emissionen verbietet es weitgehend, sie in dicke und zahlreiche Alben einzuordnen. Im allgemeinen möchte der Ganzsachenfreund, der auf Vollständigkeit Wert legt, ja auch alle Abarten sowie Farbvarianten der verwendeten Druckkartone, sämtliche Formatänderungen und ebenso alle Unterschiede bei den eingedruckten Lineaturen und Texten berücksichtigen. Somit wird er seine Bestände in Karteikästen einordnen müssen. (Schuhkartons erfüllen den gleichen Zweck.) Freilich – über diese Sammlung dürfte im allgemeinen nur er selbst Freude empfinden können; fremde Betrachter werden kaum Zeit und Lust aufbringen, solch einen schier endlosen Stapel Ganzsachen (meist sind es ja Postkarten) durchzublättern, ohne alsbald von Langeweile übermannt zu werden. Allenfalls das Tauschmaterial stößt bei Gleichgesinnten auf Gegenliebe.

Wird indessen diese Art von »Materialkarteien« dennoch gepflegt, dann empfiehlt sich die Einordnung von Trennkarten, die zwei Zentimeter über das eigentliche Sammelgut hinausragen und so – mit Gattungsbezeichnungen beschriftet oder farbigen »Reitern« versehen – das Auffinden bestimmter Sammelgebiete erleichtern. Solch Gliederung kann auf territorialen und/oder chronologischen Gesichtspunkten basieren.

Besonders eingeordnet werden dabei die amtlichen Ganzsachen mit privaten Zudrucken und dann nochmals separat die Kundenganzsachen. Hier bieten sich Ordnungsprinzipien an, die außer den schon genannten noch inhaltliche, thematische Kriterien umfassen. Unterschiedlichem Vorgehen sind hierbei keinerlei Grenzen gesetzt. Hauptgesichtspunkt sollte aber stets die Möglichkeit bilden, jedes gesuchte Stück mit kürzestem Zeitaufwand zu finden.

Der Handel mit philatelistischem Sammlerbedarf bietet mehrere unterschiedlich gestaltete Ersttagsbriefalben an. Sie eignen sich grundsätzlich natürlich auch für Ganzsachen, beanspruchen aber – wie alle Alben – eben sehr viel Platz. Ihre durchsichtigen Folien in Taschenform nehmen die Belege auf. Beim Kauf ist darauf zu achten, daß weichmacherfreie Folie verwendet wurde (sie ist elastisch und erhält nach einer Biegeprobe ihre ursprüngliche Form zurück, während weichmacherhaltige Folie schlaff wirkt).

Für thematisch gegliederte Objekte, in die Ganzsachen und Ganzstücke eingereiht werden sollen, eignen sich handelsübliche Albumblätter aus dünnem Karton am besten. Der Verfasser verwendet für seine Exponate weißen Zeichenkarton, zugeschnitten auf das Format 240 mm × 290 mm. Die Marken befestigt heute wohl jeder Philatelist mit Markentaschen, von denen es verschiedene Fabrikate gibt. Sie besitzen eine klemmende Folie (weichmacherfrei) und schwarzen Untergrund oder sind glasklar. Ganzsachen und Ganzstücke werden mit Hilfe von Fotoecken oder größeren Blockecken angebracht. Für schwerere Belege sind wohl vier solcher Ecken vonnöten; bei leichteren genügen deren zwei, eine unten links, die andere oben

rechts (wegen der entstehenden Druckverhältnisse beim Umblättern nicht umgekehrt!). Stets ist darauf zu achten – besonders, wenn nur zwei Ecken benutzt werden –, daß sie vor dem Festkleben fest und straff auf den Beleg gesteckt werden. Die Erfahrung besagt weiter, daß die Album-Kartonblätter erst einige Monate lagern sollten, bevor man die Ganzsachen darauf befestigt; denn der Karton könnte einen Millimeterbruchteil schrumpfen, so daß die Fotoecken dann die Belege merklich quetschen würden. Fazit: Kartonblätter im Sommer kaufen – Objekt im Winter gestalten. Oder umgekehrt.

Jeder Beleg wird mit Faserschreiber sorgfältig umrandet. Dies sollte auch bei einzelnen Marken geschehen, allerdings nur dann, wenn die Markentasche keinen schwarzen, sondern einen glasklaren Untergrund besitzt. Scherenschnittpapier zum Unterlegen zu benutzen ist möglich, aber rationeller bleibt das Umranden mit Faserschreiber. Dies kann auch in unterschiedlichen Farben ausgeführt werden, besonders dann, wenn die Texte ebenfalls farbig gestaltet sind. Für die Beschriftung eignen sich grüne oder braune Farbbänder in der Schreibmaschine besser als rote oder blaue.

Hinsichtlich der Anordnung des diversen Sammelgutes auf einem Albumblatt hat sich eine einfache Regel bewährt: Großes und dunkles Material wird auf der unteren Blatthälfte, kleines, helles auf der oberen angeordnet. Die Blätter sollen ferner gleichmäßig breite Freiräume erhalten, oben zwei, unten drei und an beiden Seiten je anderthalb Zentimeter breit. Daß man auf jedem Blatt in gleicher Höhe beginnt und möglichst auch endet, ist eine Frage der Ästhetik.

Noch eine letzte wichtige Frage erheischt Antwort: die nach den Möglichkeiten des Beschaffens von Ganzsachen. Hierfür gibt es viele gute (und bekannte – Kauf, Tausch, Auktion, Anzeigen in philatelistischen Fachzeitschriften oder der Tagespresse) und eine sehr gute: die Mitarbeit in einer speziellen Arbeitsgemeinschaft innerhalb der organisierten Philatelie jedes Landes.

Bildnachweis

Die abgebildeten Karten stammen zum größten Teil aus dem Besitz des Verfassers. Einige Stücke sind Leihgaben aus den Sammlungen Grallert, König und Schollmeyer (sämtlich Leipzig).

Das »Postblatt« auf S.8 wurde entnommen aus: Postarchiv, Jg.1911, S.678

Die »Universal-Correspondenz-Karte« auf S.15 wurde entnommen aus: Postarchiv, Jg.1896, S.682

Die Abbildungen auf den Vorsatzpapieren sowie das Frontispiz wurden entnommen aus: Louis Paulian, Poste aux Lettres, Paris 1887

Vorsatz vorn: Le tri des lettres (Briefverteilung),

Frontispiz: Ouverture des sacs et timbrage des lettres avec la machine Daguin (Entkartung [Öffnung] der Postbeutel und Stempeln der Briefe mit der Maschine von Daguin),

Vorsatz hinten: Appareil permettant au train de prendre les dépêches sans s'arrêter (Apparat, der es gestattet, die [Eil-]Sendungen vom Zug abzunehmen, ohne daß dieser hält)

Register

Begriffe sowie Seitenzahlen in kursiver Schrift
verweisen auf das jeweilige Kapitel über die einzelne Kartenart.